普通高等院校"十二五"规划重点教材

国际贸易系列

国际贸易结算

贾贵星／主编

娄 钰 缑先锋 王素芹／副主编

立信会计出版社
LIXIN ACCOUNTING PUBLISHING HOUSE

图书在版编目(CIP)数据

国际贸易结算/贾贵星主编. —上海:立信会计出版社,2012.1

高等院校"十二五"规划重点教材.国际贸易系列

ISBN 978 - 7 - 5429 - 3255 - 6

Ⅰ.①国…　Ⅱ.①贾…　Ⅲ.①国际贸易—国际结算—高等学校—教材　Ⅳ.①F830.73

中国版本图书馆 CIP 数据核字(2012)第 009400 号

策划编辑　　赵新民
责任编辑　　赵新民
封面设计　　周崇文

国际贸易结算

出版发行	立信会计出版社			
地　　址	上海市中山西路 2230 号	邮政编码	200235	
电　　话	(021)64411389	传　真	(021)64411325	
网　　址	www.lixinaph.com	电子邮箱	lxaph@sh163.net	
网上书店	www.shlx.net	电　话	(021)64411071	
经　　销	各地新华书店			
印　　刷	浙江省临安市曙光印务有限公司			
开　　本	787 毫米×1092 毫米　1/16			
印　　张	17.5			
字　　数	397 千字			
版　　次	2012 年 1 月第 1 版			
印　　次	2014 年 7 月第 2 次			
印　　数	3 101—6 200			
书　　号	ISBN 978 - 7 - 5429 - 3255 - 6/F			
定　　价	32.00 元			

高等院校"十二五"规划重点教材·国际贸易系列

总 主 编

李朝民

专家指导委员会

总　　序

改革开放以来,尤其是加入 WTO 之后,中国的对外贸易得到了快速发展,为国民经济的健康发展作出了巨大贡献。在这种背景下,培养高素质的外贸从业人员,保持国际贸易持续快速增长,就显得十分重要。高素质的外贸从业人员,需要掌握系统的相关理论、知识和技能,这套国际贸易系列教材就是为这一目的而编写的。

本套教材共 13 本,分别是《国际营销学》、《中国对外贸易概论》、《国际贸易》、《国际贸易实务》、《国际贸易法》、《国际金融》、《外贸英语函电》、《国际商务英语》、《国际服务贸易》、《国际贸易结算》、《国际货物运输与保险》、《国际贸易单证实务》、《国际商务谈判》,其中前 8 本可作为商务部外销员的考试用书。这 8 本教材以商务部最新外销员考试大纲为指导,在涵盖大纲全部内容的基础上,适当进行了扩充,使其既可满足外贸从业人员参加外销员考试复习之用,亦可供高等院校国际贸易及相关专业的学生学习使用。

本套教材的最大特点,在于注重理论性、知识性和趣味性的同时,也注重实用性和可操作性。比如,《国际贸易实务》介绍了如何选择进出口商品和寻找贸易商的各种有效途径,还有如何办理出口外汇核销和出口退税手续的相关内容等;《外贸英语函电》的案例几乎全部来源于外贸公司的真实案例;《国际贸易单证实务》的各种单证全部来源于外贸公司和外贸运输公司的真实单证,以便学生学以致用,提高实际业务操作技能,毕业后能快速适应外贸工作。全套教材都适当增加了"知识拓展"和"案例分析",便于学生理解、掌握相关理论和知识。

本套教材的另一特点,是内容的前沿性和新颖性。最新相关理论、惯例、政策、规章制度以及所涉及的相关最新知识、信息等均纳入教材中,紧跟时代步伐。

本套教材的编者,有长期从事国际贸易相关专业的教学和科研工作的专家、学者,还有长期从事国际贸易实务、管理及相关工作的专业人士,既确保了理论知识的深度、广度和系统性,又确保了应用知识的真实性和实用性。

本套教材的广泛使用,将有助于改变长期以来教材与国际贸易实践脱节的现状,有利于培养理论知识系统,全面、扎实,操作技能强的综合性外贸专门人才。

李朝民

前　言

2006 年 11 月,国际商会《跟单信用证统一惯例(2007 年修订本)》(简称《UCP600》)颁布,并于 2007 年 7 月 1 日开始正式实施。根据《UCP600》,编写一本适用于我国国际贸易和国际结算业务发展需要的教材,是我们从教学实际出发而进行的一项重要的教材建设工作,也是我们长期以来对教学经验和研究成果的总结和提炼。

本教材从当前国际贸易结算的实践出发,以新的国际商会出版物及国际惯例为依据,在阐述国际贸易结算的基本理论、基本方法的基础上,主要介绍了国际贸易结算工具、国际贸易结算单据和国际贸易结算方式以及各类结算方式下的业务操作、单证处理、融资业务等内容。根据国际贸易结算业务的特点,本教材在编写上力求理论联系实际,注重实务性和操作性。在内容上,本教材不仅把国际贸易结算实践中重要单据的制作纳入了教材,而且在各章节也做了许多尝试。例如:本教材在第二章中,紧密结合各国票据法对票据进行了详细讲解;在第五章中,完全按照《UCP600》进行编写,并且把《国际标准银行实务2007》的内容融入其中;在第六章详细介绍了国际保理业务;在第八章系统介绍了国际融资的有关知识。此外,本教材在结构和体例上也有一定的创新,每章有"学习目标"、"知识拓展"、"本章小结"、"拓展阅读"、"思考与练习"等内容,帮助学生理解、巩固所学知识。除第一章外,其余各章均附有"案例分析",以便于读者更好地学习和理解。

本教材既适合各院校财经类相关专业的本科生学习使用,也适用于在金融机构、外贸企业从事国际贸易和结算实践的人员阅读和参考。

全书由贾贵星任主编,娄钰、缑先锋、王素芹任副主编。各章的编写分工如下:第一、第八章由王素芹撰写;第二章由贾贵星撰写;第三、第四章由缑先锋撰写;第五、第六、第七章由娄钰撰写。贾贵星、娄钰负责全书的修改和定稿工作。

本教材参考了大量的国内外文献,大多已注明了出处或列在后面的参考书目中,如有疏漏之处,敬请各位专家、学者谅解,并深表谢忱。

衷心感谢张占东院长、王怀民副院长对本教材编写工作的大力支持,感谢李朝民教授在本教材编写过程中无私的付出,感谢所有为本书付出辛勤劳动的编审人员。

由于作者水平有限,书中疏漏错误之处在所难免,恳请同行专家、学者和读者批评指正。

编　者

目　　录

第一章 国际贸易结算概述

 **学习目标**

通过本章的学习,了解国际贸易结算的产生、发展历史和现状,掌握国际贸易结算的含义、内容以及与其他非贸易结算之间的关系,熟悉国际结算制度和涉外银行网络等相关知识。

第一节 国际贸易结算的概念和基本内容

一、国际结算的概念

(一) 国际结算的含义

结算是一种经济活动,是运用一定的支付手段和支付方式清偿因商品交易、劳务供给和资金调拨等而产生的债权、债务的行为。

国际结算(international settlement)是指运用一定的支付手段和支付方式清偿不同国家经济主体之间(包括个人、企业、其他法人组织或政府的当事人之间)的债权、债务的跨国货币收付业务。清偿国际间的债权、债务是国际结算的基本目的,运用某种支付手段和支付方式进行跨国货币收付是国际结算的实现手段。国际结算概念中的三个要点是:清偿债权、债务,运用某种支付手段和支付方式办理,跨国货币收付。凡未能同时满足以上三个条件者,均不能称为国际结算。①

 **知识拓展**

> 国际结算是指由于不同国家经济主体之间的债权、债务所引起的跨国的货币收付业务;而国际清算是指不同国家的银行与银行之间债权、债务的清偿。

---

① 梁远辉,刘丹.国际结算[M].武汉:华中科技大学出版社,2007:1.

（二）国际结算的特点

1. 国际结算是跨国、跨地区进行的结算活动

国际结算和国内结算从本质上或者说从理论上讲是相同的，都是通过各种方式为买卖双方进行债权、债务的清偿，两者只是地理位置上具有差别，而正是这种地理位置上的差别，使国际结算比国内结算的范围更广、内容更复杂。两者的主要区别在于：

（1）结算货币不同。国内结算一般买卖双方只使用一种货币，因此不存在货币兑换问题，不用考虑汇率变化的风险。而国际结算中，通常要涉及两种或两种以上的货币，发生业务活动的当事人需进行货币的兑换。在国际金融市场变化多端的情况下，会增加外汇管制、汇率甚至利率风险等问题。

（2）产生结算风险的原因不同。在国内结算中，一般是两地的利息不同即利差会给收付双方的利益带来影响；但在国际结算中，除了利差，还有汇差，即存在双重的风险。而国际上的利差、汇差除了地理位置的原因外，还包括了由于政治、经济及其他投机等因素所产生的变动，因此问题较为复杂。

（3）当事人遵守的惯例和法律不同。在国内结算中出现问题，相关当事人遵循的是同一法律。而国际结算由于涉及不同的国家，不能简单地适用所涉及的两国中任何一国的法律，而必须根据国际惯例或双方事先共同商定的有关协议进行仲裁。

2. 现代国际结算是非现金结算，银行是国际结算的中枢

国际结算伴随着国际贸易的产生而出现，国际结算的方式，随着社会生产的迅速发展和国际经济往来的不断扩大而逐渐演变。早期的国际结算都是现金结算，到 18 世纪后半叶，随着银行职能的扩大，银行信用已普遍介入国际结算。银行的介入既方便了贸易商，为贸易商避免了风险，又可以为贸易商融通资金。这些服务极大地促进国际结算和国际贸易发展的同时，也扩展了银行自身的业务，两者相互促进，逐渐形成当今以银行为中枢、贸易结算与融资相结合的国际结算体系，这是当代国际结算的最重要特点之一。

3. 国际结算业务流程复杂而严格

传统的现金结算，操作非常简单。实行非现金结算后，银行介入结算流程，增加了结算的环节。同时，在非现金结算发展的过程中，商业、航运业、保险业已分化为三个独立的行业，更增加了结算业务流程的复杂性。

4. 国际结算惯例繁多

由于国际贸易是国际商人之间进行的交易，银行则为交易双方提供结算服务，因此，只有制定统一的、为银行和商人所共同接受的规则，国际结算才能够顺利地开展。经过长期的实践，国际结算业务已经形成了许多惯例，这些惯例集中体现在一系列有关国际结算的国际公约中。例如，《日内瓦本票汇票统一法公约》、《英国票据法》、《托收统一规则》、《跟单信用证统一惯例》等。

（三）国际结算的分类

国际结算依据不同的标准可以划分为不同的类型。

1. 国际贸易结算、无形贸易结算与金融交易结算

依据产生国际间债权、债务关系的原因，国际结算可分为国际贸易结算、无形贸易结算与金融交易结算，后两者又可统称为非贸易结算。

（1）国际贸易结算。国际贸易结算（international settlement of trade）指由有形贸易引起的货币收付活动，是指国际间对于货物进出口形成的债权、债务进行的清偿。有形贸易指商品或货物的进出口，它是国际贸易的基础和最重要的组成部分。近年来，全球有形贸易占国际贸易总额的比重一直在80％左右，有形贸易的进出口都要经过进出口报关，海关都有相应统计。

（2）无形贸易结算。无形贸易结算（non-trade settlement）是基于国际间的政治、文化活动或其他服务交易所引起的货币转移，指由无形贸易引起的货币收付活动，常见的有劳务输出、旅游开支、侨民汇款、国际馈赠、遗产继承等。无形贸易结算虽然在规模和金额上远远小于贸易结算，但它却反映了一个国家对外开放的程度。

（3）金融交易结算。金融交易结算（financial transaction settlement）是指以资金转移为目的进行的对外投资、国际信贷、国际市场外汇交易等货币收付活动。由于它在结算总量上大大超过国际贸易结算和其他非贸易结算之和，有时也被划分为一种独立的结算类型。

2. 现金结算与非现金结算

依据结算所使用的工具，国际结算可分为现金结算与非现金结算。

（1）现金结算。现金结算（cash on settlement）是指通过收付货币金属或货币现金来结算国际间的债权、债务。在前资本主义社会，由于交换的商品品种少，贸易规模小，不同国家间的货币收付主要是采用现金结算。随着国际贸易量的不断增加，这种结算业务的弊端越来越多，如运送货币的风险较大、成本过高、点数和识别真伪的困难等，非现金结算便适应贸易需要而产生了。

（2）非现金结算。非现金结算（non-cash on settlement）是指使用各种支付工具（如票据），通过银行间的划账冲抵来结清国际间的债权、债务。在这种结算方式下，两国进出口商或债权人、债务人各自向本国银行买卖各种不同金额、不同支付期限的票据，将他们之间的结算变为两国银行间的结算，银行则通过相互之间的账户冲抵或资金划拨来抵偿债权、债务。非现金结算也叫转账结算。当代的国际贸易结算主要是非现金结算。

与现金结算相比，非现金结算具有很多优点：迅速、简便，可以节约现金和流通费用，有利于加快资金的循环和周转，因而促进了国际经济贸易的发展。

3. 现汇结算与记账结算

依据清偿方式，国际结算可分为现汇结算与记账结算。

（1）现汇结算。现汇结算（exchange on settlement）是指通过两国银行对贸易和非贸易往来，用可兑换货币（自由外汇）进行的逐笔结算。

（2）记账结算。记账结算（clearing settlement）是指两国银行使用记账外汇进行的定期结算。

二、国际贸易结算的概念

（一）国际贸易结算的含义

所谓国际贸易结算，是指因不同国家之间进出口货物贸易以及由此引起的运输、保险和其他服务的提供等所产生的国际结算。

如前所述，国际贸易结算指由有形贸易引起的货币收付活动，是指国际间对于货物进出口形成的债权、债务进行的清偿。但国际贸易活动的顺利进行，离不开运输、保险、海关、商检、银行等部门的服务，所以，国际贸易结算，既包括货物交易本身的结算，也包括与此相关的贸易从属费用的结算。而后者的结算又关系到无形贸易结算和金融交易结算。

（二）国际贸易结算的重要性

国际结算的范围很广，泛指一切国际经济交易引起的跨国货币收付，国际结算涵盖国际贸易结算。而在国际结算中，国际贸易结算不仅是国际结算的基础，也是国际结算的主要内容。至 20 世纪 80 年代初，贸易结算金额一直盘踞国际结算的榜首，但自 1980 年以来，国际金融市场的发展和创新导致全球范围的金融交易量迅速增加，从纯金额角度看，金融交易结算已成为国际结算的"超级大户"。但是，在国际结算业务中，国际贸易结算业务最为复杂，要用到当今几乎所有的结算工具、支付方式和金融服务业务，并且，在实际的国际贸易结算过程中，还需要处理大量的非贸易结算用不到的单据。所以，国际贸易结算不仅构成国际结算的主要内容，在国际结算中也始终占据最重要、最核心地位。

三、国际贸易结算的基本内容

国际贸易结算主要包括国际贸易结算工具、国际贸易结算方式和国际贸易结算单据等方面的内容。

1. 国际贸易结算工具

国际贸易结算工具是指国际贸易结算中使用的信用工具或金融工具。信用工具也称金融工具，是以书面形式发行和流通，用于证明债权人权利和债务人义务的契约证书，可以是货币现金、票据、邮寄支付凭证等。在现代经济社会里，金融工具的种类繁多。现代国际贸易结算中使用的结算工具主要是票据。票据主要包括汇票、本票和支票。

2. 国际贸易结算方式

国际贸易结算方式又称支付方式，在买卖合同中也叫支付条件，是指国际间货币收付的途径、手段和渠道，它主要是解决资金如何从进口地转移到出口地的问题。

结算方式一般分为两类：记账结算和现汇结算。记账结算必须以政府所签订的双边支付协议为基础，通过清算账户，根据实际交易情况来记账结算；现汇结算则是通过银行汇兑来实现。汇款、托收、信用证是传统意义上的结算方式。

此外，国际保函、国际保理和福费廷等是新型的结算方式。

3. 国际贸易结算单据

国际贸易结算单据简称为单据或商业单据，是指国际贸易结算中以反映和说明货物特

征为目的的商业凭证,主要包括运输单据、保险单据、商业发票等基本单据。其中海运提单和多式联运提单代表了货物所有权,是最重要的商业单据。

除了基本单据外,还有许多附属单据,如产地证、检验证明书、海关发票、装箱单或重量单等,则往往根据具体规定或需要而在办理结算的过程中提供。

国际贸易中的大多数交易都是以先交单再付款的结算方式进行的。不论是信用证还是托收,连当今最流行的国际保理业务等也是单据买卖。由此可见,单据在国际贸易结算与融资中是非常重要的。

四、国际贸易结算学科的研究对象

作为一门学科,国际贸易结算是一门研究国际贸易结算的历史、现状和未来发展趋势的应用经济学科。其研究对象包括如下内容。

1. 代表资金收付关系的金融单据

当代国际贸易结算基本上都是非现金结算,需要一定工具来表明资金的转移收付关系,这就是票据。为了有效地发挥票据应有的职能,各国将票据形式、内容及各种有关行为都以法律形式规范,明确票据的性质和特点。研究票据,熟悉其功能特点,使其有效地服务于国际贸易和国际结算,已成为国际贸易结算的重要内容之一。

2. 代表商品的商业单据

商品单据化和单据商品化是当代国际贸易运作的基本要求。在国际贸易实务中,为了使资金转移和货物交接能顺利结合,保障当事人的合法权益,以利于国际贸易的开展,各种说明商品情况的单据也成为国际贸易结算的一项重要内容。

3. 以银行为中心的划拨结算

当代国际贸易结算是以有关银行间的资金划拨而得以实现的。为了实现国际间快速、安全、高效的资金收付,建立好银行间的联行、代理行和账户行等关系,根据业务实际需要,并能从银行业务网络中选出最快捷的途径和手续,就成为国际贸易结算中必不可少的重要内容。

4. 银行向进出口商提供的资金融通

随着经济全球化发展,国际贸易竞争日益激烈。为了使本国企业在竞争中立于不败之地,各国都推出有效的政策措施鼓励出口贸易的发展,其中提供资金融通便是一项重要方式。从商业银行角度看,为了争得所期待结算业务中的可观收益的市场份额,商业银行就将结算业务与为进出口商提供资金融通业务结合起来,互相促进。因此,结合结算,为进出口商融资,也成为国际贸易结算研究的重要内容之一。

第二节 国际贸易结算的历史发展

一、国际贸易结算的历史演变

国际贸易结算经历了漫长的发展和变革过程,它是随着国际贸易的产生和国际金融业

的发展而逐渐产生、发展和演变的。

最初的国际贸易是易货贸易,以金、银作为物物交换的媒介物行使货币的职能,贸易双方一手交钱、一手交货,这种"钱货两讫"结算方式成为国际贸易结算的最初方式。

由于现金结算方式具有风险大、费用高、占用资金时间长、真伪难辨、清点困难等缺点,因此这种结算方式只有在商品交易少、交易量小的时代才能使用。当工农业生产和交通工具进一步发展,国际贸易由边境贸易发展到远洋贸易时,这种通过大规模、长距离运送金属货币来结算的支付方式便难以满足国际贸易的发展,于是出现了使用票据结算的形式。

公元11世纪,随着国家之间贸易往来的发展,在当时的国际贸易中心——地中海沿岸城市,商人们开始使用"字据"来代替现金。这些"字据"是由当时产生的货币兑换商出具的书面证明,这些兑换商在当地收取现金,然后向异地与其有业务联系的兑换商发出"字据",凭这样的"字据"就可要求异地的兑换商支付现金,这样的"字据"就是原始阶段的票据,这个阶段也有人称为兑换商票据时期。

到了13世纪,兑换商出具票据的方式已日益广泛,同时在欧洲的一些主要城市形成了定期的集市贸易,在这样的集市贸易上出现了用集市贸易当天到期的票据代替现金支付货款的情况。货款与票据金额之间的差额采用现金方式多退少补,也即出现了票据交易,所以此阶段被人们称为市场票据时期。

14、15世纪,随着资本主义萌芽的出现,意大利北部诸城如威尼斯、热那亚、佛罗伦萨等,已经成为欧洲的贸易中心。到了15世纪末16世纪初,随着资本主义的发展,地理大发现和海外殖民地的开拓,欧洲贸易中心从地中海区域移至大西洋沿岸,里斯本、塞维尔、安特卫普、伦敦等,先后成为繁盛的国际贸易港,其贸易范围远及亚洲、非洲和美洲。对外贸易的发展,国际交换的扩大,逐渐形成了区域性的国际商品市场。随着贸易的扩大,商业票据的使用日趋广泛。

进入16、17世纪,随着票据的广泛使用,出现了最初的背书制度,这使得票据的转让更为简便,同时使票据从证据性证券进化为流动性证券,这样就进入了流动票据时期。

 **知识拓展**

从"飞钱"到"帖子"再到如今的商业票据,中国票据的发展也折射出中国商品经济发展的辉煌。清代中叶,中国山西晋商票号的出现,标志着中国金融史上最早具有真正意义上的规范票据的诞生。

18世纪,票据已经完全演变为现代的票据。随着贸易量的增加、贸易范围的进一步扩大和国际分工的不断深化,商人们不再亲自出海航行,而是委托船东运输货物,而且船东们为了减少风险和提高竞争力,也只向作为货主的商人收取运输费用,而货物运输途中的各项风险则由商人直接向保险商购买保险予以转嫁。逐渐地,商业、航运业、保险业就成为各自独立的三个行业,相继出现了提单及保险单,这些单据也同票据一样可以抵押和买卖。上述变化使得买卖双方不再经常当面谈判及交割货物,谈判手续被简化为主要通过函电来往达成合约,并确立了卖方交单、买方付钱的单据交易的基本原则。

到了 18 世纪 60 年代，一些主要的资本主义国家相继完成了工业革命，社会分工迅速向国际领域扩展。与此同时，主要资本主义国家的银行业亦发生了深刻的变化，原来高利贷性质的银行转变为担任信用中介和支付中介的资本主义银行，它们不仅从事国内的存、放、汇业务，而且通过国外分支机构和代理行的建立从事国际信贷和国际结算业务。因此，国际贸易结算便逐步地集中通过银行来进行。这一切又进一步拓宽了国际贸易的范围。

二、国际贸易结算的发展现状

进入 20 世纪中期以来，随着经济全球化的发展，国际分工的日益加深，各国经济之间的相互依赖性进一步加强，国际贸易无论从商品结构、贸易方式还是货物运输等方面都发生了很大的变化，从而引起国际贸易结算的规模和范围越来越大。当前的国际贸易结算主要有以下特征。

（1）银行是当代国际贸易结算的中枢。在长期的国际贸易结算业务实践中，银行成为当代国际贸易结算的中枢。世界各国的银行之间，总行与分行、分行与分行、代理行与代理行之间，逐步形成了一个完善的印鉴密押识别系统和高效的资金账户转移网络。这一银行国际结算网络的构建是办理国际贸易结算的基本条件。

（2）国际贸易结算方式面临变革。传统的国际贸易结算方式有汇付、托收和信用证三种。而信用证结算方式在相当长的时间内又是最主要的国际贸易结算方式。但是，从 20 世纪 70 年代中期开始，这种情形发生了很大的变化。由于国际贸易中的市场竞争日趋激烈，高新技术得到广泛应用，国际市场上的竞争在很大程度上表现为支付条件和结算方式的竞争。而信用证结算方式存在着诸如手续繁、费用高、技术性强等缺陷，使非信用证结算方式得以采用，它们与传统的商业信用结算方式相结合，正在促进结算方式的新变革，这是当代国际贸易结算发展的另一态势。

（3）贸易融资与贸易结算相结合。为了促进本国与世界各国之间的经济贸易往来，扩大商品、技术、劳务、资金等出口和有效地吸引外资、引进技术和设备等，各国将国际贸易结算与贸易融资结合起来，创造出新的国际融资结算方式。卖方信贷、买方信贷、混合贷款和福费廷等出口信贷的新形式先后出现，并得到了长足的发展。此外，各国商业银行还提供出口押汇、打包放款、票据贴现和进口押汇、开证授信等融资服务，从而实现结算与融资的有机结合。

（4）结算货币的多元化趋势增强。在国际金本位制度时期，英镑是各国的主要结算货币；实行以美元为中心的固定汇率后，英镑被美元取而代之；在之后的浮动汇率制下，各国的国际结算货币除了美元、马克、日元外，还有英镑、法国法郎、瑞士法郎、荷兰盾等，出现了结算货币多元化的格局，从而摆脱了布雷顿森林体系下对美元的过分依赖；1999 年 1 月 1 日欧元启动后，德国马克、法国法郎等欧盟国家的货币逐步退出了流通，欧元在国际结算中的地位日益增强，美元、欧元、日元等主要货币在国际结算中分别占据一定的势力，国际结算货币的多元化格局毋庸置疑。随着世界经济和金融形势的变化，中国经济的迅速崛起，人民币在国际结算中将发挥越来越重要的作用。2011 年 8 月 23 日，人民银行等六部委联合下发了《关于扩大跨境人民币结算地区的通知》，该文件将人民币跨境结算的地区由最初的五个城市（上海、广州、深圳、珠海、东莞）扩大至全国，人民币的国际化步伐加快。总之，结算货币的多元化趋势增强成为当今国际贸易结算的重要特征之一。

（5）结算业务向电子化、网络化方向发展。随着高科技的日益发展、通讯条件的不断改善和电脑、通讯设备的迅速更新换代，国际贸易结算业务正逐步趋于电子化、网络化。

现在的发达国家，国内结算已广泛采用了信用卡结算，大大减少了钞票、支票的使用量，甚至记账不用传票。国际结算中虽然不能像发达国家内部的无纸化贸易，但是，国际结算中计算机的广泛运用，加速了资金与单证的流转速度，使得一些国际业务在瞬间即可完成。目前，世界上已有三大电子清算系统 CHIPS（clearing house interbank payment system，美国银行收付系统）、CHAPS（clearing house automated payment system，英国伦敦银行自动收付系统）和 SWIFT（society for worldwide interbank financial telecommunication，环球银行间金融电讯协会），结算业务的电子化和网络化趋势十分强劲，已成为当代国际贸易结算业务的一大新特征。

 **知识拓展**

> CHIPS 是世界所有美元的收付网络中心；CHAPS 是世界所有英镑的清算中心；SWIFT 是当今影响最大的国际清算网络。
>
> SWIFT 成立于 1973 年，总部设在比利时的布鲁塞尔，是一个国际银行同业之间非营利性的国际合作组织。该组织目前有 3 561 家成员银行，拥有会员国 192 个，其环球计算机数据通讯网在美国和荷兰设有运行中心，在各会员国设有地区处理站，日处理 SWIFT 电讯 580 万笔，国际银行同业之间 95％以上的业务有赖于这个网络，为 SWIFT 会员提供安全、可靠、快捷、标准化、自动化的通讯服务。凡参加协会的银行都可以使用 SWIFT 系统。

（6）国际公约和国际惯例在结算业务中的作用加强。在当今世界上，法律是维系整个市场经济体制正常运转的重要因素。从目前的经贸业务实践看，在国际结算和贸易融资交易量增加的同时，发生的摩擦、矛盾乃至各种信用工具项下的欺诈、权力滥用等现象相应增加，由此而产生的各种案件也越来越多。鉴于各国国内法对其国际结算和贸易融资的规定不尽相同，做法也多种多样，经常使银行和其他金融机构面临着来自不同法律、条例和规则等方面的限制和压力，使具体业务处于进退维谷的境地，在一定程度上阻碍了交易的进一步发展。因此，一些团体、国际组织制定和修订的各种有关的公约与规则在业务中的作用日益加强，成为各国银行处理业务时必须共同遵守的准则。

第三节　国际结算制度

国际结算制度（International monetary system）又称国际结算体系，是指各国之间结算债权、债务关系的基本方法和总的原则。当国际贸易与金融、国际运输与保险获得巨大发展时，国际债权、债务关系呈现不断扩大趋势，世界市场与稳定的国际货币制度也随之产生。并且随着国际货币制度的演变，各国国际收支的变化及巨额国际资本流动对各国经济产生了不同影响，形成了不同时期的国际结算制度。回顾西方国家经济发展的过程，曾经经历了

三种不同类型的国际结算制度。

知识拓展

> 国际结算制度又称国际结算体系，是指各国之间结算债权、债务关系的基本方法和总的原则。随着国际货币制度的改革，当今的国际结算制度也会发生变化。国际货币制度是支配各国货币关系的规则以及国际间进行各种交易支付所依据的一套安排和惯例。迄今为止，国际货币制度经历了国际金本位制到布雷顿森林体系再到牙买加体系的演变过程。

一、自由的多边国际结算制度

自由的多边结算制度萌芽于资本主义自由竞争时代，盛行于资本主义金本位时期。19世纪正处于资本主义自由贸易的鼎盛时期，国际贸易发展十分迅速，国际间的经济、贸易交往日益增强。许多国家确立了金本位的货币制度，国际收支基本平衡。黄金可以自由输出输入，国际间正常的支付与结算均以黄金作为结算的最后支付手段。由于各国货币之间的比价都是以各自的含金量为基础，且由黄金输送点自动调节，所以汇率能保持稳定。在这种条件下，推行自由的多边国际结算制度有利于国际贸易的发展。实行自由的多边国际结算制度必须以外汇自由买卖为前提，而外汇自由买卖又必须以货币稳定为条件。

（一）外汇自由

外汇自由是一国的自然人、法人、政府及国际机构，在办理国际结算时可以自由地买卖外汇而不受限制。具体包括：

（1）外汇自由买卖。任何工商企业、团体、个人不论何时何地需要何种外汇，也不管数量多少，均可以在外汇市场自由兑换，不受限制。

（2）资本自由输出输入。通过自由买卖外汇，长期资本和短期资本可以在各国之间流动与转移。

（3）黄金自由输出输入。黄金作为世界货币和一般国际支付手段可以自由输出和输入，以实现国际债权、债务或实现资本转移。

（4）黄金、外汇自由买卖市场的存在。

（二）多边结算

多边结算是以银行为中心，通过建立广泛的银行网络，即各国经办外汇业务的银行互相建立账户关系，形成各自直接进行现汇资金往来和抵销债权、债务的一种结算制度。由于各国贸易往来使国际债权、债务关系错综复杂，若要通过双边结算形式依次进行，必然会发生重复和迂回周转的结算，因此，当各国之间的多边债权、债务都最大限度地集中到少数几个金融中心的银行账户上相互抵销，黄金的输送量及输送费用才会大幅度减少，国际贸易才能迅速发展。

在多边结算条件下，通汇各国的银行必须建立相互的账户关系，如此才能使各种货币之间相互兑换，并通过存款转让来清算以各种货币表示的债权、债务。

但是,自由的多边国际结算制度遭到了第一次世界大战的冲击。第一次世界大战爆发后,资本主义经济和政治陷入全面危机,资本主义各国为了筹措战争所需的大量外汇,防止本国资本外逃,不得不对黄金、外汇支付采取限制性的措施。战争结束后,由于生产逐渐得到恢复,国际经济关系也恢复正常,各国先后部分或全部恢复了金本位货币制度,但在此期间,各国仍然实行管制制度,大多数国家仍然采取某些措施来间接干预外汇交易以维持汇率的稳定。1929—1933年资本主义世界爆发了空前严重的经济危机,从根本上打乱了资本主义世界的经济秩序,各主要资本主义国家爆发的货币信用危机冲击着整个世界市场,使市场机制作用大为削弱,国际间经济关系陷于混乱。各国为了维护各自的经济利益,一方面竭力向外转嫁经济危机,另一方面为了阻止外国经济危机对本国经济的冲击,纷纷恢复了不同形式的外汇管制。第二次世界大战期间,除了远离战争而未受战争破坏的美国、瑞士之外,欧洲各国为了支付巨额的战争开支,都实行严格的外汇管制。整个西方的金融、外汇市场都陷于停滞状态,管制的双边国际结算制度应运而生。

二、管制的双边国际结算制度

管制的双边国际结算制度是指两国政府签订支付协定,开立清算账户集中抵消和清算两国之间由于贸易和非贸易往来所发生的债权、债务的一种制度。因其产生于签订支付协定的基础上,所以也被称为协定结算制度。又因为它使用的清算货币仅是一个记账单位而不是可兑换货币,也被称为记账结算。在这种制度下,一国对另一国的债权只能用来抵销该国的债务,或用于支付从对方的进口,而不能用此债权来抵偿它对任何第三国的债务。其具体的做法是由两国的商业银行或外汇银行各自向本国的中央银行收付本国货币,再由本国的中央银行记入对方国家的结算账户。在记账方式上,一般采用“先借后贷法”,即出口方银行主动借记进口方银行开立在该行的账户,然后再由进口方银行贷记出口方银行开立在该行的账户。为此,各方要设维持账户以核对对方寄来的账单。

管制的双边国际结算制度是在金本位制崩溃后,资本主义经济危机加深、国际市场缩小、贸易保护主义盛行和实行外汇管制的产物。

三、多元化混合型国际结算制度

第二次世界大战之后,世界政治经济格局发生了重大变化。战后初期,除美国外,西方各主要资本主义国家的国际储备普遍短缺,无力支付进口物资所需的外汇和维持本国货币的稳定,所以各国普遍实行外汇管制。到20世纪50年代后期,西方一些国家的经济实力已经增强,并且足以与美国抗衡,于是西欧国家对外汇管制有所放松。从20世纪60年代开始,联邦德国、日本、法国和英国等主要的资本主义国家陆续撤销和废除了本国的外汇管制方面的法律和条例,并在全球范围内推广有限的自由多边结算制度。同时,在一些国家集团内部,也出现了自由的多边结算制度或有限的多边结算体制。而许多发展中国家为了发展民族经济,减少黄金国际储备的流失,则一直实行比较严格的外汇管制。因此,单纯的管制的双边国际结算制度已经不能满足经济发展的需要,多元化混合型的国际结算制度取代单一的国际结算制度是一种必然。在多元化混合型的国际结算制度下,既有西方国家之间全球性的多边结算,也有区域性的和集团性的多边结算,此外还存在着发展中国家之间的双边

结算制度。由于管制的国际结算制度不利于全球性贸易的开展,因此当前推行的主要是全球性、区域性的多边结算制度。

随着生产和资本的国际化、市场国际化的迅速发展,跨国公司的蓬勃兴起,国际贸易结算制度将进一步向着多元化和自由化的多边结算制度方向发展。

第四节　银行国际结算网络的构建

办理国际贸易结算的基本条件是要有一个国际性的银行网络。银行网络越广泛,办理国际结算的范围就越大,资金清算就越方便,所以建立银行之间往来是办理国际贸易结算必不可少的前提条件。

一般而言,经营外汇业务的商业银行都在海外设有分支机构,但不可能在发生债权、债务的所有国家都建立分支机构,于是就需要同国际间的银行密切合作,进而形成一个高效率的资金转移网络。

一、银行境外分支机构

商业银行在境外设立的分支机构主要有以下几种。

1. 代表处

代表处(representative office)是商业银行设立的非营利性机构。它没有自己的资产和负债,不能经营银行业务,没有独立的法人资格。其主要职能在于探询新的业务前景,寻找可能的盈利机会、与东道国当地的政府、银行和企业进行信息交流和沟通,招揽业务等。代表处是分支机构的最低级和最简单的形式,它通常是设立更高形式机构的一种过渡安排。

2. 办事处

办事处(agency office)是商业银行在境外设置的能够转移资金和发放贷款,但不能在东道国吸收当地存款的金融机构。它是母行的一个组成部分,不具备法人资格。它可以从事一系列非存款银行业务,如发放贷款、提供贸易融资、办理票据买卖等业务。其资金来源主要源自母行的资金输入或从东道国当地银行拆借市场进行借贷。

3. 分行与支行

分行(branch)与支行(sub-branch)是商业银行在海外设立的最主要的营业性分支机构类型,无论在法律上还是在业务上,它们都是母行的有机组成部分,其业务范围及经营政策要与总行保持完全一致,并且业务活动限制以总行的资本、资产和负债为基础来衡量,总行对其全部经营活动负责。它们不是独立的法律实体,没有独立的法人地位,同时要受到总行所在国与东道国双方法律及规章的制约。

分行与支行在业务经营上非常相似,只是与分行相比,支行规模更小,机构层次更低,而且属分行管辖。

4. 附属银行

附属银行(subsidiary bank)是商业银行在东道国登记注册成立的公司性质的银行机构,

在法律上是一个完全独立的经营实体,其股权的全部或部分都可以为母行控制,它对自身的债务仅以其注册资本为限负有限责任。其业务活动可以是东道国允许的全部银行业务,也可以是东道国国内银行不能经营的非银行业务。

5. 联营银行

联营银行(affiliated bank)是商业银行在境外设置的间接性营业机构,与附属银行非常相似,只是联营银行的任何一家外国投资者所拥有的股权都不能超过50%,其余股权由东道国所有,或有几家外国投资者共有。联营银行的最大优势是可以集中两家或多家参股者的优势。

6. 银团银行

银团银行(consortium bank)是由两个以上不同国籍的跨国银行共同投资组建的公司性质的合营银行,具有独立的法人资格,但其中任何一家投资者所持有的股份不得超过50%。作为一个法律实体,银团银行有自己的名称和特殊功能。它既接受母国委托的业务,也开展自己的活动。

与其他形式的银行相比,银团银行具有以下特点:① 组成银团银行的母行大多是世界著名的跨国银行;② 银团银行的注册地多为一些国际金融中心或离岸金融中心;③ 它所经营的主要是单个银行不敢也没有能力独立承担的成本高、风险大、周期长、技术性强的大型项目;④ 其业务对象主要是各国政府和跨国公司,它很少向消费者经营小额零售业务。

综上可以看出,代表处、代理处和分行不是独立的法人,母行完全可以对其进行控制。附属银行、联营银行和银团银行是独立的法人,它们在机构类型上都属于母行在境外的参与性机构,与母行之间的业务往来和资金往来属于代理行往来范畴。

 知识拓展

> 目前,在办理国际结算业务的国内银行中,中国银行是办理国际结算历史最悠久、国际结算业务量最大、代理行关系最多的一家外汇指定银行。中国银行建立了遍及五大洲的160多个国家的5 000多家的代理行网络,与200多家大银行保持经常性的资金往来关系。

二、代理行关系的建立

代理行(correspondent bank or correspondents)是指两家不同国籍的银行通过互相委托办理业务而建立的往来关系。代理行关系一般由双方银行的总行直接建立,分支机构不能独立地对外建立代理行关系。

(一) 代理行关系的建立

一般来说,建立代理行关系要经过三个阶段。

1. 考察了解对方银行的资信

代理行关系是建立在一定资信基础上的,因此,在建立代理关系前,应对对方银行的基

本情况有所了解,以便决定是否同对方银行建立代理关系。

一般而言,银行只同那些资信良好、资金较雄厚、经营作风正派、业务能力强的海外银行建立代理关系。

2. 签订代理协议并互换控制文件

如果双方银行同意相互建立代理关系,则应签订代理协议。代理协议须明确双方互相委托的业务范围和参与代理业务的机构(总行和参与的分行等)并交换控制文件。控制文件包括:

(1)密押(test key)。密押是银行之间事先约定的,在发送电报时,由发电行在电文中加注密码。密押具有很强的机密性,使用一段时间后,应予以更换。

(2)印鉴(specimen signatures)。印鉴是有权签字的人签字式样。银行之间的信函、凭证、票据等,经有权签字的人签字后,寄至收件银行,由收件银行将签名与所留印鉴进行核对,如相符,即可确认其真实性。

(3)费率表(tems and conditions)。费率表是银行办理各项业务的收费标准,通常由总行制定,分支机构执行。双方互相委托业务,收费标准按受托方的费率表规定计费收取。

3. 双方银行确认控制文件

收到对方银行发来的控制文件后,如无异议,即可确认,此后便照此执行。

（二）代理行的种类

按照代理行之间的账户设置关系不同,代理行可以划分为账户行和非账户行。

1. 账户行

账户行(depository bank)是指代理行之间单方或双方相互在对方银行开立了账户的银行。账户行是在建立代理关系的基础上,为了解决双方在结算过程中的收付而建立的特殊关系。账户行之间的支付,基本通过开立的账户进行结算。选择建立账户行是基于双方银行业务往来频繁、对方银行资金实力雄厚,支付能力强,处在国际贸易中心或国际金融中心等方面的考虑。

按照账户开立形式不同,账户行建立的形式可以分为单方开立账户和双方开立账户。单方开立账户是指一方银行在对方银行开立的对方国家货币或第三国货币账户,其特点是单边开户双方共同使用。双方开立账户是指代理双方相互在对方国家开立对方货币的账户,其特点是双边开户双方共同使用。

按照账户本身性质不同,账户可分为往来账、来户账、清算账。往来账是指存放国外同业,即国内银行在国外同业开户的账户。来户账是指国外同业存款,即外国银行将账户开在本国银行,也是本国银行的负债账户。清算账是指两国政府之间为办理进出口贸易和其他经济往来所发生债权、债务清算而开设的不必使用现汇的记账账户。

2. 非账户行

非账户行(non-depository bank)是指建立了代理关系但互相之间没有设置账户的银行。一般来说,非账户行主要存在与本国经贸往来业务有限的国家和地区。非账户行之间的资金往来需要通过第三方银行的协助才能完成。由此可见,账户行必须是代理行,但是代理行

不一定是账户行。

三、往来银行的选择

虽然联行与代理行、账户行与非账户行都可办理国际结算有关业务,但它们对己方银行的影响是不同的。

首先,在办理结算和外汇业务时,联行是最优选择。联行与本行从根本上是利益共享、风险共担,相互之间非常熟悉和了解,同处于一个总行领导之下,是不可分割的整体。因此让海外联行开展有关业务,它必然会尽最大努力完成所委托的业务。

由于联行数量有限,在没有联行的绝大多数地区还得依靠代理行来进行。与建立联行关系相比,代理行关系的建立成本更低、更灵活、更普遍,在国际结算中具有相当地位。

其次,在代理关系中,账户行的关系更密切、更方便。与账户行之间的业务委托只要通过账户往来即可完成。在同一城市或地区有多个账户行的情况下,要选择资信最佳的银行办理业务。

在没有联行和账户行的少数地区,要开展业务只能委托非账户行的代理行。因为建立了代理关系的银行相互比较了解,只不过资金的收付需要通过其他银行办理,手续较复杂,所需时间也要相对延长。

 **本章小结**

国际结算是指由于不同国家当事人之间的债权、债务所引起的跨国的货币收付业务。按照产生国际间债权、债务关系的原因不同,国际结算可分为国际贸易结算与非贸易结算两大类,其中,国际贸易结算是国际结算的主要内容。所谓国际贸易结算,是指因不同国家之间进出口货物贸易以及由此引起的运输、保险和其他服务的提供等所产生的国际结算。国际贸易结算主要包括国际贸易结算工具、国际贸易结算方式和国际贸易结算单据等方面的内容。随着经济全球化和区域经济一体化的迅速发展,当今的国际贸易结算呈现结算货币多元化、结算方式多样化、结算业务的电子化和网络化等趋势。国际结算制度是指在一定的国际货币体系下,用于制约国际结算的外汇管制制度和国际结算制度的统称,是各国之间结算债权、债务关系的基本方法和总的原则。国际结算制度经历了自由的多边结算制度、管制的双边结算制度、区域性管制的多边结算制度以及当前的多元化混合型国际结算制度。在长期的国际贸易结算业务实践中,世界各国的银行之间,总行与分行、分行与分行、代理行与代理行之间,逐步形成了一个完善的印鉴密押识别系统和高效的资金账户转移网络。这一银行国际结算网络的构建是办理国际贸易结算的基本条件。

拓展阅读

1. http://www.cacs.gov.cn/

此网站为"中国贸易救济网"。内容丰富翔实,有许多外贸方面的法律、法规;涉及大量外贸案例;还有外贸理论园地,是一个非常实用的外贸网站。

（续上）

2. http://www.wtojob.com/

此网站为"国际贸易实务世贸人才网"。内容包括国际贸易实务、国际结算、WTO知识、海关知识等,是国际贸易专业同学的一个很好的学习网站。

3. http://www.pinggu.org/bbs/index.asp

此网站是"人大经济论坛网",内容丰富,涉及经济、国际贸易、国际贸易实务、国际结算等方面内容,数据更新快,点击率高,是经贸专业人士必看的一个网站。

 **思考与练习**

1. 什么是国际结算?国际结算有哪些基本类型?

2. 什么是国际贸易结算?国际贸易结算包括哪些内容?

3. 国际贸易结算经历几个发展阶段?其内容是什么?

4. 什么是国际结算制度?包括几种类型?

5. 什么是多元化的混合多边结算制度?

6. 当前的国际贸易结算有何特点?

第二章　国际贸易结算工具：票据

学习目标

通过本章的学习，了解票据的概念、性质、票据原理，掌握汇票、本票和支票的定义，必要项目和任意记载，票据行为的要式性规定。

票据是重要的结算支付工具，也是重要的融资信贷工具，票据在国际贸易结算中应用相当广泛。本章就票据的概念、性质、票据原理，汇票、本票和支票的定义，必要项目和任意记载，票据行为的要式性规定及汇票、本票和支票的功能与使用等内容进行讲解，以便大家对票据这一当今重要的国际贸易结算工具有一个详细和全面的了解和掌握。

第一节　票据概述

一、票据的概念

票据(document of title/commercile paper)有广义和狭义之分。

广义的票据是指商业上的一切权利凭据，包括各种有价证券和凭证，是某人拥有的、不在其实际占有下的金钱或商品的所有权或索取权的书面证据。如股票、汇票、国库券、发票、提单、保险单等。

狭义的票据则是指以支付金钱为目的的、可以流通转让的有价证券，即票据法规定的汇票、本票和支票。本章所讲的票据是指狭义的票据，可定义为由出票人签名于其上、无条件地约定由自己或另一人支付一定的货币金额、可以流通转让的有价证券。

知识拓展

票据是国际贸易结算中常用的结算工具，一般来说，票据指汇票、本票和支票。事实上，票据的种类大多由各国票据法加以规定。德国和法国票据法规定，票据包括汇票、本票两种；《英国票据法》、《美国统一商法典》和《日本票据法》规定，票据包括汇票、本票和支票三种。《中华人民共和国票据法》第二条规定：本法所称票据，是指汇票、本票和支票。

二、票据转让的形式

有价证券权利的转让分别采取下列三种形式。[①]

(一) 过户转让

过户转让(assignment)又称通知转让，是在三个当事人之间即债权转让人、债权受让人以及原债务人之间完成转让行为的。过户转让具有以下性质：

(1) 必须以转让书等书面形式表示转让意图，并由转让人签字或盖章；

(2) 必须在债务人处登记过户，或书面通知原债务人；

(3) 若未在债务人处登记过户或未将转让事实通知原债务人，则受让人不能获得受让证券的全部法律权利，不能以自己的名义向原债务人提起诉讼；

(4) 受让人获得的票据权利不优于前手，受其前手权利缺陷的影响和制约。

采用过户转让的有价证券如股票(share certificate)、人寿保险单(life policies)、政府证券(certificate of government stock)、债券(debenture)等，它们为非完全流通证券(not negotiable instruments)。

(二) 交付转让

交付转让(transfer)又称隐蔽转让，由持有人将票据(广义)单纯交付他人或背书交付他人转让，无须通知原债务人，它是在两个当事人之间即转让人和受让人之间的双边转让。交付转让具有以下性质：

(1) 可以通过单纯交付或背书交付而转让票据；

(2) 不必办理过户登记手续，也不必通知原债务人；

(3) 受让人获得受让证券的全部法律权利，可以以自己的名义向票据上的债务人提起诉讼；

(4) 受让人获得的票据权利不优于前手，受其前手权利缺陷的影响和制约。

采用交付转让的有价证券如提单(B/L)、仓单(warehouse receipt)、栈单(dock warrants)、写明不可流通字样的划线支票或即期银行汇票(not negotiable crossed cheque or demand draft)等，它们为准流通证券(quasi-negotiable instruments)或半流通证券(semi-negotiable instruments)。

(三) 流通转让

流通转让(negotiation)与交付转让一样，由持有人通过单纯交付或背书交付完成转让而无须通知原债务人，但流通转让与交付转让有着本质的不同。流通转让具有以下性质：

(1) 可以通过单纯交付或背书交付而转让票据；

(2) 不必办理过户登记手续，也不必通知原债务人；

(3) 受让人获得受让证券的全部法律权利，可以以自己的名义向票据上的债务人提起诉讼；

(4) 受让人获得的票据权利优于前手。

---

① 程祖伟,韩玉军.国际贸易结算与融资[M].北京：中国人民大学出版社,2007：16-17.

采用流通转让的有价证券如汇票、本票、支票,即狭义票据具有流通转让性,它们被称为完全流通证券或流通证券(negotiable instruments)。

流通转让性与过户转让性和交付转让性相比,其最根本的特点在于,具有流通转让性的票据的受让人的票据权利优于前手,不受其前手权利缺陷的影响和制约。流通转让的原则使得受让人能得到十足的票据文义载明的权利,从而极大地保护了受让人的权利,有利于票据的转让和流通。

 **知识拓展**

> 票据具有流通转让性,流通转让性是票据的第一大特性。具有流通转让性的票据的受让人的权利优于其前手,不受其前手权利缺陷的影响和制约。在这一点上,《票据法》的规定比《民法》更为严格。《民法》规定:债务人得以对抗原债权人的事由均得以对抗新的债权人。而《票据法》规定,债务人不得以原债权人的债务对抗新的债权人。

三、票据的性质[①]

1. 票据为设权证券

票据的权利和义务以票据的创设为前提,设权行为使票据权利和义务关系得以产生。先有票据的作成,然后才有票据权利,当事人不能在票据作成之前设定票据权利。票据为设权证券。

2. 票据为货币证券

票据是以支付金钱为目的的有价证券,票据必须以金钱表示,并以支付一定的货币金额为目的,但票据不等同于货币。

3. 票据为文义证券

票据的"文义"即票据所记载文字的含义、文句的思想内容。票据当事人的权利和义务,完全取决于票据记载文义的法律效力,即使文字记载与事实不符,仍以票据所记文字为准,当事人不可以就票据之外的证明方式对票据文义更改和补充。

4. 票据为流通证券

票据具有流通转让性,票据权利通过背书交付或仅凭交付而转让流通,无须征得债务人的同意。一般来说,除非票据上记载"不可转让"(not negotiable/not transferable)字样或以其他形式的记载表明了不可转让的意旨,否则,持票人均有权将其作为流通性转让。

5. 票据为无因证券

在现实经济生活中,出票人签发票据、收款人取得票据得以行使票据上的权利、付款

---

① 高程德.国际票据管理[M].北京:北京大学出版社,2003:3-5.

人愿意承担付款义务,必有一定的原因,出票人、收款人、付款人之间也必有一定的关系,如出票人与付款人之间存在着资金关系,出票人与收款人之间存在着对价关系等,票据当事人的权利和义务以这些基本关系为原因,这种关系称为票据的基础关系,也称为票据原因。

所谓票据原因,是指使票据上权利和义务关系得以产生的原因,票据的基础关系即为票据原因。票据当事人的权利和义务关系则称为票据关系。票据的产生是有原因的,即根据一定的信用行为等原因而设立。但票据一经产生,票据的成立与否,不受票据原因的影响,票据当事人的权利和义务,也不受票据原因的影响,票据的受让人也无须调查票据原因,只要票据记载合格,受让人就可取得票据文义载明的权利,此即为票据的无因性,法学上称为票据关系与基础关系相脱离。票据的无因性使得票据得以流通。

6. 票据为要式证券

我们常说,票据是要式不要因。票据非常强调其形式和记载内容,这种形式和内容大都由票据法加以规定。票据的要式性,是指票据从书面形式上包含的必要条件完善合格,即票据的作成,形式上需要记载的必要项目齐全且符合票据法的规定。为了便于票据的流通,票据必须做到形式简明规范,必要项目齐全合格,文义确切无歧义。

7. 票据为提示证券

票据的债权人即持票人请求付款人履行票据义务时,必须向付款人提示票据,如果不提示,付款人就没有履行付款的义务。此外票据法还规定了票据的提示期限,持票人丧失票据或未在规定期限内提示,持票人将丧失票据权利。当然,各国票据法大都规定了一些此种情况下的补救措施,但由此造成的损失由持票人自行承担。

8. 票据为返还证券

票据的持票人收到支付的票款时,应将票据交还付款人,付款人需要求持票人写明收讫字样并签字收回,以防再度取款。票据一经正当付款即被付款人注销而退出流通,票据的流通是有时限的。

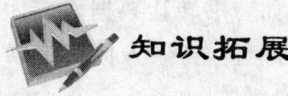 知识拓展

　　票据的八大性质,也称为票据的八大基本原理,是制定票据法的理论依据,也是国际结算的基石。

四、票据的功能

票据是以支付金钱为目的的有价证券,在经济生活中被广泛使用。票据主要有以下四大功能。

1. 结算功能

在现代国际结算中,非现金结算占据着主导地位。在非现金结算条件下,必须使用一定

的支付工具以结清国际间的债权、债务,而票据则是目前最常用的支付工具,如汇票。债务人为向债权人支付款项,可以向银行申请开立一张汇票,寄给债权人,由债权人向当地银行提示请求付款,从而使得双方的债权、债务得以结清。

2. 融资信贷功能

票据是建立在信用基础上的书面支付凭证,出票人签发票据,立下书面支付信用保证,付款人或承兑人签字允诺按照票面规定履行付款义务。国际结算中的远期汇票常常被用于贴现从而具有融资信贷功能。

3. 流通功能

票据具有流通转让性,票据一经背书即可转让他人,再经背书还可转让。由于背书转让,票据就在市场上广泛流通,代替现金成为一种流通工具。

4. 抵销债务功能

国际间因经济交易所产生的债权、债务,可以通过使用票据加以抵销。[①]

五、票据的主要当事人及其各种持票人概念

(一) 票据的基本当事人

票据一般有三个基本当事人(immediate party),即出票人、收款人和付款人。

1. 出票人

出票人(drawer)指开立票据并交付给他人的人,为即期付款票据或远期付款票据未承兑前票据的主债务人。出票人签发票据后,对收款人及正当持票人承担在提示时付款人一定付款或一定承兑的保证责任。如果票据遭到拒付,出票人被追索,应负偿还票款之责任。

2. 收款人

收款人(payee)指出票人交付票据并指定其收取票款的人,为票据的主债权人。收款人有权向付款人请求付款,如遭拒付,有权向出票人追索票款。收款人如背书转让票据而成为背书人时须承担票据的付款人付款或承兑的保证责任。当票据遭到拒付,持票人向其追索时,应负偿还票款之责任,付款后可向出票人追索。

3. 付款人

付款人(drawee)指汇票或支票的出票人命令或委托其接受票据并支付票款的人。因本票由出票人自己承诺付款,故本票只有两个基本当事人即出票人和收款人,本票没有付款人记载。一般来说,汇票或支票的付款人在签字之前并非票据的债务人,并无必定付款的义务,付款人可以拒付,也可以指定担当付款人执行付款。但是付款人一旦在票据上签了字,或者说承兑了汇票或保付了支票,他就承担了必须付款的责任,从而成为票据的债务人,并且成为主债务人,而出票人则退居从债务人地位。

---

① 曾世雄,等.票据法论[M].北京:中国人民大学出版社,2002:14-16.

 **知识拓展**

> 汇票有三个基本当事人：出票人、收款人和付款人；本票有两个基本当事人，本票的付款人就是出票人自己；支票有三个基本当事人，但支票的付款人是出票人的存款银行且与其订有支票存款协议。

（二）票据在出票完成后进入流通过程中产生的当事人（remote party），即转让人、受让人或背书人、被背书人

1. 转让人和受让人

票据所有人将其票据所有权转让给他人的行为，叫做票据转让，其中，转让票据所有权的人叫转让人（transferor），受让票据的人叫受让人（transferee）。票据转让又有背书转让和无背书转让两种形式。转让人在转让时作签名背书，为背书转让；转让人在转让时未作签名背书，仅凭交付即完成转让，为无背书转让。由此，票据的转让人又有背书转让人和无背书转让人之分。转让人在转让时记载受让人名称的背书，为记名背书转让；背书时未作受让人名称的记载，为无记名背书转让。由此，票据的受让人也有记名受让人和无记名受让人之分。①

2. 背书人和被背书人

如前所述，通过在票据背面签名将票据转让给他人的转让行为，叫做背书转让，这一背书转让票据的人为背书转让人，简称背书人（endorser/indorser）；背书人在作背书时记载的票据受让人为被背书受让人，简称被背书人（endorsee/indorsee）。

票据的转让多为背书转让，但来人抬头票据、空白背书票据等可以不经背书即可转让。票据可以经多次转让，包括背书转让和无背书转让。在作背书转让时，就会依次有第一背书人、第二背书人、第三背书人等，也会有第一被背书人、第二被背书人、第三被背书人等。

（三）票据的各种持票人概念

1. 持票人

持票人（holder）是一个很广泛的概念，泛指各种占有票据的人，包括票据的收款人、被背书人或空白背书受让人、持有来人抬头票据的持票人等。只有持票人才能向付款人提示请求票据权利。

2. 对价持票人

对价持票人（holder for value）指取得票据时付出一定对价的持票人。这里所谓对价（value），是指支持一项简单合约成立的票据双方当事人认可的相对应代价。持票人所付的对价，未必与票据金额完全相等，也未必是自己亲自付对价，如税收、继承、赠与等依法无偿

---

① 程祖伟，韩玉军.国际贸易结算与融资［M］.北京：中国人民大学出版社，2007：19－21.

取得票据的持票人也可获得对价持票人身份。

3. 善意持票人

善意持票人(bonafide holder)必须是合格票据的持票人,所持票据必须内容齐全合格、背书连续且占有票据;必须是可流通票据的受让人;其取得票据时票据未过期;取得票据时无恶意无重大过失,不知道该票据曾被退票或其任何前手有权利缺陷。

这里,由于只有票据的受让人才能取得善意持票人资格,所以票据的收款人不能成为善意持票人。因为票据通常是签发给收款人而不是转让给收款人的。

4. 正当持票人

根据《日内瓦统一法》,善意持票人即为正当持票人(holder in due course);但依照英国《票据法》和我国《票据法》,正当持票人不但须是善意持票人,还必须是对价持票人。

正当持票人的票据权利优于前手,即正当持票人拥有不受对抗的票据权利,其票据权利不受任何前手权利缺陷的影响。

**知识拓展**

　　正当持票人就是我们通常所说的合法持票人。唯有正当持票人方可行使票据权利。各国票据法对于正当持票人的规定不大相同。

六、票据法

票据法是指规定票据的种类、票据行为和票据当事人的权利和义务关系等内容的法律规范的总称。广义票据法又称实质意义的票据法,是指调整票据关系的全部法律规范的总称;狭义票据法又称形式意义的票据法,是指关于票据的专门立法。

17 世纪中叶,票据法进入成文法时期,19 世纪末,欧洲各国对于票据相继立法,各国票据制度逐步健全,其后逐渐形成两大法系:一是以英国《票据法》(1882 年)为基础的英美法系;二是以《日内瓦统一法》(1930 年)为基础的欧洲大陆法系。

(一) 英美法系

英国于 1882 年颁布实施《票据法》(Bills of Exchange Act,1882),规定了汇票和本票的票据法规,并把支票包括在汇票之内。到了 1957 年,又另定了《支票法八条》,以作为对《1882 年票据法》的补充。

一些英联邦成员国,如加拿大、澳大利亚、印度等国的票据法均属于英美法系。美国因各州的票据法规不统一,所以没有单行的票据法,在其 1897 年的《统一流通证券法》(Uniform Negotiable Instruments Law)中对汇票、本票和支票作出了规定。1952 年,美国制定了《统一商法典》(Uniform Commercial Code,1952),在其第三编"商业票据(commercial paper)"中,以英国《票据法》为蓝本加以发展,制定了有关票据的法规。英美法系票据法的结构主体是围绕各当事人的权利和义务规定其必备的法律条件。

（二）大陆法系

法、德等 26 个国家参加了 1930 年由当时的国际联盟主持召开的国际票据法统一会议，签订了《1930 年日内瓦汇票和本票统一法公约》(Convention Providing a Uniform Law for Bills of Exchange and Promissory Notes signed at Geneva, 1930)和《1931 年支票统一法公约》(Convention Providing a Uniform Law for Cheques signed at Geneva, 1931)，因其在日内瓦达成，通常将其一并统称为《日内瓦统一法》。此次会议以欧洲大陆国家为主体，参加国还有日本和一些拉美国家，所以这些国家的《票据法》都是在这一公约的基础上制定而成的。大陆法系票据法的结构主体是围绕各种不同的票据行为规定其必备的法律形式及程序。

为了消除两个法系的差异，统一国际票据法规，联合国贸易法委员会于 1982 年公布了《国际汇票和国际本票公约草案》(Draft Convention on International Bills of Exchange and International Promissory Notes)和《国际支票公约草案》(Draft Convention on International Cheques)，并在 1982 年至 1988 年期间作过多次修改，该草案在联合国国际贸易法委员会第二十届年会上审议并通过，经联合国提交各国签署后方成为正式的国际公约。

1995 年 5 月 10 日，《中华人民共和国票据法》颁布实施。这是我国第一部有关票据的立法，由第八届全国人大常委会第十三次会议审议通过，并于 1996 年 1 月 1 日起正式生效实施。票据法在兼顾我国实际情况的前提下，借鉴了大陆法系的结构主体，围绕各种不同的票据行为规定其必备的法律形式及程序。《中华人民共和国票据法》共分七章一百一十一条。第一章：总则；第二章：汇票；第三章：本票；第四章：支票；第五章：涉外票据的法律适用；第六章：法律责任；第七章：附则。

本章在介绍票据知识时，将结合英国《票据法》、《日内瓦统一法》和我国《票据法》讲解，以适应国际贸易结算中票据使用的实际。

 知识拓展

> 《中华人民共和国票据法》具有如下特点：① 借鉴大陆法系的结构体例，并结合中国票据使用的实际；② 票据法为单行立法；③ 与《日内瓦统一法》不同，以汇票、本票、支票作为法律名称并将三者规定于同一票据法中，采用"包括主义"的票据立法。

第二节 汇 票

一、汇票的定义

1. 英国《票据法》的定义①

汇票(bills of exchange/draft)是一人向另一人签发的要求即期、定期或者在可以确定的

---

① 《英国汇票和本票法》1882 年 8 月 18 日制定，第二章 汇票，第三条 汇票的定义，第一款。

将来时间向其指定人或根据其指示或向执票来人支付一定货币金额的无条件的书面命令。(A Bill of Exchange is an unconditional order in writing, addressed by one person to another, signed by the person giving it, requiring the person to whom it is addressed to pay on demand or at a fixed or determinable future time a sum certain in money to or to the order of a specified person or to bearer.)

2.《日内瓦统一法》的定义①

汇票应包含下列内容：① "汇票"字样；② 无条件支付一定金额的命令；③ 付款人名称；④ 付款期限（未记载付款期限时，视为见票即付）；⑤ 付款地点（未记载付款地点时，可以付款人营业场所、住所或经常居住地为付款地）；⑥ 收款人名称；⑦ 出票日期和地点（未记载出票地点时，可以出票人营业场所、住所或经常居住地为出票地）；⑧ 出票人名称和签字。

3. 我国《票据法》的定义②

汇票是出票人签发的，委托付款人在见票时或者在指定日期无条件支付确定的金额给收款人或者持票人的票据。

二、汇票上的必要项目

所谓必要项目，是指票据法规定的要式化记载项目，其中，绝对必要项目的齐全和合格是汇票成立有效的前提。

票据是流通证券，票据是文义证券。为了便于票据的流通，票据当事人的权利和义务都以票据文义为准，票据的文义必须简单明了，确定无疑。因此，票据是要式证券，各国票据法对票据的必要记载项目、各个项目应如何记载都有非常详细的规定。

知识拓展

> 汇票的必要项目，也称必要记载，包括绝对必要项目和相对必要项目。其中，绝对必要项目是指票据法规定必须明确记载的事项，汇票欠缺此类项目之一，则该汇票归于无效。《英国票据法》规定汇票的绝对必要项目有五项，《日内瓦统一法》和《中华人民共和国票据法》规定汇票的绝对必要项目有七项。票据是否有效以出票国票据法规定为准。

（一）"汇票"字样③

根据《日内瓦统一法》，"汇票"字样是汇票的绝对必要记载项目，实务中可以用"汇票"(bill of exchange)，也可以用同义词（英语的"exchange"或"draft"均可），且必须用作成汇票

---

① 《日内瓦汇票和本票统一法》1930 年 6 月 7 日订于日内瓦，1934 年 1 月 1 日起生效，第一章，第一条。
② 《中华人民共和国票据法》1995 年 5 月 10 日第八届全国人大第十三次会议通过，1996 年 1 月 1 日起实施，第二章 汇票，第一节，第十九条，第一款。
③ 以下必要项目的解释均参阅《英国汇票和本票法》、《日内瓦汇票和本票统一法》及《中华人民共和国票据法》的相关条款规定。

的同种语言来表示。

英国《票据法》不要求必须注出"汇票"字样,并且还规定,如果一张汇票的付款人和出票人是同一人或付款人是杜撰的或是无行为能力人,则持票人有权选择将该票据作为汇票还是本票处理,以银行为付款人的即期汇票就是支票等。可见,依英国《票据法》,要确定一张票据的本质属性,不在于其有无"汇票"字样,而在于其具体内容。

(二) 无条件支付命令

汇票是无条件的支付命令,为此,各国票据法都规定,无条件支付命令(unconditional order to pay)是汇票的绝对必要记载项目。汇票之所以强调"无条件支付",是为了使票据关系简单化,增强票据付款的确定性,进而增强票据的流通性。

首先,必须是命令。英语原文是 order,所以必须用"祈使句",以动词开头,例如:

"Pay to John Smith $100 only.(支付给约翰·史密斯 100 美元整)"

但绝对不能用虚拟语气,例如:

"Would you please pay to John Smith $100 only."

其次,必须是无条件。支付命令不得以其他行为或事件为条件,否则将导致汇票无效。如:

"Pay to ABC Co. or order the sum of $10 000 Provided that the goods they supply are complied with the standard of the contract.(若 ABC 公司提供的货物与合同相符,则支付其 10 000 美元整)"

汇票上"提供的货物与合同相符"构成了付款的条件,违背了汇票的定义,汇票归于无效。又如:

"Pay to XYZ Bank or order the sum of $1 000 out of the proceeds in our No. 1 account.(从我们的 1 号账户存款中支付 XYZ 银行或其指定人 1 000 美元整)"

使用一种特殊资金支付的命令,是一种有条件的支付命令,汇票无效。

但汇票加注出票条款(Drawn Clause),表明汇票的交易起源是可以的;注明"对价已收(for Value Received)"也不影响汇票的有效性。如:

"Drawn under L/C No. ××issued by XYZ Bank, New York dated on 19th August, 2011. Pay to ABC Co. or order the sum of $1 000.(根据纽约 XYZ 银行于 2011 年 8 月 19 日开立的第××号信用证开出此汇票,支付给 ABC 公司或其指定人 1 000 美元整)"

再次,必须是书面的。英国《票据法》的定义中强调了"书面的",事实上,纸质票据是非书面不可,否则根本无法签字。英国《票据法》和《日内瓦统一法》对票据的大小、作成方式等都未作具体规定,但实务上各国的银行都以适合于业务处理的尺寸和不易涂改的方法作成,一般除签字以外的其他内容均打印清楚。

(三) 一定的货币金额

一定的货币金额(certain in money)也是汇票的绝对必要记载项目。

首先,必须以金钱表示。票据是货币证券,票据上的权利必须以金钱表示,不然票据无效。

其次,确定的金额。英国《票据法》用"certain"、《日内瓦统一法》用"determinable"一词。

"一定"、"确定"的含义是：无论出票人、付款人，还是持票人，任何票据当事人根据票据文义计算的结果都一样，且只能计算出唯一的结果。

汇票上金额的记载通常有基本记载和附加记载，附加记载又有利息记载、货币兑换记载、分期付款记载等。

1. 基本记载

例如"Pay to John Smith $100 only.（支付约翰·史密斯 100 美元整）"

该支付金额无附加记载，付款金额确定，记载明确，汇票有效。

2. 附加记载

（1）附加利息的记载。汇票的付款金额附加利息的记载，其效力应服从出票地法律。

按照英国《票据法》，汇票允许作附加利息记载，但若利息记载之金额不确定，将导致该汇票无效。按照《日内瓦统一法》，只有即期汇票和见票后定期汇票，可由出票人加列利息记载；如果利息记载之金额不确定或者是其他付款期限的汇票带有利息记载，则一律视作该利息记载无效，但汇票仍有效。我国《票据法》对此无明确规定，但实务中，汇票金额确定，该汇票有效；若利息记载之金额不确定，则该利息记载无效而汇票仍有效。

关于付款计息期限的算法，应以汇票文义为准。例如：

"Pay to John Smith $100 plus interest.（支付给约翰·史密斯 100 美元加利息）"

该汇票的金额记载不确定，因其无计息期限，利息记载无法计算，依英国《票据法》该汇票无效；但依《日内瓦统一法》和我国《票据法》，该汇票利息记载无效而汇票仍然有效。又如：

"Pay to John Smith $100 plus interest at 6% p. a. from the date hereof to the date payment.（支付给约翰·史密斯 100 美元加利息，并按年率 6% 从出票日起至付款日止计息）"

这里的金额记载确定，汇票有效。再看下面的例子：

"Pay to John Smith $100 plus interest at 6% p. a..（支付给约翰·史密斯 100 美元加利息，年率 6% 计息）"

理论上讲，该汇票计息期限不确定，依英国《票据法》该汇票无效；依《日内瓦统一法》和我国《票据法》，该汇票利息记载无效而汇票仍有效。但实务中，依国际惯例，该汇票有效，以出票日为计息起算日，以付款日为计息终止日。

（2）附加货币兑换的记载。一般来说，支付文句附加有货币兑换记载的汇票，只要该记载不影响其支付货币金额的确定性，票据就有效。

附加货币兑换记载的汇票，其适用汇率依汇票文义或国际惯例。例如：

"Pay to John Smith $100 converted into Sterling equivalent at the prevailing rate of exchange in New York.（支付给约翰·史密斯相当于 100 美元的按纽约当前汇率折换成的等值英镑）"

这里的金额记载是确定的，所以汇票有效。又如：

"Pay to John Smith $100 converted into Sterling equivalent.（支付给约翰·史密斯相当于 100 美元折换成的等值英镑）"

该汇票货币兑换记载虽然没有明确汇率，但依国际惯例，汇率依付款地付款当日的现行汇率来折算，从而汇票有效。

（3）附加分期付款的记载。《日内瓦统一法》和我国《票据法》均不承认分期付款汇票。英国《票据法》允许有分期付款的记载，但若分期付款记载的文义不确定，则汇票无效。如：

"Pay to John Smith $100 by installments.（支付给约翰·史密斯 100 美元，分期付款）"

这里的分期付款记载文义不确定，该汇票无效。又如：

"Pay to John Smith $100 by ten equal consecutive monthly installments.（支付给约翰·史密斯 100 美元按 10 个月等额地连续地分期付款）"

这里，分期付款记载文义确定，根据英国《票据法》，该汇票有效。

此外，还须注意汇票金额的写法。汇票金额一般用文字大写（amount in words）和数字小写（amount in figures）分别表明。若记载文字与数字不符，以文字为准。若记载金额的文字或数字在汇票上有数处不符，以金额最小者为准。但实际做法多为退票，要求出票人更改相符后，再行提示要求付款。

我国《票据法》则规定，票据金额以中文大写和数码同时记载，两者必须一致，两者不一致的，票据无效。同时还规定，票据金额不得更改，更改的票据无效。

（四）出票日期

汇票的出票日期（date of issue）有三个重要作用。[①]

1. 决定出票人的行为能力

比如，出票人在出票时已宣告破产或清理，则其应为"丧失行为能力人"，所出票据无效。

2. 决定付款到期日

出票后定期汇票的付款到期日确定，必须知道出票日期。

3. 决定汇票的有效期

各国票据法都规定了票据的付款提示期限，持票人超过期限提示将丧失票据权利。汇票的付款提示期限是从出票日起算的。

《日内瓦统一法》和我国《票据法》都认为出票日期是汇票的绝对必要项目。但英国《票据法》认为，出票人未注明出票日期的汇票仍然有效；并且，取得汇票的收款人还有权自行加上出票日期，这一出票日期对于其后手受让人将具有法律效力。

（五）出票地点

根据国际司法"行为地原则"，国际票据的成立与否，应以其出票地法律来衡量。但一般票据法都认为，出票人未注明出票地点（place of issue）的汇票仍然有效，此时，可以出票人名称中所附地址作为出票地，或者，以出票人的营业场所、住所，或经常居住地作为出票地。

出票地点应写在汇票右上方，常与出票日期连在一起。

英国《票据法》还特别规定，对于未记载出票地的汇票，取得汇票的收款人有权根据需要依法自行加列出票地，并且这一记载对于其后手受让人均有效。

---

①　程祖伟，韩玉军.国际贸易结算与融资[M].北京：中国人民大学出版社，2007：23－24.

（六）付款期限

付款期限（tenor）又称付款到期日（maturity），是付款人履行付款义务的日期。付款期限并非汇票的绝对必要记载项目，《日内瓦统一法》和英国《票据法》都规定，如果汇票未注明付款期限，一概作即期汇票处理。

1. 种类

《日内瓦统一法》和我国《票据法》都规定了以下四种付款期限：

（1）即期（at sight/on demand/on presentation）。此种汇票被称为即期汇票（sight/demand draft）。

即期汇票应明确表示"立即付款"或"见票时或提示时"字样，例如：

"On demand pay to the order of ……."

"At sight pay to the order of ……."

"On presentation pay to the order of ……."

即期汇票无须承兑，持票人提示汇票的当天即为付款到期日。

（2）见票后定期（at a fixed period after sight）。此种汇票属于"远期汇票（time/usance/term draft）"的一种，须由持票人向付款人提示要求承兑，以明确后者的付款责任，并确定付款到期日。例如：

"At 60 days after sight pay to the order of ……."

"At two months after sight pay to the order of ……."

（3）出票后定期（at a fixed period after date）。这种期限的汇票也是一种远期汇票，一般也须由持票人向付款人提示要求承兑，以明确后者的付款责任。例如：

"At 60 days after date pay to the order of ……."

"At two months after date pay to the order of ……."

（4）定日（at a fixed date）。这种期限的汇票是第三种远期汇票，一般也须由持票人向付款人提示要求承兑，以明确后者的付款责任。如：

"On 3th Nov.,2011 fixed pay to the order of ……."

各国票据法规定的付款期限都与上述的四种付款期限大同小异，英国《票据法》也规定有上述的前三种付款期限，但无"定日付款"的期限规定，而另有一种"某一将来必然发生事件后定期"的期限规定，这种期限的汇票自然也是一种远期汇票，一般也须由持票人先期向付款人提示要求承兑，以明确后者的付款责任。

此外，美国《票据法》中还规定有如下一种付款期限，在实务中也常见。

延期付款（deferred payment）或在某一说明日期后定期付款（payable at a fixed period after a stated date）。

前者如：

"At 90 days after date of Bill of Lading."

"At 90 days after date of presentation of documents."

后者如：

"At 90 days after 1st April 2011."

英国《票据法》和《日内瓦统一法》均无"延期付款"的规定,但美国《统一商法典》第三章《商业票据》有"在某一说明日期后固定时期付款"的规定。

2. 到期日算法

除了见票即付的即期汇票外,其他汇票如出票后定期付款及见票后定期付款汇票,其到期日都必须加以计算。汇票付款到期日的算法,应根据汇票文义和国际惯例。一般的国际惯例是:① 算尾不算头;② 月为日历月;③ 半月按15天计算;④ 先算整月,后算半月;⑤ 节假日顺延。

例如:

一张汇票的出票日为2011年1月20日,付款期限记载为"At 30 days after date",则其付款到期日应为2011年2月19日。

一张汇票的付款期限记载为"At 90 days after sight",其承兑日若为2011年3月20日,则其付款到期日应为2011年6月18日。

一张汇票的付款期限记载为"At 1 month after 30th Feb. 2011",其付款到期日应为2011年3月30日。

一张汇票的付款期限记载为"At 1 month after 30th Jan. 2011",其付款到期日应为2011年2月28日。汇票规定出票日或承兑日(见票日)期的1个月或数月后付款时,其到期日是在应该付款的那个月内的相应日期。如果没有相应的日期,则以该月的最后1天为到期日。

　　实务中,即期汇票无须承兑,远期汇票,包括出票后定期、见票后定期、定日汇票,持票人都必须向付款人作承兑提示,以明确后者的付款责任。

(七) 付款地点

按照国际私法"行为地原则",汇票的承兑、付款等行为都适用付款地(place of payment)法律,所以,一张汇票记载付款地具有重要的法律意义。但一般票据法都认为,付款地并非汇票的必要记载项目,若汇票未注明付款地,则以付款人名称中所附地址作为付款地;若付款人名称后没有地址,则以付款人的营业场所、住所或经常居住地为付款地。

(八) 付款人

汇票上付款人(drawee)名称、地址必须书写清楚,以便持票人向其提示承兑或付款。所以,汇票上的付款人记载,是一般票据法所要求的绝对必要记载项目。英文中付款人为"drawee",而不是"payer",汇票上以"to……"开头的文句,直译为"受票人"。汇票上的付款人应确定无误,必须书写付款人完整准确的全称,必要时还应附带地址。特别是当付款人为银行时,该银行在该地可能有两个或多个分支机构,付款人名称后则应附其详细地址,以免提示时遇到麻烦。

汇票的付款人可以是付款人自己,此即为"已付汇票"或称为"对己汇票"。英国《票据法》规定,对于"已付汇票",持票人有权选择将其作汇票或本票处理。另外,英国《票据法》还允许一张汇票开致两个或多个付款人,但不允许开致两个付款人任择其一,英文中可以是"to A and B",但不允许"to A or B",即汇票的任何一个付款人都必须单独对全部的票据债务负责。

 **知识拓展**

> 对于"已付汇票",持票人选择将其作本票处理较为有利。因为本票是出票人的付款承诺,无须承兑,手续简便,付款确定,风险较小。作本票处理,让出票人自始至终处于主债务人的地位。

(九) 收款人

汇票上收款人(payee)的记载,称为汇票的抬头。收款人是汇票的主债权人,必须明确记载,所以一般票据法都规定收款人是汇票的绝对必要记载项目。

汇票抬头的性质,决定了汇票的不同流通性。实务中汇票的抬头有三种。

1. 限制性抬头

限制性抬头(restrictive order)汇票不可流通转让,票据的债务人只对记名的收款人负责。出票人开立限制性抬头的汇票,是不愿使票据流入第三者手中,以便将自己在汇票上的债务,仅限于收款人一人。实务中限制性抬头又有三种常见的英文写法:

(1)"Pay to John Smith only(仅付约翰·史密斯)."

(2)"Pay to John Smith not transferable/negotiable(支付约翰·史密斯,不可转让)."意指付给约翰·史密斯本人,不准转让给其他人。

(3)"Pay to John Smith(支付约翰·史密斯)."但在汇票正面其他地方有"not transferable/negotiable(不可转让)"记载。

2. 指示性抬头

指示性抬头(demonstrative order),又称记名抬头。指示性抬头汇票可以背书转让,且必须背书方可转让。实务中也有三种写法:

(1)"Pay to the order of John Smith only(支付约翰·史密斯的指定人)."

(2)"Pay to the order of John Smith or order(支付约翰·史密斯或其指定人)."

(3)"Pay to John Smith(支付约翰·史密斯)."虽然无"order"字样,但收款人仍有权转让,因为票据具有流通转让性,只要没有记载"not transferable(不可转让)",持票人均有权转让。

3. 执票来人抬头

《日内瓦统一法》和我国《票据法》均不承认无记名汇票,所以也就不允许汇票作来人抬头(payable to bearer),而英国《票据法》允许这样做。来人抬头汇票的债务人对来人,即对持有来人抬头汇票的持票人负责。来人抬头的汇票不须背书,仅凭交付即可完成转让。实

务中来人抬头有两种写法：

（1）"Pay bearer.（支付执票来人）"

（2）"Pay to John Smith or bearer.（支付约翰·史密斯或执票来人）"

汇票的收款人可以是出票人自己，称为"已收汇票"，这在国际贸易中很常见。

知识拓展

> 汇票抬头的不同，决定了汇票可否流通转让，以及以什么方式转让。限制性抬头汇票不得流通转让；指示性抬头汇票可背书转让，且必须以背书方式转让；来人抬头汇票可背书转让，也可仅凭交付而转让。

（十）出票人名称和签字

出票人名称（name and signature of the drawer）一般在汇票的右下方列具，实务中应为完整准确的全称，必要时还应附带地址。出票人名称不是票据法规定的汇票的绝对必要记载项目，因为当出票人签名足可完全表明出票人名称时，则无须另外加列，但当出票人为公司或其他单位法人时，出票人名称的记载很显然必不可少，若仅有法定代理人或委托代理人的签字，出票人是谁就不明确了。

票据法是根据某人在票据上的签字来确定其票据债务的，谁签字谁负责，不签字就不负责任。出票人签字等于承认了自己的债务，收款人因此有了债权，从而票据成为债权凭证。因此，一张票据如果没有出票人签字，则票据不能成立。同样道理，一张票据如果签字是伪造的，或者是无行为能力人或限制行为能力人，或者是无授权人的签字，票据也不能成立。

票据必须经出票人签字方能成立，这是公认的原则，但各国并非都以签字作为确认债务的唯一方法。联合国《统一汇票本票法草案》认为，签字、摹本以及其他出票当地可以采用的认证方式均可。我国《票据法》第七条规定，票据必须由出票人签章，"票据上的签章为签名、盖章或签名加盖章"。

出票人是个人，如果代理他的委托人在票据上签字，而委托人是公司或其他法人单位时，应在票据上表明其代理关系，即在公司等名称前写上"for"或"on behalf of"或"for and on behalf of"或"per pro."字样，并在个人签字后面写上他的职务名称。

一张汇票有 10 个必要项目，其中绝对必要记载项目是票据法规定非记不可的项目，汇票上未予记载，汇票无效。英国《票据法》规定有 5 个绝对必要项目，分别是"无条件支付命令"、"确定的货币金额"、"收款人名称"、"付款人名称"和"出票人签字"；《日内瓦统一法》和我国《票据法》规定有 7 个绝对必要项目，即除了英国《票据法》规定的 5 个项目外，"汇票字样"和"出票日期"也是非记不可的绝对必要项目。

绝对必要项目中最重要的是"出票人签字"。根据"缺项票据"的规定，即使是项目填写不全或未填写的票据，只要出票人签了字并予交付，就等于确认了债务，持票人根据授权将所缺项目填写齐全，票据即成立有效。但我国《票据法》不允许出票人签发缺项票据。

三、汇票的其他记载项目

汇票除了以上形式上的要项外,还可以有出票人、持票人、付款人以及其他有关当事人所作的其他记载。但是,票据上的记载必须符合票据法的规定,不然,不是票据不成立,就是记载不生效。现将票据法允许的其他常见记载列举如下。

 **知识拓展**

> 本部分所讲"汇票的其他记载项目",可称为"汇票的任意记载事项",此类事项,记载与否,票据当事人可任意选择,不影响票据的有效性。但一经记载,即发生票据法上的效力。

1. 担当付款人(person designated as payer)

为了收付款方便,出票人可以根据与付款人的约定,在汇票上记载付款人之后再记载一项第三者来执行付款(payable by a third party),该第三者就是担当付款人。实务中当付款人是公司等非金融机构时,出票人往往与付款人约定一家该付款人的往来银行作为担当付款人。

票据上记载担当付款人时,持票人应向担当付款人作付款提示。但担当付款人并非票据债务人,所以持票人在请求承兑时,应向汇票上记载的付款人作承兑提示。

2. 预备付款人(referee in case of need)

出票人还可以在汇票上记载一付款当地的第三人为预备付款人,以便持票人在付款人拒付(退票)时向其请求参加承兑或参加付款。英国《票据法》规定:"出票人及任何背书人应在汇票上填入第三人的姓名,以便持票人在需要时有所依赖。所谓需要时是指汇票因不获承兑或不获付款而退票的时候,这类第三人称为预备付款人。持票人在认为适当的情况下可自行决定是否依赖预备付款人。"我国《票据法》对此无规定。

预备付款人的记载,增强了票据的信用,从而也保全了出票人的信誉。预备付款人作参加承兑后就成为汇票的债务人,必须负到期付款的责任。

3. 付一不付二[pay this first of exchange (second of exchange being unpaid)]

商业汇票通常是两张一套。一笔债务,两张汇票,为免重付,出票人通常在第一张汇票上记载"pay this first of exchange (second of exchange being unpaid)[支付此第一张汇票(第二张相同内容者不付)]……"此即为"付一不付二";而在第二张汇票上记载"pay this second of exchange (first of exchange being unpaid)[支付此第二张汇票(第一张相同内容者不付)]……"此即为"付二不付一"。

4. 对价条款(value clause)

国际贸易实务中,当汇票的收款人已向出票人支付过对价的情况下,出票人通常在汇票的支付文句后记载一对价文句"for value received(对价已收)"。

5. 托收条款(collection clause)

托收支付方式下出具的汇票通常会在其支付文句中加列被委托收款银行名称、贷记账户、托收文句等，以便于托收业务的顺利进行。

6. 必须提示承兑及其期限(presentment for acceptance required and limit of time for presentment)

一般来说，远期汇票需要作承兑提示以明确付款人的付款责任。"见票后定期汇票"必须作承兑提示，而"出票后定期汇票"和"定日汇票"不一定都要提示承兑，在有"必须提示承兑(presentment for acceptance required)"记载时，持票人就一定要作承兑提示。如果汇票上还记载有提示期限，如"必须在某日前提示承兑(presentment for acceptance required before × date)"或"必须在某日后提示承兑(presentment for acceptance required after × date)"，则持票人必须遵照办理。

7. 不得提示承兑(presentment for acceptance prohibited)

汇票上有不得提示承兑记载时，持票人不能作承兑提示。汇票上也可记载在指定的日期以前不得提示承兑。

8. 免作拒绝证书(Protest Waived)

当汇票遭拒付时持票人需做成拒绝证书以便追索，尤其是国际汇票更须如此。当出票人在汇票上加列"免作拒绝证书"的条款时，持票人在拒付时无须作拒绝证书，追索时也无须出示拒绝证书。

9. 免作拒付通知(notice of dishonor excused)

在汇票遭拒付时，持票人通常在做拒付证书的同时还须向其前手发出拒付通知。若出票人在汇票上加列"免作拒付通知"的记载，则持票人在汇票拒付时可直接行使追索而无须发拒付通知。

10. 免于追索(without recourse)

英国《票据法》规定，汇票记载此文句时，出票人和背书人可免除其在汇票遭拒绝承兑或拒绝付款时受追免于索的责任。

《日内瓦统一法》规定，汇票记载此文句时，出票人只能免除其汇票遭拒绝承兑时受追索的责任，而不能免除其汇票遭拒绝付款时受追索的责任。

我国《票据法》规定，汇票上可以记载本法规定事项以外的其他出票事项，但是该记载事项不具有法律效力。出票人作为汇票的主债务人，签发汇票后，即承担保证该汇票承兑和付款的责任，当汇票遭拒付时，出票人应当向持票人清偿票款，因此其免于追索的记载不生效力。

11. 出票条款(drawn clause)

为了表明其出票原由，出票人有时会在出票文句中加列诸如"Drawn under ×× bank L/C No. x (在某银行 x 号信用证项下出票)"的文字。

12. 汇票编号(number of exchange)

汇票编号是出票人的汇票流水作业号，一般在汇票的左上角，作为索引，便于查阅归档，

实务中有将有关的商业发票的号码作为汇票编号的做法。

国际汇票票样如下：

Bill of Exchange

Drawn under.. L/C NO............

Dated................. Payable with interest @........%.........NO........

Exchange for .... Hongkong,...... 20....

AT........ sight of this FIRST of Exchange (Second of Exchange being unpaid)

Pay to the order of .... the sum of..........................

Valuer received

TO...

...... Siged...........

四、票据行为①

票据行为有狭义和广义之分。

狭义的票据行为指以产生票据上一定权利义务关系为目的的行为，包括出票、背书、承兑、参加承兑、保证等。其中，出票是主票据行为，其他行为则以出票为前提，所以被称为附属票据行为。

广义的票据行为指使得票据上一定权利义务关系得以产生、行使、变更或消灭等为目的的行为，除了上述狭义票据行为外，还包括票据处理中有专门定义的行为，如提示、付款、参加付款、拒付、追索等。

为了使各当事人权利和义务明晰确定，票据法对于票据的作成有要式性规定。同样，为了便于票据的流通，票据法对于票据行为也有要式性规定。本节以汇票为例介绍广义票据行为。

(一) 出票

1. 出票行为

出票(issue)是指出票人写成汇票，设立债权，表明其承担票据债务的意旨，并将汇票交付给收款人的行为。

出票包括两个动作：一是写成汇票(draw)；二是交付(delivery)。汇票的写成必须要式齐全合格并签字，签了字的符合票据法规定的汇票方为有效汇票。但对于收款人来说，他只有拥有汇票才能拥有债权，所以出票人写成汇票后必须交付给收款人，债权才算真正设立，出票这个行为也只有在交付以后才算完成。

出票的交付指汇票的出票人将写成的汇票脱离自己的占有给予他人，有亲自交付(own

---

① 以下票据行为的定义、要式性规定、法律效力均参阅《英国汇票和本票法》、《日内瓦统一汇票本票法》及《中华人民共和国票据法》的相关条款规定。

delivery)和推定交付(constructive delivery)两种。推定交付在实务中很常见，即出票人签发汇票后委托他人送交或邮寄或代为保管等。

汇票的出票、背书、承兑等票据行为在交付前都是不生效的和可以撤销的，只有将汇票交付他人后，出票、背书、承兑等行为才开始生效，并且不可撤销。

2. 出票的效力

汇票的出票属单方法律行为，出票人写成汇票并交付他人，便产生了票据所载明的权利和义务关系，不用征得其他人同意。出票是一种创设票据权利的行为，出票人的出票对于汇票的基本当事人来说分别产生以下效力。

（1）对于出票人。出票人是开立、签发并交付票据的人。由于出票行为，出票人成为票据的主债务人。出票人对票据债务的责任有二：担保承兑和担保付款；倘若付款人拒绝承兑或拒绝付款，持票人可向其追索，请其偿付票款。

（2）对于付款人。出票使得票据债权成立，但此时付款人并未签字，根据"谁签字谁负责"的票据原则，出票并不能使付款人成为票据的债务人，付款人并无一定付款的责任。对于付款人来说，他有承兑权和付款权，但也有拒付权；但如果付款人在票据上签了字，他就成为汇票的债务人，对汇票的债务就承担必须付款的责任，即一旦承兑，不得拒付。

（3）对于收款人。收款人是汇票记名的债权人，是汇票的第一债权人。出票使得收款人成为持票人，使其有向付款人提示请求承兑和请求付款的权利；当汇票遭到拒付时，有向出票人追索的权利；如果是非限制性抬头汇票，收款人还有转让票据的权利。即收款人具有三大权利：付款请求权、追索权和转让权。

（二）背书

1. 背书行为

背书(endorsement)是指持票人在汇票背面记载有关事项并签字，表明其转让票据权利的意旨，并将汇票交付给受让人的行为，也称为转让背书。实务中，也有不以转让票据权利为目的的背书，一是以托收票款为目的的背书，称为托收背书；二是以设定质押为目的的背书，称为质押背书。我们所说的背书通常是就转让背书而言的。

其中，作了背书签字的转让人，称为背书人，受让人称为被背书人。背书一般作于汇票背面并因此而得名，实务中，背书也有写在粘单上的做法，但粘单上的第一记载人，应当在汇票和粘单的粘接处作骑缝签字。

知识拓展

粘单，是指为弥补票据本身不能满足背书人记载事项的要求，粘附于票据上的纸张。粘单的主要作用在于使票据不受背书转让次数的限制，促进票据的流通。在粘单上所作的票据行为，与在票据上所作的票据行为有同等的效力。

背书也包括两个动作：一是在汇票背面签字；二是交付。背书的交付与出票的交付具有同等的效力，在完成交付之前也是不生效的和可以撤销的。背书的交付与出票的交付一

样也有亲自交付和推定交付两种。

背书记载的基本要项有：背书目的、背书人和被背书人名称、背书日期、背书人签字。英国《票据法》和《日内瓦统一法》都认为，只有背书人签字必不可少，为背书的绝对必要记载项目，背书就是指汇票背面的签字。而我国《票据法》认为，除背书人签字外，背书还必须记载被背书人名称。

2. 背书的种类

背书的被背书人记载，称为背书的抬头。与出票的抬头一样，背书抬头的不同，决定了汇票转让方式的不同。根据抬头的不同记载，实务中有以下三种不同的背书：

(1) 限制性背书(restrictive endorsement)。即背书人在汇票的背面签字，并在"支付给被背书人"的指示文句中带有限制性词语。

根据英国《票据法》，限制性背书意为禁止被背书人将汇票再行流通或转让，被背书人无权转让票据权利，而只能凭票取款。《日内瓦统一法》承认不得转让(not negotiable)背书，不得转让背书的汇票仍然可由被背书人转让，但作不得背书的汇票，其背书人只对该被背书人负责，而对其他后手概不负责。我国《票据法》第 27 条规定，出票人在汇票上记载"不得转让"字样的，汇票不得转让。实务中，常见的限制性背书的英文写法有三种。

"Pay to John Smith only.（仅付约翰·史密斯）"

"Pay to John Smith not transferable/negotiable.（支付约翰·史密斯，不得转让）"

"Pay to John Smith not to order.（支付约翰·史密斯，不得付给其指定人）"

(2) 特别背书(special endorsement)。习惯上称其为记名背书，又称完全背书，是指背书人在汇票背面签字，并写明被背书人名称的背书。

作了记名背书的汇票，其被背书人再行转让票据时必须以背书方式转让。实务中，常见的记名背书的英文写法有三种：

"Pay to the order of John Smith.（支付约翰·史密斯的指定人）"

"Pay to John Smith or order.（支付约翰·史密斯或其指定人）"

"Pay to John Smith.（支付约翰·史密斯）"

(3) 空白背书(endorsement in blank)。又称不记名背书，是指背书人仅在汇票背面签字，而不写明被背书人名称的背书。作了空白背书的汇票可以自由转让流通，且其被背书人再行转让票据时无须以背书方式，仅凭交付即可完成转让。指示性抬头的汇票作了空白背书后即成为来人抬头汇票，因为被背书人再行转让票据时无须背书仅凭交付即可完成。空白背书汇票的持票人可以在汇票上加上自己的名字，将空白背书转变为记名背书后，再作空白背书或记名背书转让票据，也可以在空白背书上直接加上受让人名称转让票据。

3. 背书的效力

背书人通过背书将票据权利转让给被背书人，背书对于各当事人来说分别产生以下法律效力：

(1) 对于背书人。背书人背书转让票据，从而由债权人转变为债务人——从债务人（未承兑汇票，其出票人为主债务人；已承兑汇票，其承兑人为主债务人）；背书使得票据权利由

背书人转让给了被背书人；背书使得背书人以债务人身份向后手承担完全的票据债务；背书人的背书也就意味着其向后手担保其直接前手签字的真实性和汇票的有效性，即使其前手的签字是伪造的、汇票是无效的，也是如此。

（2）对于被背书人。背书使得被背书人成为汇票的债权人，他取得了票据，得到了债权，成为持票人，从而拥有了三大权利：向付款人请求承兑和付款的请求权、汇票遭到拒付时向出票人及其前手的追索权和依法转让汇票的转让权。

但回头背书的被背书人对其原来的后手无追索权。回头背书是指汇票上的原债务人，包括出票人、承兑人、前手背书人等，又成为被背书人的背书。如：A 为一张汇票的收款人，由 A 起依次作背书转让给 B、C、D、E、B，其中，C、D、E 虽然是 B 的前手，但原为 B 的后手，则 B 对 C、D、E 无追索权，而只能向 A 一人追索。

4. 背书的附加记载

背书人在背书时可作一些附加记载，以下是实务中常见的附加记载背书。

（1）有条件背书。汇票是无条件的支付命令，出票不得附有条件，附有条件的支付命令将使汇票归于无效。但背书有条件只是背书无效，汇票本身仍有效。

（2）加预备付款人的背书。背书人像出票人一样，有权加预备付款人。

（3）委托收款背书。如果被背书人欲委托其开户行代为收款，可要求背书人在作成背书时于转让文句中加列被委托收款银行行名及其账户。

（4）免除责任背书。一般票据法都允许背书时加注"免于追索"字样，背书人可凭此免于追索。

（5）免作拒绝证书背书。《日内瓦统一法》允许作此背书，当持票人向作此背书的背书人追索时无须提供拒绝证书。

（6）免作拒付通知背书。

（7）附有承兑提示要求的背书。

（8）部分背书和分割背书。部分背书和分割背书无效。部分背书是指将汇票金额的一部分转让，分割背书是指将汇票金额分别转让给两人或两人以上。

5. 托收背书和质押背书

（1）托收背书。托收背书是指持票人在汇票背面签字，写成背书表明其托收票款的意旨，并将汇票交付给被背书人。持票人背书的目的，不是为了转让票据权利，而是委托被背书人代为收取票款。人们通常将托收背书的背书人称为托收人，将被背书人称为受托人。托收背书的托收人仍为该汇票的所有权人，若托收的汇票遭到拒付，托收人仍拥有追索权。

（2）质押背书。质押背书是指持票人在汇票背面签字，写成背书表明其质押票据的意旨，并将汇票交付给被背书人。持票人背书的目的，不是为了转让票据权利，而是为了设定质押。人们通常将质押背书的背书人称为被质押人，将被背书人称为质押人。在质押期内，被质押人仍为该汇票的所有权人；但被质押人不能按时收回票款，从而不能偿还质押贷款，则质押人可以依法实现其质权，成为该质押汇票的所有权人。

6. 背书的连续

背书连续是指汇票在转让过程中，转让汇票的背书人与受让汇票的被背书人依次前后

衔接,在形式上连续不间断。也就是说,汇票的收款人为第一次背书的背书人,即第一背书人,此后,前一次背书的被背书人为后一次背书的背书人,直至最后的被背书人成为持票人。

首先,背书必须要件齐全。背书欠缺法定要件,不但背书无效,也易导致背书不连续。比如,甲将汇票背书转让给了乙而未签字,则该背书无效,背书也不具有连续性。

其次,前一次背书的被背书人与后一次背书的背书人必须具有同一性。为使背书保持连续,汇票上的背书必须依次前后衔接,前一次背书的被背书人应为后一次背书的背书人,且第一次背书的背书人为汇票的收款人,最后的被背书人为汇票的持票人。

最后,背书的连续是就转让背书而言的。即使背书过程中有委托背书和质押背书,只要以转让汇票权利为目的而作的背书具有连续性,即可认定背书是连续的。

依背书转让的汇票,背书必须连续,持票人以背书的连续,证明其汇票权利。汇票的付款人或者承兑人也以背书的连续作为其付款的直接依据。

 **知识拓展**

> 背书是持票人的票据行为,背书应在票据的背面或粘单上签字或盖章。《中华人民共和国票据法》第二十九条规定,背书由背书人签章并记载背书日期。背书未记载日期的,视为在汇票到期日前背书。第三十条规定,汇票以背书转让或者以背书将一定的汇票权利授予他人行使时,必须记载被背书人名称。第三十一条规定,以背书转让的汇票,背书应当连续,证明其汇票权利。

(三) 提示

1. 提示行为

持票人向付款人出示汇票要求承兑或付款的行为叫做提示(presentation)。提示可以分为两种。

(1) 承兑提示(presentation for acceptance)。承兑提示指远期汇票的持票人向付款人提示请求承兑的行为。实务中,承兑提示一般有两种方式:一是直接向付款人提示;二是通过邮寄方式提示。

(2) 付款提示(presentation for payment)。付款提示是指期汇票或已到期的远期汇票的持票人向付款人或承兑人提示请求付款的行为。实务中,付款提示一般有三种方式:一是直接向付款人提示;二是通过邮寄方式提示;三是通过票据清算所或清算银行提示。

2. 关于提示的要式性规定

提示就是要求票据权利,无论是承兑提示还是付款提示,只有符合规定,持票人才能行使票据权利。对此,各国票据法对于票据的提示地点和提示期限都有严格的规定。

(1) 关于提示地点的规定。持票人作承兑提示,必须按汇票记载的付款地点进行,汇票未记载付款地点的,持票人可向付款人的营业场所、住所或经常居住地作承兑提示。持票人作付款提示,可以按汇票记载的付款地点,也可以通过票据清算所或清算银行提示。

(2) 关于提示期限的规定。提示必须在规定的期限内进行,对于即期汇票的付款提示

期限和远期汇票的承兑提示期限，英国《票据法》规定为"合理时间内（within reasonable time）"（实务中一般认为不能超过半年）；《日内瓦统一法》规定为1年内；我国《票据法》规定，即期汇票和见票后定期汇票，必须在出票日起算1个月内；定日或出票后定期汇票只需在到期日前作承兑提示即可。对于远期汇票的付款提示期限，英国《票据法》规定必须在付款到期日当天，《日内瓦统一法》规定必须在付款到期日及以后的两个营业日，我国《票据法》规定必须在付款到期日起算10日内。

持票人未在规定期限内提示票据，将丧失对前手的追索权。但持票人对于票据的主债务人仍在一定期限内拥有票据权利。远期汇票的承兑人对持票人负有票据责任的期限：英国《票据法》规定从承兑日起算6年内，《日内瓦统一法》规定从承诺付款到期日起算3年内，我国《票据法》规定从票据付款到期日起算2年内。出票人对持票人负有票据责任的期限：英国《票据法》规定从出票日起算6年内，《日内瓦统一法》规定从出票日起算3年内，我国《票据法》规定从出票日起算2年内。

持票人的票据权利未在规定期限内行使将自动归于消灭。但持票人因超过票据权利时效而丧失票据权利的，仍享有民事权利，即可请求出票人或承兑人返还其与未支付的票面金额相当的利益。

（四）承兑

1. 承兑行为

承兑（acceptance）是指汇票的付款人在汇票正面签字，明确表示其同意按出票人的指示付款的行为。付款人在汇票正面写明"承兑"字样并签字，承诺其对汇票的付款责任后，即成为承兑人（acceptor）。

像出票一样，承兑也包括两个动作：一是写成承兑；二是交付（delivery）。承兑的写成必须写明"承兑"字样并签字，但英国《票据法》和《日内瓦统一法》规定，只有承兑人签字是承兑的必要记载。承兑的交付也有"实际交付（actual delivery）"和"推定交付（constructive delivery）"之分，其中，"实际交付"是指承兑人作了承兑后将汇票交还给持票人，"推定交付"是指承兑人作了承兑后将汇票留下，而交付给持票人一个"承兑通知书"。

2. 承兑的种类

（1）普通承兑（general acceptance）。普通承兑即承兑人对出票人的指示一概接受和确认，而不作任何修改和限制。通常所说承兑，即是指普通承兑。

承兑为要式行为，各国票据法对承兑的作成都有规定，一般都要求承兑人在承兑时须在汇票上记载"承兑"字样并由其签名，此为正式承兑。付款人未在汇票上记载"承兑"字样，仅签名，此为略式承兑。至于承兑日期，一般而言并非承兑的必要项目。但见票后定期付款的汇票或指定请求承兑期限的汇票，应记载承兑日期，以便确定付款到期日。如：

ACCEPTED

3rd July,2011.

For XYZ Bank Ltd. ,London

Signed

对于未记载承兑日期的见票后定期付款汇票：

《日内瓦统一法》规定,持票人应就此作成拒绝证书以证明承兑日期,或以法定承兑提示期限(出票日后1年)的最后1天,作为承兑日期。

英国《票据法》规定,持票人可以自行填入承兑日期。

我国《票据法》第四十二条规定:"付款人承兑汇票时应当在汇票正面记载'承兑'字样和承兑日期并签章;见票后定期付款的汇票,应当在承兑时记载付款日期。汇票上未记载承兑日期的,以前条第一款规定的期限(自收到提示承兑汇票之日起3日内)的最后1日为承兑日期。"

对于承兑人来说,承兑使其成为汇票的主债务人,出票人则退居次债务人地位。而对于持票人来说,承兑使得其债权更加确定,已经承兑的汇票也更易于转让和贴现。

(2)限制性承兑(qualified acceptance)。限制性承兑即承兑人承兑时用明白的措辞改变汇票文义,又称保留性承兑。常见的限制性承兑有以下几种。

有条件承兑(conditional acceptance)。即承兑人的付款以其承兑时所附条件的履行为前提。如：

ACCEPTED

　　3rd July,2011.

　　Payable on delivery of bills of Lading

　　For XYZ Bank Ltd. ,London

　　　　Signed

限定付款地点承兑(local acceptance)。即承兑人明白表示汇票仅在某一限定地点,而不能在别处支付。如：

ACCEPTED

　　3rd July,2011

　　Payable at CHARTERED BANK and there only

　　For XYZ Bank Ltd. ,London

　　　　Signed

修改付款期限承兑(qualified acceptance as to time)。修改付款期限承兑即承兑人在承兑时更改汇票的付款期限,如将付款期限延长或推后等。如：一张出票后30天付款的汇票,付款人承兑时记载：

ACCEPTED

　　3rd July,2011

　　Payable at 6 days after date

　　For XYZ Bank Ltd. ,London

　　　　Signed

部分承兑(partial acceptance)。部分承兑即承兑和支付汇票票面金额的一部分。如：一张票面金额为400美元的汇票,付款人承兑时记载：

ACCEPTED
　　3rd July,2011
　　Payable for the amount of US dollars 200.00 only
　　For XYZ Bank Ltd.,London
　　　　　　　　Signed

对于限制性承兑,持票人可选择接受或是将其作拒付处理,如果接受,也应将其违约部分作拒绝承兑处理,因为付款人作限制性承兑即是不同意汇票文义的记载。如有条件承兑不符合汇票是"无条件支付命令"的定义,持票人有权拒绝,但如果是合理的条件,持票人可以接受;而对于部分承兑,持票人则须将未承兑金额作成拒绝证书,并向前手发出拒付通知以行使追索权。我国《票据法》规定:"付款人承兑汇票,不得附有条件;承兑附有条件的,视为拒绝承兑。"

3. 作成承兑的时效

英国《票据法》规定,持票人向付款人作承兑提示,付款人必须在"习惯时间内(within customary time)"作成。实务中通常在 24 小时内作成即可。

《日内瓦统一法》规定,持票人第一次提示汇票时,付款人可以不承兑而让其第二天再行提示,而当持票人第二天提示时付款人则必须承兑,否则即作拒付处理。

我国《票据法》规定,付款人对向其提示承兑的汇票,应当自收到提示承兑汇票之日起 3 日内承兑或者拒绝承兑。

　知识拓展

　　背书作于汇票的背面,承兑则作于汇票的正面。付款人在汇票的正面写明"承兑"字样并签字,承诺其对汇票的付款责任后,即成为承兑人。承兑人是汇票的主债务人。

（五）付款

1. 付款行为

付款(Payment)是指持票人在规定的地点和规定的时限内向付款人作付款提示时,付款人根据汇票文义履行付款义务,向持票人支付票款并收回汇票的行为。汇票记载担当付款人时,持票人应向担当付款人作付款提示。

严格来说,付款也有广义、狭义之分。广义的付款是指一切票据债务人,依票据文义向票据债权人支付票面金额的行为;狭义的付款仅指付款人或担当付款人行为的消灭票据关系的付款。票据的出票人签发票据并交付给收款人后,收款人可持票到期取款,也可转让使之流通,由最后持票人向付款人提示请求付款。付款人经正当付款后收回汇票,票据关系消灭,票据注销,付款是票据关系的最后一个环节。从票据法来看,其他人的付款并不能使票据关系归于消灭,而只是产生追索权的转移。所以,只有使得票据关系消灭的付款人的付款才具有真正的付款意义。

实务中,对应于三种不同的付款提示方式,相应地也有三种不同的付款方式:一是持票人直接向付款人作付款提示,付款人依汇票文义向其支付票载金额,汇票收回注销;二是持票人通过托收银行邮寄汇票向付款人作付款提示,付款人直接贷记受托行账户作转账付款,汇票归档注销;三是持票人通过票据清算所作付款提示,付款人将票款贷记委托收款的清算银行账户转账付款,汇票归档注销。

2. 付款人的责任

(1) 应正当付款(payment in due course)。所谓正当付款,是指付款人在付款时必须做到两点:一是出于善意,即不知道持票人有权利缺陷,实务中若无相反证据应视为善意;二是鉴定背书连续,英国《票据法》则还要求付款人对于除以银行为付款人的即期汇票之外的其他汇票鉴定背书真伪。

(2) 应支付金钱。票据是以支付金钱为目的的货币证券,票据的付款只能支付金钱而不能是其他。除了汇票注明必须以某种外币支付外,付款人一般均支付本国货币。

(3) 应在到期日付款。若付款人在远期汇票到期日前付款,则一切后果由付款人承担。

3. 付款的效力

汇票的付款人向持票人付款后,付款人一般都要求持票人在汇票背面签字作为收款证明并收回汇票,注明"付讫(paid)"字样,并要求持票人出收据。此时,票据的权利和义务归于消灭,付款人的债务解除,所有票据债务人的债务都因此解除。只有所有票据债务人的债务消灭汇票才能注销。

4. 付款的时效

持票人按规定在汇票到期日向付款人作付款提示,付款人应当立即付款。《日内瓦统一法》和我国《票据法》都规定,付款人必须于提示付款当日内付款;而英国根据"习惯时间内(within reasonable time)"的传统,付款人只需在 24 小时内付款即可。

5. 部分付款

对于部分付款(par payment),《日内瓦统一法》规定,持票人不得拒绝接受,否则将丧失追索权,因为付款人的拒绝接受将增加前手债务人的负担。英国《票据法》规定持票人可以接受部分付款,也可以拒绝,但人们多半会选择接受。我国《票据法》则不允许支付票面金额的一部分,规定付款人必须足额付款。

 **知识拓展**

> 付款是付款人或承兑人所为的票据行为,付款人或承兑人必须正当付款,经正当付款后,该汇票归档注销,票据的权利和义务归于消灭。

(六) 拒付

1. 拒付行为

拒付(dishonor)又叫退票,包括拒绝承兑和拒绝付款两种情况。持票人依照票据法的规

定行事却不获承兑或不获付款,统称拒付。汇票遭到拒付,持票人可向其前手追索,要求其偿还票款。

2. 拒付的原因或种类

(1)到期日前不获承兑。持票人依照票据法的规定向付款人作承兑提示,付款人明确表示拒绝承兑,或虽未明示,但在规定时效内未作承兑,或仅作限制性承兑,以及付款人是杜撰的或付款人避而不见等原因致使持票人无法向付款人作承兑提示。

(2)到期日前不获付款。持票人于汇票到期日依照票据法的规定向承兑人或付款人作付款提示,承兑人或付款人明确表示拒绝付款,或虽未明示,但在规定时效内未作付款,以及付款人避而不见等原因致使持票人无法向付款人作付款提示。

(3)已作承兑或未作承兑的付款人破产、死亡或丧失行为能力等,致使持票人根本不可能获得承兑或付款。

(4)无须承兑汇票的出票人破产、死亡或丧失行为能力等,付款人此时多半不会承兑或付款。

3. 拒绝证书

拒绝证书(protest)是当汇票遭到拒付时由拒付地点的法定公证人(notary public)或其他有权作出证书的机构所作的证明拒付事实的文件。持票人请公证机构作拒绝证书就是为了证明持票人已按规定行使票据权利但未获结果,是持票人行使追索权的必要证明和凭据。如果汇票上有"免作拒绝证书"的记载,则持票人无须作拒绝证书即可行使追索权。英国《票据法》规定,只有国际汇票才必须作拒绝证书。

(1)拒绝证书的作成。对于拒绝证书的作成方法,各国票据法的规定有所不同。

英国《票据法》规定,国际汇票遭到付款人拒付时,持票人应请求当地的法定公证人或其他依法有权作出证书的机构,例如法院、银行、行业公会,甚至邮局等,作出拒付事实的文书。持票人请求公证人作出拒绝证书时,应将汇票交出,由公证人向付款人再作提示,若仍遭拒付,公证人即按规定格式作成拒绝证书,连同汇票一并交还持票人。持票人凭拒绝证书向其前手背书人行使追索权。如拒付地点没有法定公证人,拒绝证书可由当地知名人士(famous man)在两个见证人(witness)面前作成。

《日内瓦统一法》对于拒绝证书作成方法的规定,与英国《票据法》的相关规定相类似,但对于付款人破产或出票人破产等情况,均允许以法院的判决书等有关司法文书来代替拒绝证书。

我国《票据法》规定,持票人提示承兑或者提示付款被拒绝的,承兑人或者付款人必须出具拒绝证明,或者出具退票理由书,未出具拒绝证明或者退票理由书的,应当承担由此产生的民事责任;持票人因承兑人或者付款人死亡、逃匿或者其他原因,不能取得拒绝证明的,可以依法取得其他有关证明;承兑人或者付款人被人民法院依法宣告破产的,人民法院的有关司法文书具有拒绝证明的效力;承兑人或者付款人因违法被责令终止业务活动的,有关行政主管部门的处罚决定具有拒绝证明的效力。

(2)拒绝证书的内容和形式。拒绝证书通常包含以下内容:拒绝者和被拒绝者名称;拒付原因;作成日期和地点;公证人签字。实务中,拒绝证书还必须附一张汇票副本。英国人的拒绝证书是作为单独的正式文件由法定公证人出具的,但世界上有些国家的拒绝证书可直接作于汇票背面或者粘单上。英国人也有作"录证（noting）"的做法，即由公证人直接在汇票上作记录，但根据英国《票据法》，作了"录证"后还必须作拒绝证书，只是延缓作成而已。

（3）拒绝证书的作成时效。世界大多数国家的票据法都明确拒绝证书必须在规定时间内作成。

英国《票据法》规定，拒绝证书必须在拒付日的下一个营业日内作成；《日内瓦统一法》规定，拒绝证书必须在规定的承兑或付款提示期限内作成，即远期汇票的承兑拒绝证书和即期汇票的付款拒绝证书，必须在拒付日的下一个营业日内作成，远期汇票付款拒绝证书必须在到期日及以后的两天内作成；我国《票据法》对此无明确规定。

（4）拒绝证书的费用负担。拒绝证书的费用，持票人在追索时可向前手收取。但汇票记载"免作拒绝证书"，持票人仍作了拒绝证书，就要区别该记载是谁所作。如果是出票人所作，则出票人和所有的背书人都对此费用无责，持票人不能向前手收取此项费用；但如果此项记载是某背书人所作，则仅此背书人无责，持票人可向其他背书人或出票人收取。

 **知识拓展**

> 拒绝证书是付款人拒绝承兑以及付款人或承兑人拒绝付款的书面证明和证据。在我国，拒绝证明书、退票理由书、法院的司法文书、行政主管部门的行政处罚决定书均可作为付款人拒付的书面证据。拒绝证书必须在规定时效内作成。

4. 拒付通知

当汇票遭到拒付时，持票人必须按规定向前手发出拒付通知，前手背书人再通知他的前手，直至通知到出票人。持票人的拒付通知可以使前手做好清偿准备，这也是持票人得以行使追索权的必要条件。

（1）拒付通知（notice of dishonour）的作成。拒付通知应当是书面的，应当记明拒付汇票的主要记载事项，并说明该汇票已被拒绝承兑或者拒绝付款。通知的对象可以由遭到拒付的持票人决定，可以向其直接前手发出拒付通知，也可以向某一个前手或若干个前手或全体前手发出拒付通知，接到拒付通知的前手再通知他的前手，直至出票人。

（2）发出拒付通知的时效。英国《票据法》规定，如果前手在同地，持票人必须在第二天通知到；如果前手在异地，则持票人必须在第二天发出通知，前手背书人在接到通知后，也必须根据上述原则通知前手；《日内瓦统一法》规定，持票人必须在拒绝证书作成后 4 天内通知前手，而前手背书人必须在收到通知后 2 天内通知前手；我国《票据法》规定，持票人应当自收到被拒绝承兑或者被拒绝付款的有关证明之日起 3 日内向前手发出通知，前手的再通知亦是自收到通知之日起 3 日内发出。

（3）未及时通知或未通知的后果。如果汇票上有"免作拒付通知"的记载，则持票人及其前手无须向该记载者发拒付通知，除此之外，必须按规定发出拒付通知。未通知前手，持票人或背书人将丧失对前手的追索权，对于未及时通知，英国《票据法》规定，也将丧失追索

权,而《日内瓦统一法》规定,若未及时通知,追索权仍然有,只是要赔偿前手因此发生的损失。我国《票据法》规定,未按照规定期限通知的,持票人仍可以行使追索权,因延期通知给其前手或者出票人造成损失的,由没有按照规定期限通知的汇票当事人,承担对该损失的赔偿责任,但是所赔偿的金额以汇票金额为限。

汇票债务人若未接到拒付通知,他可免除债务。

（4）拒付通知的费用负担。与拒绝证书的费用负担相类似,拒付通知的费用,持票人在追索时可向前手收取。但汇票记载"免作拒付通知",持票人仍发出了拒付通知,就要区别该记载是谁所作。如果是出票人所作,则出票人和所有的背书人都对此费用无责,持票人不能向前手收取此项费用;但如果此项记载是某背书人所作,则仅此背书人无责,持票人可向其他背书人或出票人收取。

（5）拒绝承兑时到期日的算法。对于见票后定期汇票来说,付款人拒绝承兑时,汇票的付款到期日从拒绝承兑证书作成之日或录证作成之日起算。英国《票据法》还规定,付款人拒绝承兑后又改变主意再作承兑,则到期日从第一次提示承兑之日起算。

（七）追索

1. 追索行为

追索（recourse）是指持票人在汇票被拒付时（拒绝承兑或拒绝付款）,对背书人、出票人及其他票据债务人请求偿还汇票金额的行为。对于付过对价的持票人来说,如果汇票遭到拒付,他可以向法院起诉,要求让与人赔偿,也可以依据票据法实行追索。两者比较来说,法院诉讼费时费力,而凭票追索手续要简单得多,所以,一般的持票人都选择行使追索权。

2. 追索的条件

（1）持有合格票据。票据的记载和背书的连续两方面都要合格。

（2）在法定时限内提示票据。持票人要保全自己追索的资格,必须按票据法的规定提示票据。在汇票记载担当付款人时,应向担当付款人作付款提示;在汇票记载预备付款人时,《日内瓦统一法》规定,在汇票遭拒付时必须向预备付款人提示,但英国《票据法》规定,持票人可自行决定是否再向预备付款人提示。持票人的承兑提示和付款提示都必须在票据法规定的期限内完成,若因持票人未在到期日作付款提示而恰逢付款人破产,则会给其他债务人造成不应有的损失。因此,票据法不允许延误提示的持票人有追索权。

（3）在法定时限内作成拒绝证书。在汇票未记载"免作拒绝证书"时,遭到拒付的持票人都必须依照票据法的规定作成拒绝证书,并且《日内瓦统一法》和英国《票据法》都规定,拒绝证书还必须在规定时间内作成,否则将丧失追索权。

（4）在法定时限内发出拒付通知。在汇票未记载"免作拒付通知"时,遭到拒付的持票人还必须依照票据法的规定向前手发出拒付通知,并且英国《票据法》规定,拒付通知也必须在规定时间内发出,否则也将丧失追索权。而《日内瓦统一法》和我国《票据法》则规定,未及时通知仍有追索权,但持票人须承担由此而对前手债务人造成的损失。

3. 追索的金额

持票人可以向前手要求赔偿汇票的票面金额和因拒付而发生的额外费用。具体来讲,

包括票面金额（包括汇票上记载的利息）、付款到期日至追索付款日的利息、作拒绝证书和拒付通知的费用三部分。

在某背书人向持票人作了清偿后，该背书人可向其前手追索，其追索金额为上述金额加上他付款清偿日至他收款日之间发生的利息及他自己支出的费用。

4. 追索的顺序

汇票债务人对汇票的责任不尽相同，对于未承兑汇票，汇票债务人责任的先后顺序依次是：出票人、第一背书人、第二背书人、第三背书人……，直至持票人的前手背书人；对于已承兑汇票，汇票债务人责任的先后顺序是：承兑人、出票人、第一背书人、第二背书人……，直至持票人的前手背书人。

根据票据法的规定，尽管汇票债务人的责任有先后之分，但债务人的责任无大小之别，只要在汇票上签了字，他就要对票据债务负责。因此，持票人可以向汇票上的任何一个前手追索，也可以同时向所有前手追索。但实务中，一般的持票人都选择向最主要的债务人追索，即向汇票的出票人追索。因为在票据未承兑时，出票人是主债务人，当然是向出票人追索；在票据已承兑时，虽然承兑人是主债务人，但承兑人已拒付，所以还是向出票人追索。对于出票人来说，付清票款、清偿票据后，还可以向承兑人追索，只要他与承兑人有资金关系。承兑人如果仍然不付，出票人可以向法院起诉。

5. 追索的时效

追索也是有时效的，追索也必须在规定的时间内进行。对此，各国票据法有着不同的规定。

英国《票据法》的规定与民法上的请求权相同，自债权成立之日起 6 年，超过此期限，出票人、承兑人的债务都归于消灭。所谓"债权成立日"，对于承兑人来说，为承兑日，对于其他债务人来说，为出票日。

《日内瓦统一法》规定，持票人向前手追索的时效，自拒绝证书作成之日起算 1 年，在免作拒绝证书时，自到期日起算 1 年；背书人向前手追索的时效，自他作清偿之日起算 6 个月；承兑人作为票据的主债务人，对票据的责任为自到期日起算 3 年。

我国《票据法》规定，持票人对票据的出票人和承兑人的权利，自票据到期日起算 2 年，见票即付的即期汇票，自出票日起算 2 年；持票人对前手的追索权，自被拒绝承兑或者被拒绝付款之日起算 6 个月；作了清偿的背书人对前手的再追索权，自清偿日或者被提起诉讼之日起算 3 个月。

持票人因超过票据权利时效而丧失票据权利的，仍享有民事权利，可以请求出票人或者承兑人返还其与未支付的票面金额相当的利益。

 **知识拓展**

　　追索权是指汇票到期日前被拒绝承兑或汇票到期被拒绝付款，持票人履行票据权利保全义务，即在法定时效内作成拒绝证书及向前手发出拒付通知后，得以向其前手请求偿还票据金额、利息及其费用的一种票据权利。

（八）参加承兑

1. 参加承兑行为

参加承兑（acceptance for honor）是指当汇票遭到拒绝承兑而退票时，有参加承兑资格人，一般为非汇票债务人，在得到持票人同意的情况下，在已遭拒绝承兑的汇票上签字，表明其愿为被参加承兑人承兑汇票的意旨，并将汇票交还给持票人的行为。我国《票据法》无参加承兑规定。

所谓有参加承兑资格人，英国《票据法》只允许汇票债务人以外的其他人参加承兑；《日内瓦统一法》则允许付款人和担当付款人以外的任何其他人参加承兑。

参加承兑人的参加承兑阻止了持票人在汇票到期日前追索，保全了汇票债务人的信誉。

2. 参加承兑的做法

（1）参加承兑记载的基本要项。参加承兑应由参加承兑人在汇票正面写上"参加承兑（accepted supra protest/accepted for honour）"字样、被参加承兑人名称、参加承兑日期、参加承兑人签字。如：

ACCEPTED FOR HONOUR

    Of drawer

    On 3rd July,2011.

    For XYZ Bank Ltd. ,London

              Signed

其中，参加承兑人签字是参加承兑的必要记载，其他记载事项皆可省略。如果未记载被参加承兑人，则以出票人为被参加承兑人；但预备付款人参加承兑时，则以指定其为预备付款人为被参加承兑人；而保证人参加承兑时，则以被保证人作为被参加承兑人。

（2）参加承兑的通知。参加承兑人参加承兑后，应将参加承兑事实通知被参加承兑人，并且通知必须自参加承兑日起算2日内发出。如未通知或者未及时通知，致使被参加承兑人遭受损失，则参加承兑人应负赔偿责任。

3. 参加承兑的效力

（1）对于参加承兑人来说，他的参加承兑使得他在付款人拒绝付款时负付款义务。

参加承兑人的参加承兑与承兑人的承兑不同，承兑人是汇票的主债务人，一旦承兑，绝对负付款义务。而参加承兑人作参加承兑后，并不是汇票的主债务人，持票人在到期日仍应先向付款人或预备付款人作付款提示，若拒付则须在作成拒绝证书后才能向参加承兑人请求付款。

另外，参加承兑人作参加承兑后，对持票人和被参加承兑人的后手承担汇票的付款责任；参加承兑人付款后，对被参加承兑人及其前手，取得持票人的权利，票据责任并不因此被解除。

（2）对于被参加承兑人及其他汇票债务人来说，参加承兑人的参加承兑保全了被参加承兑人及其后手的信誉，延缓了追索权的行使；但对于其他汇票债务人来说，其地位没有影响和改变。

（3）对于持票人来说，参加承兑人的参加承兑使得汇票在拒付后又有了付款的可能，汇票到期时付款人若再次拒付，参加承兑人会履行付款义务。但参加承兑人的参加承兑也推

迟了持票人的追索,持票人不能在到期日前向前手行使追索权。

根据英国《票据法》,无论任何人要求参加承兑,持票人均可以不接受。但根据《日内瓦统一法》,如果预备付款人要求参加承兑,则持票人必须接受,除此之外的其他人要求参加承兑,持票人可以拒绝。

4. 参加承兑的时效

汇票遭到拒付,持票人作成拒绝证书而尚未行使追索之前,参加承兑人可请求参加承兑。当然,参加承兑还必须在汇票到期日前进行。

(九) 参加付款

1. 参加付款行为

参加付款(payment for honor)是指当汇票遭到拒绝付款而退票时,有参加付款资格人,一般为非汇票债务人,在已遭拒绝付款的汇票上签字,表明其愿为被参加付款人履行付款义务的行为。我国《票据法》无参加付款规定。

所谓有参加付款资格人,英国《票据法》允许任何人参加付款,《日内瓦统一法》则允许付款人和担当付款人以外的其他人参加付款。

与参加承兑一样,参加付款人的参加付款阻止了持票人在汇票到期日前追索,保全了汇票债务人的信誉。

2. 参加付款的做法

(1) 参加付款记载的基本要项。参加付款应由参加付款人在汇票正面记载参加付款事实及被参加付款人。如果未记载被参加付款人,则以出票人为被参加付款人;但预备付款人参加付款时,则以指定其为预备付款人者为被参加付款人;而保证人和参加承兑人参加付款时,则以被保证人和被参加承兑人作为被参加付款人。

英国《票据法》还规定,参加付款人在参加付款时须另作一参加付款的"证言(declaration)",说明参加付款的目的及被参加付款人,并由公证人在其上作"参加付款公证(notarial act of honour)",以资证实。

(2) 参加付款的通知。与参加承兑一样,参加付款人参加付款后,应将参加付款事实通知被参加付款人,并且通知必须自参加付款日起算2日内发出。如未通知或者未及时通知,致使被参加付款人遭受损失,则参加付款人应负赔偿责任。

3. 参加付款的效力

(1) 对于参加付款人来说,他的参加付款使得他取得向被参加付款人及其前手追索的权利。参加付款人付款后,可要求持票人交出汇票及拒绝证书,还可要求持票人出收据,之后向被参加付款人及其前手行使追索权。

(2) 对于被参加付款人及其他汇票债务人来说,参加付款人的参加付款保全了被参加付款人及其后手的信誉,延缓了追索权的行使,并使得被参加付款人的后手的债务得以解除;但对于承兑人、被参加付款人及其前手等其他汇票债务人来说,其地位没有影响和改变。

(3) 对于持票人来说,参加付款人的参加付款使得汇票在拒付后获得付款,持票人不用向前手追索即可获得票款,汇票权利归于消灭。

根据《票据法》规定，持票人必须接受参加付款，如果持票人拒绝，则丧失对本来应该可以免除债务者的追索权。

在有两人及两人以上竞相参加付款时，持票人必须接受可免除最多债务人付款，否则，持票人也将丧失对本来可以解除债务人的追索权。

4. 参加付款的时效

汇票遭到拒绝付款，持票人作成拒绝证书后且尚未行使追索之前，参加付款人可请求参加付款。

 **知识拓展**

> 参加承兑和参加付款两者共同构成汇票中的参加制度，是为阻止追索权的行使而为特定票据债务人所作的行为。在目前的票据实务中，参加承兑和参加付款行为不常发生，但在很多国家的票据法中都有参加制度。我国票据法中没有参加承兑和参加付款的规定。

（十）保证

1. 保证行为

保证（guarantee）是指非汇票债务人在汇票上写成保证并签字，表明其为汇票某债务人的债务予以偿付担保的意旨，并将汇票交还给持票人的行为。票据作了保证后，其债务的担保人增加了，尤其是经资力雄厚、信誉良好的担保人保证的汇票，可接受性更强，身价更高。所以保证常常被用作票据融资的手段。

《日内瓦统一法》允许对票据作"保证"，但英国《票据法》则没有这一做法。

一般来说，只有非汇票债务人才能对汇票债务人的债务作担保，但《日内瓦统一法》却允许任何人作保证，包括在汇票上已作签名的债务人。

2. 保证的做法

保证可作在汇票上，也可作在粘单上。但前者必须作于汇票正面，后者必须由保证人在粘单上作骑缝签字或加盖骑缝章。

保证记载的基本要项有："保证（aval/guaranteed）"字样、被保证人名称、保证日期、保证人名称和签字。如：

AVAL
　　For acceptor
　　3rd July, 2011.
　　For XYZ Bank, London
　　　　　Signed

《日内瓦统一法》规定，保证人签字是保证必不可少的项目。

我国《票据法》规定，保证必须有"保证"字样和保证人签章，否则无效。保证人未记载被

保证人的,已承兑汇票以承兑人作为被保证人,未承兑汇票则以出票人作为被保证人;保证人未记载保证日期的,以出票日期作为保证日期。

3. 保证的效力

(1) 对于保证人来说,《日内瓦统一法》规定,对汇票作了保证的保证人与被保证人同责,他必须负与被保证人相同的出票人或背书人或承兑人同样的责任,保证人如果为汇票的主债务人保证,则成为主债务人;如果为汇票的从债务人保证,则成为从债务人。在票据记载合格时,即使被保证人的债务因手续不全而无效,保证人仍要对票据债务负责。

我国《票据法》规定,汇票保证人承担与被保证人的连带责任,从而成为汇票的从债务人,在汇票到期持票人遭拒付时承担清偿票款的责任。

(2) 对于被保证人及其他汇票债务人来说,保证使得被保证人及其后手的信用得到保证,被保证人及其前手的原债务人地位均保持不变。

知识拓展

> 票据保证的目的在于增强票据信用,促进票据流通。凡以增强票据信用为目的,担保特定票据债务人履行义务的行为,皆为广义的票据保证。而狭义的票据保证则仅指票据的保证人在票据上记载有关保证的法定事项并签字的行为。

4. 英国的"融通"制度

如前所述,英国《票据法》没有"保证"制度,但英国有"融通"制度。

(1) "融通"(accommodation)行为。没有取得对价而以债务人身份在欲融资人持有的汇票上签字就是融通行为。这里,未取得对价的签字人即为融通人,欲融资人则为被融通人,而该汇票即为融通汇票。融通人可以应欲融通人的要求以票据的出票人、承兑人或背书人的身份签字,其签字融通与保证一样,使得票据的信用得以提高,因此融通也常常被用作筹资、融资的手段。

(2) 融通的效力。对于融通人来说,一旦在汇票上签字,融通人就要对汇票的债务负责。但由于融通人没有向被融通人收取对价,所以他对被融通人无责。对于被融通人来说,他是该融通汇票的持票人,可以持该汇票贴现融资,是融通行为的得益者。

第三节 本 票

一、本票的定义

(一) 英国《票据法》的定义[①]

本票(promissory note)是出票人向另一人签发的约定即期、定期或者在可以确定的将

---

① 《英国汇票和本票法》1882年8月18日制定,第五章 本票,第八十三条 本票的定义,第一款。

来时间向其指定人或根据其指示或向来人支付一定货币金额的无条件的书面承诺（A promissory note is an unconditional promissory in writing，made by one person to another，signed by the maker，engaging to pay on demand or at a fixed or determinable future time a sum certain in money to or to the order of a specified person or to bearer）。

（二）《日内瓦统一法》的定义①

本票应包含以下内容：① "本票"字样；② 无条件支付一定金额的承诺；③ 付款期限（未记载付款期限时，视为见票即付）；④ 付款地点（未记载付款地点时，可以付款人营业场所、住所或经常居住地为付款地）；⑤ 收款人名称；⑥ 出票日期和地点（未记载出票地点时，可以出票人营业场所、住所或经常居住地为出票地）；⑦ 出票人名称和签字。注意：本票比汇票少了一个重要项目，即无付款人记载，因为本票的付款人就是出票人自己。

（三）我国《票据法》的定义②

本票是出票人签发的，承诺自己在见票时无条件支付确定的金额给收款人或者持票人的票据。

鉴于本票的性质，各国对于本票的签发和使用都有诸多限制。如我国《票据法》规定，本法所称本票仅指银行本票；本票的出票人必须具有支付本票金额的可靠资金来源，并保证支付；本票出票人的资格由中国人民银行审定，具体管理办法由中国人民银行规定；本票自出票日起，付款期限最长不得超过 2 个月。

二、本票与汇票的比较

本票和汇票一样，两者都是票据，它们有很多共同的特点，票据法中对于汇票的出票、背书、保证、付款、追索等票据行为的规定一般也都适用于本票。

但本票是出票人保证付款的承诺，本票的出票人就是付款人。因此本票与汇票有着明显的区别，两者的区别主要体现在以下方面。

（1）本票是承诺，是出票人自己无条件支付的付款承诺；而汇票则是出票人要求付款人无条件支付的付款命令。

（2）本票的出票人在任何情况下都是主债务人；汇票尤其是远期汇票的出票人，汇票未承兑时为主债务人，而汇票经付款人承兑后，承兑人即成为汇票的主债务人，出票人则退居从债务人地位。

（3）本票无须承兑；而汇票尤其是远期汇票通常要经过承兑。

（4）本票的出票绝对的无条件；而汇票的出票尽管也无条件，但汇票有可能被作为保留性承兑甚至被拒绝承兑。

（5）本票无参加承兑、参加付款等行为；而汇票则有。

（6）本票的"见票"不同于汇票的"见票"。本票的"见票"是指"见票后定期付款"本票的持票人向出票人作见票提示，出票人在本票正面签字并加注日期，以确定付款到期日的行

---

① 《日内瓦统一汇票本票法》1830 年 6 月 7 日订于日内瓦，1934 年 1 月 1 日起生效，第二篇 第七十五条。
② 《中华人民共和国票据法》1995 年 5 月 10 日由第八届全国人大常委会第十三次会议通过，1996 年 1 月 1 日起实施，第三章 本票，第七十三条，第一款。

为;而汇票的"见票"则是指远期汇票的持票人向付款人提示,付款人在汇票的正面作承兑签字承诺到期付款,以确定付款责任的行为。两者有着质的不同。

（7）本票只有两个基本当事人,即出票人和收款人;而汇票有三个基本当事人,即出票人、付款人和收款人。

除此之外,本票和汇票相比较,本票称作"note",而汇票称作"bill";本票的出票人称作"maker",而汇票的出票人称作"drawer";本票只出一张,而汇票则可以开出一套;等等。

第四节　支　票

一、支票的定义

1. 英国《票据法》的定义①

支票(cheque)是储户向其存款银行签发的授权银行即期向某一指定人或根据其指示或向来人支付一定货币金额的无条件的书面命令(A cheque is an unconditional order in writing, addressed by the customer to a bank, signed by that customer, authorizing the bank to pay on demand a sum certain in money to or to the order of a specified person or to bearer)。

简单地说,支票是以银行为付款人的即期汇票(A cheque is a bill of exchange drawn on a bank, payable on demand)。

2. 《日内瓦统一法》的定义②

支票应包含以下内容:① "支票"字样;② 无条件支付一定金额的命令;③ 付款银行名称;④ 付款地点(未记载付款地点的,付款银行所在地为付款地);⑤ 出票日期和地点(未记载出票地点的,出票人姓名旁的地点为出票地);⑥ 出票人名称和签字。

3. 我国《票据法》的定义③

支票是出票人签发的,委托办理支票存款业务的银行或者其他金融机构在见票时无条件支付确定的金额给收款人或者持票人的票据。

二、支票的内容

支票的各个必要项目的记载,与汇票大致相同,只需要对以下几方面加以说明。

1. 付款期限

支票无须注明付款期限,因为支票一概见票即付。但在实务中有远期支票的做法。即出票人如果希望支票在未来某一日期获得承付,他可在出票时填入该未来日期作为出票日,

---

① 《英国汇票和本票法》1882 年 8 月 18 日制定,第三章　银行支票,第七十三条　支票的定义,第一款。
② 《日内瓦统一支票法》1831 年 2 月订于日内瓦,1934 年 1 月 1 日起生效,第一章,第一条。
③ 《中华人民共和国票据法》1995 年 5 月 10 日由第八届全国人大常委会第十三次会议通过,1996 年 1 月 1 日起实施,第四章　支票,第八十二条。

并与收款人约定在该日期作付款提示。

《日内瓦统一法》规定，当支票的持票人向银行提示时，只要支票内容合格，银行就立即付款，而不管该支票的"出票日期"是否已到。也就是说，支票的付款银行对于远期支票可以不予理会。

英国《票据法》规定，出票日期倒签或推迟，并不影响支票的成立。但英国银行对于出票日期未到的远期支票一般不予支付以避免麻烦和纠纷。

中国《票据法》规定，支票限于见票即付，不得另行记载付款日期。另行记载付款日期的，该记载无效。

2. 付款金额

由于支票只可即期付款，所以《日内瓦统一法》规定，支票上的利息记载无效。

支票的出票人所签发的支票金额不得超过其付款时在付款人处实有的存款金额。付款金额超过其存款金额的支票为空头支票，各国票据法都明文规定禁止签发空头支票。

3. 付款人

支票的付款人必须是与出票人签有支票协议的存款银行，且地址详细明确。

4. 收款人

英国《票据法》规定的支票收款人的做法与汇票相同，但《日内瓦统一法》对于支票收款人的规定与汇票却不同。《日内瓦统一法》不允许汇票作成来人抬头，但却允许支票作成来人抬头，且支票可以没有收款人记载，这也就是《日内瓦统一法》关于支票的必要项目中没有收款人的原因。中国《票据法》对于支票收款人的规定与《日内瓦统一法》相同，并且规定，支票上未记载收款人名称的，经出票人授权，可以补记，出票人也可以在支票上记载自己为收款人。

三、划线支票

当支票的持票人向付款行提示票据时，只要支票合格，付款行应立即付款，所以万一支票被遗失或偷窃，很容易被冒领。为了有效防止此类事情发生，出票人或持票人可以在支票上划两条横向条线（transverse lines），这样作了划线的划线支票就只能通过银行收账，而不能提取现金。这种支票称为划线支票（crossed cheque）。根据 1957 年《英国支票法》，银行签发的即期汇票也可以划线。支票的划线又有普通划线和特殊划线两种。

1. 普通划线

普通划线（general crossing）是指不注明收款银行的划线。普通划线可以是只有两条横线，也可以在横线中记"not negotiable"（不可议付），也可以在横线中记"account payee"或"A/C payee"（入收款人账），有时划线中间也可以同时记"not negotiable"和"A/C payee"（不可议付，入收款人账）。普通划线支票的收款人可以通过任何一家银行收款。

2. 特殊划线

特殊划线（special crossing）是指记载有收款银行名称的划线。特殊划线支票的收款人只能通过该指定收款银行代为收款。英国《票据法》规定，划线中只可记一个收款银行，而该

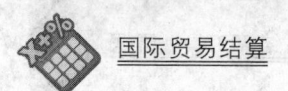

收款银行可以在划线中再加记一个委托收款银行。而《日内瓦统一法》规定，一个划线中只能记一个银行行名，一张支票只能有两个特殊划线，且其中的一个必须是另一个指定银行所作的委托收款划线。

任何一种普通划线都可以加上收款行行名而转为特殊划线，但特殊划线却不能涂销行名改为普通划线。

中国《票据法》规定，支票可以支取现金，也可以转账，用于转账时，应当在支票正面注明。支票中专门用于支取现金的，可以另行制作现金支票，现金支票只能用于支取现金；支票中专门用于转账的，可以另行制作转账支票，转账支票只能用于转账，不得支取现金。

四、保付支票

支票的保付（certified）是指支票的付款银行应客户即出票人的请求，在支票正面写上"certified"（保付）字样并签字，表明其在支票提示时保证付款的意旨，该保付支票（certified cheque）的付款行对该支票负有一定的付款责任。《美国统一商法典》规定，支票一经保付，保付银行就成为该支票的主债务人，出票人及其他债务人的债务即告解除，即使支票过期提示，保付银行仍要付款。

英国《票据法》和《日内瓦统一法》都没有有关支票保付的规定。根据中国人民银行规定，我国已于 1989 年 4 月 1 日起废除了保付支票的流通和使用。

五、支票效期

支票即期付款，经常代替现金作为支付工具使用，因此其效期较短。

英国《票据法》对于支票效期的规定与汇票基本相同。

《日内瓦统一法》规定，支票的付款提示期限，国内支票自出票日起算 8 日，国际支票，若出票与付款在同一洲自出票日起算 20 日，若出票与付款不在同一洲自出票日起算 70 日；而支票的追索期限，从上述提示到期日起算 6 个月。

我国《票据法》规定，支票的持票人应当自出票日起 10 日内提示付款；异地使用的支票，其提示付款的期限由中国人民银行另行规定。支票的追索期限，同汇票的规定相同。

六、支票止付

支票止付（countermand）是指出票人向付款行发出通知，要求其对已签出的支票停止支付的行为。《日内瓦统一法》禁止在支票效期内止付支票，但效期过后出票人可以止付，以防止出票人签发空头支票又止付得以逃避债务。英国《票据法》允许止付支票，但银行只有在收到说明支票号码、出票日期、金额、收款人等内容的由出票人签字的书面通知后，才会止付。

七、支票与汇票、本票的比较

支票与汇票、本票有很多相同的地方，票据法中对于汇票的必要项目记载及票据行为等方面的规定大多数也都适用于支票。现将支票与汇票、本票的基本区别简列于下。

（1）从票据的出票人与付款人之间的关系来看，支票的出票人与付款人必须先有资金关系；汇票的出票人与付款人未必先有资金关系；而本票的出票人就是付款人，两者无所谓先有资金关系。

（2）从其付款人身份来看，支票的付款人必须是银行；汇票的付款人可以不是银行；而本票的付款人就是出票人自己。

（3）从其付款期限来看，支票没有到期日记载，支票必须是即期付款；汇票和本票可以是即期付款和远期付款。

（4）从其票据行为来看，支票和本票无承兑、参加承兑、参加付款等行为，而汇票则有这些票据行为。

（5）支票有止付，而汇票和本票则无止付一说。

（6）支票有划线制度，而汇票（银行即期汇票除外）和本票则无。

除此之外，支票和本票的主债务人是出票人，而已承兑汇票的主债务人是承兑人；支票有保付制度，而汇票和本票没有；支票没有保证制度，而汇票则有；支票和本票只能开出一张，而汇票可以开出一套等。

第五节　票据的使用

一、票据的种类

汇票、本票和支票可以按照其不同特征，从不同的角度对其进行分类。

（一）汇票的种类

1. 国内汇票和国际汇票

国内汇票（domestic bill）和国际汇票（international bill）是按汇票的三个基本当事人是否在同一国家划分的。出票人、付款人和收款人在同一国家的汇票，即为国内汇票；反之，如果出票人、付款人和收款人不在同一国家，该汇票则为国际汇票。国内汇票一般用于国内结算，国际汇票一般用于国际结算。

2. 商业汇票和银行汇票

商业汇票（commercial bill/trader's bill）和银行汇票（bank draft/banker' draft）是按汇票的出票人的不同划分的。商业汇票是指由商号或个人签发的、付款人是商号或银行的汇票；银行汇票是指由银行签发的、付款人是银行的汇票。

3. 即期汇票和远期汇票

即期汇票（sight bill/demand draft）和远期汇票（time bill/usance bill）是按汇票的付款期限的不同划分的。即期汇票是持票人提示或见票时付款人必须立即付款的汇票；远期汇票是指出票或见票后一定期限或将来某一确定时间付款的汇票。

4. 商业承兑汇票和银行承兑汇票

商业承兑汇票（trader's acceptance bill）和银行承兑汇票（banker's acceptance bill）是按

汇票的承兑人的不同划分的。商业承兑汇票是指由商号或个人承兑的汇票;银行承兑是指由银行承兑的汇票。商业承兑汇票以商业信用为基础,银行承兑汇票以银行信用为基础。较之商业承兑汇票,银行承兑汇票信誉较高,常常被用来作为融资贴现的工具。

5. 本币汇票和外币汇票

本币汇票(domestic money bill)和外币汇票(foreign money bill)是按汇票支付货币的不同划分的。本币汇票是指汇票金额以出票人本国货币表示的汇票;外币汇票是指汇票金额以出票人所在国家之外的外国货币表示的汇票。本币汇票大多用于国内结算,外币汇票大多用于国际结算。

6. 光票和跟单汇票

光票(clean bill)和跟单汇票(documentary bill)是按汇票是否附有商业单据划分的。光票是指不附有商业单据的汇票,跟单汇票是指附有商业单据的汇票。国际贸易中使用的跟单汇票居多,在托收和信用证业务中更是如此。

除此之外,按汇票抬头的不同,汇票还可以分为记名汇票(order bill)和非记名汇票(bearer bill);按汇票出票份数的不同,汇票还可以分为单票(solar bill)和套票(set bill)等。

（二）本票的种类

本票也可以按上述特征,从不同的角度进行分类,可分为国内本票和国际本票、商业本票和银行本票、即期本票和远期本票、本币本票和外币本票等,这里不再赘述。

（三）支票的种类

如前所述,支票除了分为国内支票和国际支票、商业支票和银行支票、本币支票和外币支票外,还有划线支票和非划线支票、保付支票和非保付支票之分。这里亦不再赘述。

二、票据的使用

在日常经济生活中,票据使用非常广泛,是当今国内、国际结算的重要支付工具,也常常被用来作为融资的工具。

（一）汇票的使用

汇票既是结算工具和流通工具,也是融资信贷工具。

1. 银行汇票

银行汇票是最为可靠的结算工具和流通工具,在日常支付结算中使用较广,常常被用于国内和国际汇款。作为结算工具和流通工具的银行汇票又以即期汇票居多。

在国际贸易结算的汇付方式中,银行汇票往往是票汇业务使用最多的汇付工具。

2. 商业汇票

商业汇票常用于国内和国际贸易结算,除了作为结算工具和流通工具使用外,远期汇票又常常作为融资信贷工具使用。由厂商出具的商业汇票,在国际贸易结算中用得最多,以进出口贸易为背景的商业汇票很容易贴现,是进出口商获得融资的重要工具和手段。

（二）本票的使用

本票基本上是融资信贷工具，但有时候也可作结算工具和流通工具使用。为了加强金融监管，一般国家对本票的签发和使用限制较多。所以，本票在支付结算中的使用较之汇票、支票来说要少。

1. 银行本票的使用

银行本票一般以即期本票居多，远期本票很少见。特别是银行签发的来人抬头的本票，几乎与纸币一样。所以，很多国家仅允许银行签发限额以上的大额银行即期本票。银行本票主要是结算工具。有的国家也允许银行发行远期本票用于筹资。

2. 商业本票的使用

由于人们一般不愿接受商业本票，目前只有信誉很好的大公司发行一些商业本票用于筹资，也可以由实力雄厚的大公司用于大宗货物的支付。

（三）支票的使用

支票基本是结算工具和流通工具，尤其在国内结算中用得很广泛。

1. 银行支票的使用

银行支票主要用于国际汇款，国际汇款的汇入行往往开立一张银行支票交给汇款人或寄给收款人解付款项。

2. 商业支票的使用

公司或个人签发的商业支票在西方国家被广泛使用。无论是个人之间的收付，还是厂商之间的结算，往往使用支票。这些商业支票或者说私人支票在国外汇款中用得也很多。

三、票据使用中应注意和防范的事项

1. 正确填写票据和结算凭证

银行、单位和个人填写的各种票据和结算凭证是办理结算的重要依据，直接关系到支付的准确、及时和安全。因此，填写时，必须做到标准化、规范化，做到要素齐全、数字正确、字迹清晰，无错漏、不潦草，且防止涂改。

2. 审查票据是否项目齐全合格

签发、受让和使用票据的各当事人都应注意审查票据的各个必要记载事项是否齐全，是否合乎票据法的规定。因为票据是要式证券，只有合格票据的持票人方能行使票据权利。

3. 注意票据行为的合格和有效

对于票据的出票、背书、提示、承兑、付款、追索等票据行为，各国票据法都有严格的规定，票据的各方当事人都应严格遵守，并在规定时效内履行，以免丧失票据权利。

4. 注意识别和防范票据欺诈和假冒等行为

随着票据使用的日益广泛，各种票据诈骗案时有发生，对于盗用银行名义签发虚假票据、变造和伪造票据、冒充储户签发支票、虚构付款偿付书或银行担保函引诱贸易伙伴发货等欺诈行为，我们应增强防范意识。

四、《中华人民共和国票据法》关于"涉外票据的法律适用"①

第九十五条　涉外票据的法律适用,依照本章的规定确定。

前款所称涉外票据,是指出票、背书、承兑、保证、付款等行为中,既有发生在中华人民共和国境内又有发生在中华人民共和国境外的票据。

第九十六条　中华人民共和国缔结或者参加的国际条约同本法有不同规定的,适用国际条约的规定。但是,中华人民共和国声明保留的条款除外。

本法和中华人民共和国缔结或参加的国际条约没有规定的,可以适用国际惯例。

第九十七条　票据债务人的民事行为能力,适用其本国法律。

票据债务人的民事行为能力,依照其本国法律为无民事行为能力或者为限制民事行为能力而依照行为地法律为完全民事行为能力的,适用行为地法律。

第九十八条　汇票、本票出票时的记载事项,适用出票地法律。

支票出票时的记载事项,适用出票地法律,经当事人协议,也可以适用付款地法律。

第九十九条　票据的背书、承兑、付款和保证行为,适用行为地法律。

第一百条　票据追索权的行使期限,适用出票地法律。

第一百零一条　票据的提示期限、有关拒绝证明的方式、出具拒绝证明的期限,适用付款地法律。

第一百零二条　票据丧失时,失票人请求保全票据权利的程序,适用付款地法律。

五、国际贸易结算实务中汇票的制作

（一）信用证下的汇票

信用证结算方式下,汇票在远期议付信用证或承兑信用证中是必不可少的。即期信用证业务中,可以跟汇票,也可以不跟汇票。信用证是否随附汇票,要看信用证的具体规定;而在远期议付信用证和承兑信用证项下,一定跟附有远期汇票。我们常常将国际贸易结算实务中使用的汇票叫做跟单汇票。

1. 跟单汇票样本

汇票样本见第二章第二节。

2. 跟单汇票填制方法

（1）drawn under 为出票条款,出票条款给出了汇票出具的基础原因。此项应该严格按照信用证的规定填写,一般应注明开证行的名称。如果信用证有如下条款。"all drafts must be marked drawn under the Australia and New Zealand Banking Group Limited, New York L/C No. 123456 dated 20111230.",在 under 后照抄即可。

（2）L/C No. 为信用证号码,按照信用证规定填写。

（3）dated 为开证日期,如开证日期为"2011 年 5 月 12 日",则应填为"110512"。

---

① 《中华人民共和国票据法》第五章　涉外票据的法律适用　第九十五条至第一百零二条。

（4）payable with interest 为利息，如为远期信用证，并且双方约定了利息，则应填写；如无约定，或为即期信用证，则不用填写。

（5）No. 为汇票号码，为方便起见，也可与商业发票号一致。

（6）exchange for 为汇票金额，此处应小写，如"USD 70 400.00"。汇票金额应与信用证金额保持一致，除非另有规定，汇票金额不得大于信用证金额。

（7）date 此处为出票日，如出票日为"2011 年 6 月 2 日"，则应填为"110602"。出票日一般填写交单日，出票日必须在信用证规定的有效期及交单日内，一般应迟于装运日。

（8）at-sight 为付款期限。即期汇票此栏一般打六个星号；如信用证规定"见票后 30 日"，应制成"at 30 days after sight"；如信用证规定"提单日后 30 天"，不能简单制成"at 30 days after Bill of Lading"，应体现出出具提单的日期，可以描述为"at 30 days after Bill of Lading date 12 April 2011"。

（9）"pay to the order of"此处为收款人，一般为议付行，因为寄单索款是议付行的工作，开证行一般也将款项付给议付行；如果把受益人当作收款人，则受益人必须对其背书，将收款的权利转让给议付行。实务中，信用证对此一般不作要求，最常见的制作方法为将收款人做成"to order of ourselves"，即做成受益人的指定人，然后由出票人转让给议付行。

（10）"the sum of"此处为大写金额，大写金额应与小写金额一致，如第六项的金额可写为"SAY U. S. DOLLARS SEVENTY THOUSAND FOUR HUNDRED ONLY ."如果大写金额中有辅币，应注意其表达方法，如欧元（EUR）的辅币为"cents"；英镑（GBP）的辅币为"pence"；瑞士法郎的辅币为"centimes"。如 1 250. 32 美元，可以表述为"SAY U. S. DOLLARS ONE THOUSAND TWO HUNDRED FIFTY AND CENTS THIRTY TWO ONLY"或"SAY U. S. DOLLARS ONE THOUSAND TWO HUNDRED FIFTY POINT THIRTY TWO ONLY"。

（11）"To"此处为付款行，一般为开证行。

在制作汇票时还应注意以下问题：

（1）汇票上应有"汇票"字样，比较安全的做法是汇票上应有"bill of exchange"或"draft"字样；

（2）在制作单据时应注意汇票的到期日的计算：① 如果汇票使用实际日期表示到期日，则该日期应是按信用证的要求计算出来的；② 如果汇票是见票后若干天付款，则到期日应按如下方法确定：对于相符单据，或虽不符但付款行没有拒付的单据，到期日应为付款行收到单据后的若干天；对于不符且付款行拒付，但随后又同意接受的单据，汇票到期日最晚为付款行承兑汇票日后的若干天。汇票承兑日不得晚于同意接受单据的日期。

（二）托收下的汇票

托收项下的汇票的制作方法和信用证项下基本一样，但也有其不同之处，应注意其填制。

（1）汇票号码。汇票号码一般按发票号码填写。

（2）出单地点及出单日期。托收方式下汇票的出票地点应为委托人向委托行办理托收手续的地点；托收方式的出票日期以托收行寄单日填写。

（3）出票条款。在托收支付方式下，在 drawn under 后的空栏内打上"for collection"字样。如"Drawn under S/C NO. 679 Dated May 20, 2006, covering 3000 dozen bath towels for collection"。

（4）汇票金额。汇票开立的金额应与发票金额完全一致，在汇票"exchange for"后填写小写金额；在"the sum of"后填写大写金额。

（5）付款期限。托收方式项下的汇票付款期限的填写有三种方式：① D/P at sight；② D/P at ×××days sight；③ D/A after days sight。

（6）汇票的收款人。托收方式项下汇票的收款人一般应为托收行；如果收款人为出口商，则其必须背书。

（7）汇票的付款人。托收业务一般填写进口商。

本章小结

票据是当今国际贸易结算中常用的结算工具。流通转让性是票据的本质属性。票据法是调整票据关系的法律规范。目前国际上两大法系并存：一是以《英国票据法》为代表的英美法系，二是以《日内瓦统一法》为代表的欧洲大陆法系。我国《票据法》自 1996 年 1 月 1 日起颁布实施。票据有汇票、本票和支票三种。各国票据法对于票据的必要项目、票据行为等都有非常详细的规定。汇票是出票人签发的、委托付款人在见票时或者在指定日期无条件支付确定的金额给收款人或者持票人的票据。汇票有出票人、付款人和收款人三个基本当事人。本票是出票人签发的、承诺自己在见票时无条件支付确定的金额给收款人或者持票人的票据。本票的付款人是出票人自己，出票人是绝对的主债务人。支票是出票人签发的、委托办理支票存款业务的银行或者其他金融机构在见票时无条件支付确定的金额给收款人或者持票人的票据。支票是以银行为付款人的即期汇票。汇票、本票和支票有多种不同的分类，国际贸易结算中常用的有国际汇票、国际本票、国际支票等。

拓展阅读

1. Bill of Exchange Act，1882（《英国票据法》）

2. Convention Providing a Uniform Law for Bills of Exchange and Promissory Notes Signed at Geneva，1930 & Convention Providing a Uniform Law for Cheques Signed at Geneva，1931（《1930 年日内瓦汇票本票统一法公约和 1931 年日内瓦支票统一法公约》）

3. Draft Convention on International Bills of Exchange and International Promissory Notes (1982—1988) & Draft Convention on International Cheques（联合国《国际汇票和国际本票公约》）

4.《中华人民共和国票据法》，1995 年

思考与练习

1. 什么是票据？票据（狭义）具有哪些基本性质和基本功能？

2. 票据有哪些基本当事人和流通当事人？

3. 什么是正当持票人？正当持票人有哪些票据权利？

4. 什么是汇票？汇票的必要记载事项有哪些？

5. 什么是汇票的付款期限？如何计算汇票的付款到期日？

6. 什么是汇票的抬头？实务中汇票的抬头有几种？

7. 什么是票据行为？汇票的票据行为有哪些？其法律效力是什么？

8. 什么是汇票的背书？转让背书有几种？

9. 什么是拒绝证书？什么是拒付通知？怎样作成拒绝证书及拒付通知？

10. 汇票的持票人遭拒付时行使追索权的必备要件有哪些？

11. 什么是本票？本票与汇票的不同点有哪些？

12. 什么是支票？国际支票有哪些基本分类？

13. 比较支票、汇票、本票的异同。

 **案例分析**

某年6月，我国某市 W 公司与美国 R 公司签订了一份进口型钢的合同。合同总金额为500万美元，支付方式为托收项下付款交单。按照合同规定，第一批价值为80万美元的型钢准时到货。经检验我公司认为质量良好。但在第二批交货期前，美国公司向我公司提出："有鉴于贵公司资金周转困难，允许贵公司对我方开出的汇票远期付款，汇票的支付条款为：见票后1年期付款，汇票金额420万美元。"但美国公司同时要求该汇票须请中国某银行的 A 市分行承兑。承兑后，美商保证将420万美元的型钢在1年内交货。我公司全部收货后，再付美商420万美元货款。我公司对此建议欣然接受。

8月初，令我方未曾料到的是，美商将这张由中国工商银行 A 市分行承兑的远期汇票在美国一家银行贴现了420万美元后，再也无法联系。汇票到期，美国银行将这张承兑了的远期汇票向中国工商银行 A 市分行提示请求付款，中国工商银行 A 市分行接到客户 W 公司止付通知，止付理由为美国公司涉嫌欺诈。

有鉴于中国工商银行 A 市分行拒付汇票票款，美国贴现银行多次提示均遭退票，美国银行将中国工商银行 A 市分行告上法庭。A 市中级人民法院开庭审理了此案。判决结果如下：尽管美商没有交货，承兑银行却不得以此为由拒绝向美国银行支付票据金额。被告自判决之日起10日内向原告支付汇票票面金额420万美元。最终，由我方承兑银行给付美国银行420万美元而结案。

分析：票据的产生是有因的。票据上载明的票据当事人的权利和义务关系为票据关系，使得票据关系产生的票据当事人之间的资金关系及对价关系则称为基础关系。票据关系以基础关系为原因。本案中，我公司与美国公司之间的型钢买卖合同是该票据产生的原因，因此美商向我公司开出远期付款命令。而我公司在工商银行某市分行有账户往来关系，即存款于该银行，两者之间的这种资金关系使得该行某市分行愿意向我公司提供信用，承兑了这张远期汇票。这张由美商作为出票人和收款人的汇票，中国工商银行某市分行承兑该汇票后即成为承兑行。

　　但票据是无因证券。票据一旦产生,票据关系即与基础关系相脱离,票据之是否成立,不受票据原因的影响;当事人的权利和义务也不受票据原因的影响;票据的受让人无须调查票据原因,只要票据记载合格,即可获得十足的票据文义载明的权利。正是其无因性使得票据得以流通。美商正是利用了票据的这一特性才行骗得逞。

　　本案中,美国贴现银行善意地给付了 420 万美元的对价而成为该汇票的善意持票人。所以,美商实际上有没有交货,或者我公司有没有足够的美元存在银行,都不影响美国贴现银行对承兑人的付款请求权。法庭判决中国工商银行 A 市分行给付善意持票人美国贴现银行票面金额 420 万美元符合票据法的规定。

第三章　国际贸易结算方式(一)：汇付

 **学习目标**

通过本章的学习,掌握汇付结算方式的基本含义,熟悉汇付结算方式的基本当事人及其相互之间的关系,掌握汇付结算方式的基本流程,理解不同种类的汇付方式之间的区别,了解偿付、退汇等各个环节的相关内容。

汇付是一种古老的结算方式,其产生可以追溯到票据的萌芽时期,当时的票据兑换商就是银行的前身。在当今的国际结算中,汇付方式仍得到了广泛的使用,它既能适用于贸易结算,也可适用于非贸易结算,凡属于外汇资金调拨的都可以采取这种方式。

第一节　汇付方式概述

一、国际贸易结算中的顺汇与逆汇

在国际贸易中,出口方是债权人,进口方是债务人。资金的跨国流向总是从债务人或付款人一方流向债权人或者收款人一方。但是资金的跨国转移是通过银行的结算工具的传递来实施的,结算工具的传递可以是双向的,因而资金的转移有两种基本方式:顺汇和逆汇。

（一）顺汇

顺汇(remittance)又称汇付法,是指客户主动将款项交给银行,委托银行用某种结算工具将款项汇往国外收款人。在顺汇方式中,资金的流向与结算工具的传递方向是一致的,都是从债务人向债权人移动。

（二）逆汇

逆汇(reverse remittance)又称出票法,是指由债权人或收款人向银行提供收款凭证,委托银行通过国外代理行向国外债务人索取款项。在这一方式中,结算工具的传递方向是从债权人到债务人移动,正好与资金的流向相反。①

---

① 梁琦.国际结算[M].北京:高等教育出版社,2011:82-90.

知识拓展

传统结算方式中的汇付方式属于顺汇;传统结算方式中的托收方式和信用证方式属于逆汇。

二、汇付方式的概念及其当事人

汇付(remittance)又称汇款,是指付款人(进口商)将款项交给进口地银行,要求其通过一定的方式,委托在出口地的代理行或国外联行,将款项交付给收款人(出口商)的一种结算方式。

从银行的角度来说,汇付专指银行接受客户的委托,通过自身建立的通汇网络,使用合适的支付凭证,将款项交付给收款人的一种结算方式。汇付中所使用的凭证是支付授权书(payment order,简称 P. O.)。

在汇付业务中,通常有四个当事人,即:汇款人、收款人、汇出行和汇入行。

(一) 汇款人

汇款人(remitter)是指委托汇出行向国外债权人支付款项的债务人。在国际贸易中,汇款人通常为进口商。作为贸易合同的买方,其权利为要求出口商提供合格的货物。作为汇付一方的当事人,其义务是:填制汇款申请书,向汇出行交款付费,履行付款义务。

在汇付业务中,进口商填写银行提供的格式化申请书(汇款申请书),该申请书是汇款人与汇出行之间的合同。汇款申请书一式两份,其中一联为申请书,另一联为汇款回执。汇款申请书的内容一般包括:收款人名称、地址、国别、开户行名称、账号;汇款货币、金额;汇款方式、汇款用途、汇款人名称、地址等信息。汇款人必须如实填写上述内容,如果因申请书内容填写错误而导致的延误或差错等,则由汇款人承担其后果。此外,汇款人还应提交外汇管理部门要求的有关材料,以供审核。完成上述手续后,汇款人向汇出行交付与汇款金额相当的现金可支付凭证,并支付汇出汇款的费用。

(二) 收款人

收款人(payee or beneficiary)是指接受汇款人所汇款项的债权人。在国际贸易中,收款人通常为出口商。收款人是这笔汇款业务的受益人,若对汇款内容不明,或汇款金额不够了结全部债权时,应及时向汇入行提出,由其转给汇出行向汇款人查询,待得到满意答复后再予收款。如果银行确实完全按汇款人的汇款申请书办理了该笔汇款,款项已入收款人账户或收款人已根据汇款通知领取了汇款而且未提出任何异议,这笔汇款对汇出行和汇入行的责任则已终结,汇款人与收款人之间的其他纠纷应另行解决。

(三) 汇出行

汇出行(premitting bank)是指接受汇款人的委托,办理汇出汇款业务的银行。该银行通常为汇款人所在地的一家银行。若汇出行接受了汇款人的汇款申请,则与汇款人之间确立了合同关系,该银行按照汇款申请书的相关内容以及汇款方式办理汇款汇出业务,向汇入

行转入资金。作为汇款人的受托人,汇出行有权收取相关费用,同时更有义务按申请书的要求正确办理汇出款项。汇出行在办理汇出业务时应做到以下几点。

(1)审核汇款申请书。汇出行首先应对汇款人填写的申请书加以审核,对不符合国家规定的款项不予受理,对需要修改的内容应及时退还汇款人,请求修改、补充后再予办理。

(2)审核相关材料。汇出行依据国家外汇管理机构的有关规定,审核汇款人提交的相关资料和有关单据,以保证汇出业务的顺利进行。

(3)收取资金或支款凭证。汇出行在审核上述申请书和相关材料后,收取汇款人的资金或支款凭证,办理汇出款项,严禁透支汇出款项。

(4)制作支付授权书。汇出行依据汇款人的汇款申请书的内容,制作支付授权书。该授权书中必须明确表示头寸的偿付办法。

(5)寄发支付授权书。汇出行制作支付授权书后,将其寄发给汇入行,授权汇入行向收款人解付款项。

知识拓展

> 汇款申请书是汇款人与汇出行之间的一种契约,填写时要审慎。汇出行有责任选择正确的汇款路线,提高汇款效率。

(四) 汇入行

汇入行(paying bank)是接受汇出行的委托,依支付授权书的内容,向收款人解付款项的银行。该银行通常为收款人所在地银行,一般为汇出行的联行或代理行,又称解付银行。作为汇出行的受托银行,它有权向委托人收取业务费用,其主要义务是证实汇出行委托付款指示的真实性,通知收款人并向其解付款项。汇入行在办理解付业务时,应做到以下几点:

(1)核验支付授权书的真实性。汇入行收到支付授权书后,应依据必要措施核验其真伪性。若为信汇、票汇,则需要核对其印鉴;若为电汇,则需要核对密押;若采用 SWIFT 方式,则需要检查所使用的报文格式是否为有效的加密格式。

(2)严格执行银行划拨凭证的指示。确认支付授权书的真实性后,汇入行应严格依照银行划拨凭证的指示办理解付业务,不得擅自更改内容。收妥款项后,向收款人解付,即坚持收妥解付原则。

(3)正确处理不同的解付。如果支付授权书中的收款人在汇入行开立了账户,在收到款项后,汇入行可以将其直接入账;若收款人没有在汇入行开立账户,在收到款项后,汇入行可通知收款人取款或转入其账户银行。

(4)依据国家外汇管理规定解付。根据我国国家外汇管理规定,在贸易项下,汇入行必须在收款人提供出口核销单的号码后才能入账;同时要求收款人填报国际收支申报单后交给汇入行输入相关申请系统。

(5)及时处理无法解付的款项。如果因收款人名称、账号等内容不符,或已通知但收款人不来取款,或收款人拒收款项等原因,导致汇入行无法解付时,汇入行应及时与汇出

行取得联系,说明情况,请求汇出行给予进一步的指示,待收到汇出行的指示后再作处理。

(6)谨慎处理有条件的解付。汇付业务中的解付通常是无条件的,若为有条件的解付,如银行划拨凭证中表明"在收款人提交合同项下的全套单据后解付",此时汇入行应谨慎处理。

三、汇付方式的业务流程

汇款人申请汇出国外汇款时,首先应填写并向汇出行递交汇款申请书一式两联,汇款申请书上应注明汇款的方式、日期、收款人的姓名、地址、汇款的种类及金额等,然后汇出行向汇款人收取汇款金额及手续费,并按汇款申请书上的委托指示向汇入行发出付款委托书。汇入行接受付款委托书后,要向收款人发出汇款通知书。最后,收款人凭汇款通知书到汇入行取款。

汇付结算方式的业务流程如图 3-1 所示。

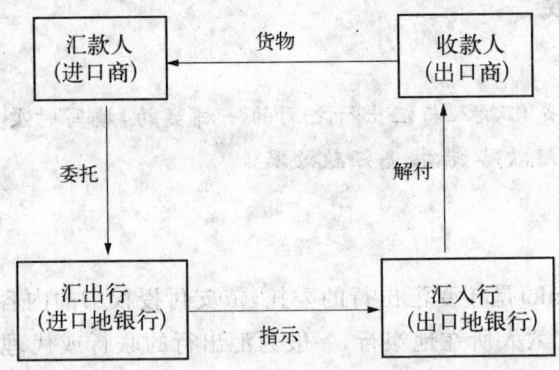

图 3-1　汇付结算方式流程图

四、汇付方式的种类

在国际贸易活动中,常见的汇付方式有电汇、信汇和票汇三种形式。

(一)电汇

电汇(telegraphic transfer,简称 T/T)是汇出行应汇款人的申请,用加押电报、电传或者 SWIFT 形式指示汇入行(国外联行或代理行)付款给指定收款人的一种汇款方式。

电汇时,汇出行根据汇款申请书的内容,向汇入行自动拍发加押电报或电传。电报或电传的主要内容包括:① 收款人的姓名、地址或开户行名称、地址。② 货币名称和金额。③ 汇款人的名称和地址。④ 附言。⑤ 头寸拨付的方法。⑥ 汇出行的密押。⑦ 发电日期及汇款编号。

电汇时,汇款人填写汇款申请书,注明电汇类别,交款付汇给汇出行,取得电汇回执。汇出行根据汇款人申请书填写的内容提要,拍发加押电报或以 SWIFT 形式通知汇入行委托解付。汇入行收到电报、电传后,首先要核对密押,密押无误,要加盖经办人的"押符"图章,SWIFT 应使用 MT110 格式。然后还要注意发电行的名称、地址、发电日期和付款指示是

否清楚；收款人的姓名和地址是否明确；币种和金额有无不符等,以上内容如没有问题,就将电文输入电脑终端机,打印汇入汇款通知书,通知收款人收款。在实际业务中,由于银行与客户联系较多,一般以电话通知后,客户应携带证明身份的文件及图章,到指定银行取款。如果汇入货币是付款地货币,汇入行按汇入金额交付收款人；如果是第三国货币或汇出地货币,汇入行按当时该种货币和电汇买入价折算成付款地货币,支付给收款人。最后,汇入行将付讫借记通知书寄给汇出行,以使双方债权、债务得以结算。电汇方式具有以下特点：

(1) 汇款迅速。在银行业务中,电汇的优先级较高,一般都是当天处理。汇出行当天发出委托指示,汇入行在当天或第二天通常就能收到,这样整个汇款业务的完成一般只需要2~3 天时间,资金途中占用的时间很短,有利于提高资金的利用效率,电汇是汇款中最快捷的一种方式,也是目前普遍使用的一种汇款方式。

(2) 安全可靠。电汇大多数是银行之间的直接通讯,减少了中间环节,使得产生差错的可能性大大减少,因此电汇方式的安全性较高。

(3) 费用高。由于电汇使用的通讯工具是电报和电传,其成本相对较高,但目前随着SWIFT 系统的普及,费用大幅度降低,同时安全系数更高。

电汇的业务流程如图 3-2 所示。

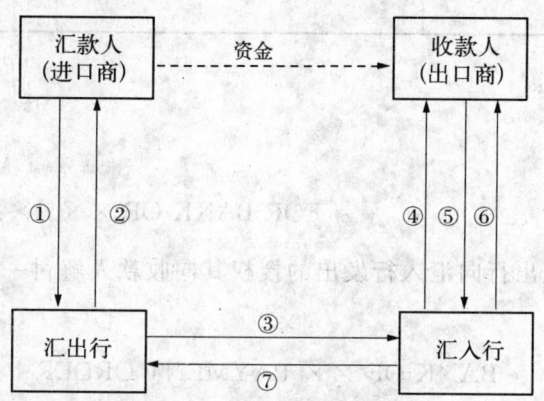

图示说明：
① 进口商向汇出行申请电汇汇款,交款付费。
② 汇出行接受汇款申请,并向进口商签发回执。
③ 汇出行向汇入行发送加押电报,指示其向出口商解付金额。
④ 汇入行通知出口商取款。
⑤ 出口商取款并向汇入行签署收据。
⑥ 汇入行向出口商解付金额。
⑦ 汇入行通知汇出行付讫。

图 3-2　电汇流程图

(二) 信汇

信汇(mail transfer,简称 M/T)是汇出行应汇款人的申请,将信汇委托书或支付委托书邮寄给汇入行,授权汇入行付款给指定收款人的一种汇款方式。

汇出行向汇入行发出的付款委托称为信汇委托书或支付委托书。委托书的主要内容有：① 收款人的姓名、地址或开户行的名称、地址、账号和户名；② 币种及金额；③ 汇款人的名称和地址;④ 汇款人附言;⑤ 汇入行名称、地址;⑥ 头寸调拨的方法及起息日;⑦ 编号、汇出日期;⑧ 汇出行签字。

信汇委托书一般套打,一式多联,包括正副收条、通知书、传票等。

在处理程序上,信汇与电汇基本相同,不同的是汇出行不是用电报而是以航邮方式邮寄信汇委托书(M/T)或支付委托书(P.O.)给汇入行,委托书上不需要加密押,而是加有权签字人的签字。汇入行凭借汇出行印鉴以核对签字,准确无误后,即行解付。

信汇委托书是汇出行向汇入行发出的委托其向收款人解付一定金额的书面通知。其格式如下:

BANK OF ×× , ××BRANCH

Date:

×× (Address):

Please advice and effect the following
payment less your change if any. In cover,
we have credited your A/C with us

NO. of Mail Transfer	To be paid to	Amount

Amount in Words:

By order of

Message
FOR BANK OF ×× , ××BRANCH

支付授权书也是汇出行向汇入行发出的授权其向收款人解付一定金额的书面通知。其格式如下:

BANK OF ×× PAYMENT ORDER
×× Address

TO

No. of payment order	To be paid or credited to	Amount

Amount in words:

By order of

You are authorized to debit our account with your remarks

We have credited your A/C with us.

FOR BANK OF ×× , ××BRANCH

信汇具有汇款在途时间长、银行可短期占用资金、汇费较低的特点。由于信汇方式费时费力,同时由于电讯业务飞速发展,目前许多国家已不再使用和接受信汇。我国除特殊情况外,一般对外也较少使用。

 知识拓展

> 信汇的地位在下降,但信汇方式仍具有一定的作用,对于汇款金额不大,速度要求不高并有直接账户关系的汇款,可以考虑使用信汇方式。

信汇的业务流程如图 3-3 所示。

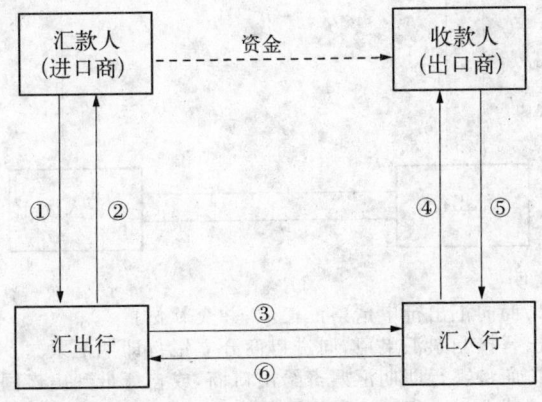

图示说明:
① 进口商向汇出行申请信汇汇款,并交款付费。
② 汇出行接受汇款申请,并签发信汇回执。
③ 汇出行向汇入行邮寄信汇委托书(M/T 或 P.O.)。
④ 汇入行通知出口商取款。
⑤ 出口商取款并向汇入行签署收据。
⑥ 汇入行通知汇出行付讫。

图 3-3　信汇流程图

(三) 票汇

票汇(remittance by a banker's demand draft,简称 D/D)是汇出行应汇款申请人的申请,开出一张有指定解付行的汇票给汇款人,这种以银行即期汇票作为汇款工具的支付方式称为票汇。

使用票汇时,汇款人要在汇款申请书上标明"票汇"字样,交款付费给汇出行,汇出行开立银行即期汇票交给汇款人,由汇款人自行邮寄汇票给收款人或自带汇票到收款地,同时汇出行将票根邮寄给汇入行。汇入行收到票根及收款人持票前来兑现时,应注意检查以下几点:① 票根与汇票上的内容是否相符;② 汇票上的签章与汇出行给汇入行的印鉴是否相符;③ 汇票是否涂改或损坏;④ 汇票是否未经止付;⑤ 是否在合理时间内提示;⑥ 背书是否具有连续性、准确性。以上各点无误,即可兑付。

票汇结算方式有很大的灵活性,只要抬头允许,汇款人可以将汇票带到国外亲自去取

款,也可由汇款人将汇票寄给国外收款人取款。票汇中使用的汇票只要国外银行能核对汇票上签字的真实性,即可被买入,不必像信汇、电汇那样,只能从汇入行取款。

票汇与电汇、信汇的不同在于:票汇的汇入行无须通知收款人前来取款,由收款人自行持票上门取款。票汇的收款人可以通过背书的方式转让汇票。此类银行汇票经收款人背书后,可以在市场上流通。如果汇款在到达解付行手中前,已经过多次转让,那么银行利用汇款资金的时间也较长,因此,票汇为银行提供了更多的利润。

票汇的业务流程如图 3-4 所示。

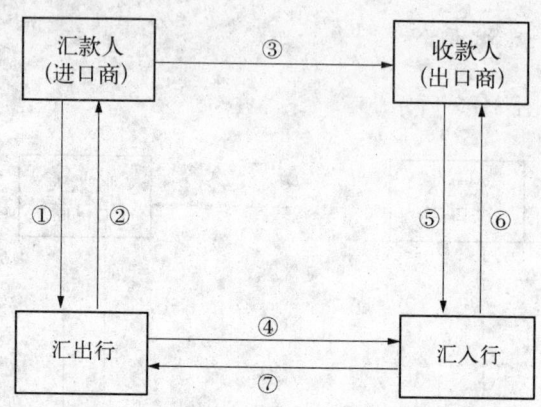

图示说明:
① 进口商向汇出行申请票汇汇款,并交款付费。
② 汇出行接受票汇申请,向进口商开立银行即期汇票。
③ 进口商将银行即期汇票寄给出口商,或自行带到出口国。
④ 汇出行向汇入行发出汇票通知书。
⑤ 出口商自行向汇入行提示汇票要求付款。
⑥ 汇入行核对汇票并向出口商付款。
⑦ 汇入行通知汇出行票款付讫。

图 3-4 票汇流程图

下面通过表格的形式将三种不同的汇款方式加以比较(见表 3-1)。①

表 3-1   三种不同汇款方式比较

方式	利	弊
电汇 (T/T)	① 安全可靠,汇款人可充分利用资金,减少利息损失。 ② 速度快。电汇方式是三种方式中速度最快的一种。	汇款人要多付电报费用和手续费,因此成本较高。
信汇 (M/T)	费用较低。	速度慢,有可能在邮寄中丢失或延误。
票汇 (D/D)	① 背书后可流通转让。 ② 取款灵活,任何一家汇出行的代理行都可付汇票。 ③ 手续简便。	① 速度慢。 ② 可能发生汇票纠纷。

① 贺瑛.国际结算[M].上海:复旦大学出版社,2006:83.

五、汇付头寸的调拨

汇付头寸的调拨(reimbursement of remittance cover),即汇款的偿付,俗称拨头寸。是指汇出行因汇入行代其解付汇款而予以偿还款项的行为。

汇出行如何向汇入行偿还款项,要取决于汇款使用的货币和双方账户的设立情况,具体有两种类型:账户行直接入账型和"碰头行"型。

1. 账户行直接入账型

汇出行与汇入行之间建立往来账户,可直接通过账户偿付,即借记往账或贷记来账。

(1)汇出汇款使用的货币是汇出国的货币,而汇入行在汇出行设有账户。汇出行在委托汇入行解付汇款时,在信汇委托书中明确指出:"In cover, we have credited your a/c with us"并以贷记报单通知汇入行。汇入行接到偿付指示,确认汇款头寸已拨入自己账户,即可使用已拨妥的头寸将汇款解付给收款人。

账户行直接入账型(汇出国货币)偿付如图3-5所示。

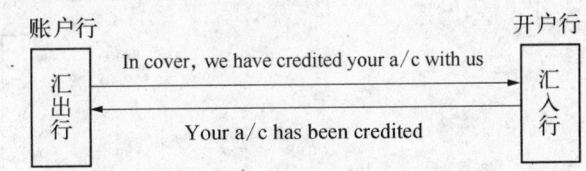

图3-5 直接入账型偿付(汇出国货币)

(2)汇出汇款使用的货币是汇入地的货币,而汇出行在汇入行设有账户时,汇出行可以要求汇入行在解付汇款后,借记汇出行账户。在这种情况下,汇出行在汇款委托中要标明"In cover, please debit our a/c with you"。汇入行按汇款委托指示,解付资金给收款人,并借记汇出行账户。同时向汇出行寄出借记报单。

账户行直接入账型(汇入国货币)偿付如图3-6所示。

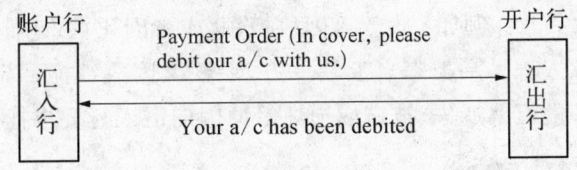

图3-6 直接入账型偿付(汇入国货币)

2. "碰头行"型

(1)通过碰头行拨交头寸。汇出汇款使用的货币如果为汇出地货币或第三国货币,汇入行与汇出行没有互为账户的关系,但是双方有共同的账户行,即"碰头行"(intermediary bank)型,则通过共同账户行偿付,即汇出行在汇款时,主动通知账户行(代理行)将款项拨付汇入行在该行的账户。汇入行接到汇款委托书和贷记报单,即可将款项付给收款人。

通过碰头行偿付如图3-7所示。

---

① 乔飞鸽.国际结算[M].北京:对外经济贸易大学出版社,2005:49-50.

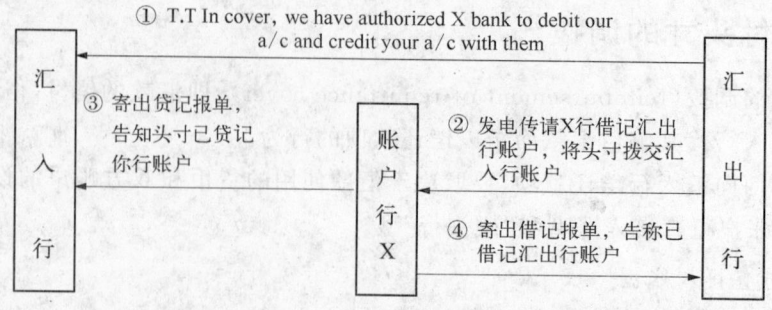

图 3-7　通过"碰头行"型拨交头寸偿付

（2）通过账户行的共同账户行转账。如果汇入行与汇出行之间没有碰头行，就需要通知它的账户行的碰头行来拨交头寸。

通过账户行的共同账户行偿付如图 3-8 所示。

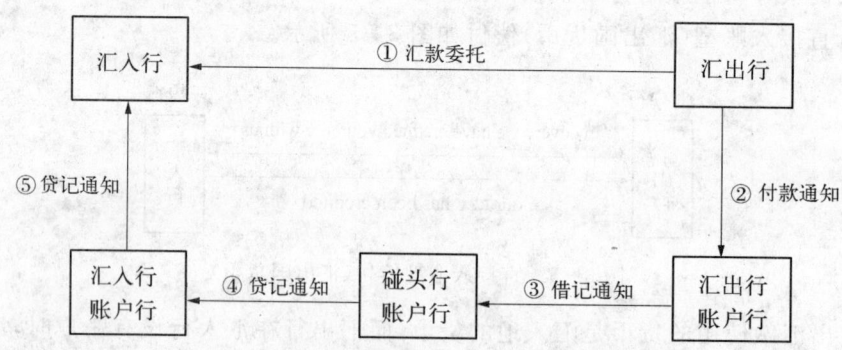

图 3-8　通过账户行的共同账户行转账型偿付

六、退汇的处理

汇付在未解付之前，有可能被撤销而将款项退给汇款人，这就是退汇。退汇的原因可以归为两类：一类来自收款一方。例如：收款人因故拒领，或者因死亡、迁徙，或因公司倒闭等原因使汇行无法通知收款人。另一类来自汇款一方，汇款人因故欲撤回资金等。而汇款一方和收款一方都可能因票汇的汇票遗失、被窃或损坏等原因向汇入行要求挂失止付或重开新票。

1. 电汇和信汇方式下的退汇

如果退汇原因来自收款一方，汇入行可以将 P. O. 退回汇出行，并说明原因，然后由汇入行通知汇款人前来办理退款手续。

如果退款原因来自付款一方，情况较为复杂一些。汇出行应立即通知汇入行停止解付而退汇。倘若汇入行在接到通汇通知前尚未解付，便会立即止付，此时收款人无权要求汇入行解付，只能同汇款人交涉要求付款。倘若汇入行在接到退汇通知前已经解付，银行不负其他责任，汇入行无须也不能向收款人追索，汇款人只能同收款人交涉要求退款。

2. 票汇方式下的退汇

不论退汇原因来自何方，只要申请退汇人能交出汇票，问题就简单多了。例如退汇原因

来自收款一方,收款人只需将汇票寄还汇款人,由汇款人自己去汇出行办理退汇手续。又如汇款人在未将汇票寄交收款人之前欲撤回资金,则将汇票交还汇出行注销汇付即可。

如果申请退汇人无法交出汇票,汇出行可能拒绝退汇。因为汇出行是汇票的出票人,如果票据仍在市场上流通转让,汇出行对任何合法的善意持票人无条件担负保证付款责任,所以不能退汇。若因汇票丢失、被窃或毁损等原因导致汇票丧失,汇款人可向汇出行申请挂失止付。根据我国《银行结算办法》的规定,如果汇票在银行受理挂失前被冒领,银行概不负责。遗失的汇票在付款期满后1个月,确未被冒领,可以办理退款手续。挂失止付是我国特有的补救性制度。国外关于票据丧失的救济办法大体有三种：英国等国的法律规定,失票人应提供担保,要求出票人给予复本或交付新票。法国等国的法律规定,失票人应提供担保,请求法院作出命令止付或返还的裁决。德国、日本、瑞士等国的法律规定,失票人应作出止付通知,并请求法院作出公示催告和除权判决,即请求法院以公告的方式通知不明的利害关系人限期申报权利,逾期未申报者,则权利失效,法院通过除权判决宣告所丧失的票据无效。所以有些银行对不能交还汇票情形下的申请退汇,要求申请人向银行出具担保书并作出公示催告。

知识拓展

各国法律对票汇方式下退汇的规定不太一样,有的规定甚至差别很大,应注意入乡随俗,尽可能地减少风险。

第二节　汇付方式的运用及其风险防范

一、汇付方式在国际贸易中的运用

(一) 预付货款

预付货款(payment in advance)又称先结后出,是指进口商先将部分或全部货款汇至出口商,出口商收到货款后再行发货。随订单付现(cash with order,简称 C. W. O.)就是其中的一种典型的方式,买方在发出订单时,或在买卖双方订立合同后即将部分或全部货款用汇付方式付至对方。

预付货款对出口商是最有利的,他可以收款后再发货,从而掌握主动权,甚至收款后再购货发运,从而做一笔无本生意。而进口商则有钱货两空的风险,或资金长期被他人占有而损失利息。当然,为了降低风险,进口商也会采取相应的措施,如要求出口商提供银行保函等确保出口商按合同规定交货。预付货款是建立在买卖双方签订的贸易合同的基础上的,一般在下列情况下经常使用这种方式：

(1) 对于紧俏的买方急需的商品,进口商为了买卖成交,或不得不答应对方要求而预付货款,或作为竞争性手段,主动以此为优惠条件吸引对方成交。

（2）出口商是跨国公司的子公司、母公司或分公司，或出口商是信誉极好，极为可靠的大公司、大企业，或进出口双方是长期合作伙伴，关系十分密切，互相信赖。

（3）进口商信誉不佳，或出口商对进口商的资信不了解，为了避免承担风险，须先付款再发货，以此为条件，如果进口商不履行合同，出口商即可没收预付款。

（4）出口商资金匮乏，要先收货款才能购买原材料组织生产或购买商品转卖给进口商。

（5）在成套设备、大型机械、大型运输工具如飞机、轮船等，或者在工程承包交易中，或者在专为进口商生产和特定商品交易中，出口商往往要求预付一定比例的预付款项作为定金，可采用分期付款的方式，定金和分期支付的款项采用汇付。

（二）货到付款

货到付款（payment after arrival of the goods）又称先出后结，是出口商先发货，待进口商收到货物后，立即或在一定时间内将货款汇交给出口商的一种汇付结算方式。这种方式实际属于赊销（open account transaction，简称 O. A.）或延期付款（deferred payment）性质。

货到付款方式对出口商是不利的。原因在于：一是出口商先发出货物，他要承担进口商收货后不履约付款的风险；二是货款往往不能及时收回，出口商的资金被人占用，造成一定的损失。

货到付款的方式对进口商是有利的。原因在于：一是进口商不用承担资金风险，依货付款，货物如不符合要求就可以不付款，在整个交易中处于主动地位；二是进口商如迟付货款，实际上是占用了出口商的资金。货到付款在国际贸易结算中有两种形式：售定和寄售。

（1）售定。售定是我国对港澳地区出口贸易的一种特定的结算方式。作为出口方的我方，在货物装运出口后，将货运单据不通过银行，直接递交进口商。进口商收到货运单据时或其后一定时期内，按售定的价格将货款通过银行汇付我方。这种方式实际上是延付货款，对进口商有利，对出口商来说不仅资金被搁置，而且承担对方收到货物而不付款的风险。使用售定方式通常有下列情况：① 快销商品，如鲜活商品，使提货方便快捷；② 一般性日用消费品，使手续简化或节省费用；③ 出口商对进口商的诚信有怀疑。

（2）寄售。寄售又称委托交易，是指出口方先将货物运到国外，委托国外商人按照事先规定的条件代为出售的方式。国外商人作为出口方在当地的代理人或经纪人，有关价格涨落、售货盈亏等风险均由出口方自负。这种方式对出口方不利，主要是收汇不安全。寄售项目的货款能否收到，取决于代销人的经营能力、作风和资信。同时，选择代销人不当，或出现事先预料不到的情况，有可能出现钱货两空的风险。另外资金周期长、费用高，也是寄售业务的缺点。卖方办理寄售业务的主要目的是：① 为新产品在国际市场上开拓销路。进口商对新产品经营没有把握，要见到现货，经消费者使用，视销售情况而订购；② 开辟新市场，发挥广告宣传作用；③ 剩余现货，数量过少，或品质不佳、价格不稳定，代理人不愿意承购；④ 参加国外商品交易会、博览会或展示会后展品的处理等。

从上述可知，适用寄售方式的出口商品范围不广，销售价格事先也无法确定，因此，虽然寄售货物的装运单据可以由委托人在发货后，通过当地银行送交受托人，但目前一般的做法都是自行直接寄给受托人，受托人在货物出售后，将货款汇交受托人。

在我国出口寄售业务中，一般只在代销人的资信确实可靠的前提下，对某些特定商品以及新产品，或比较滞销的产品使用。

> 　　我国进口寄售业务中，目前经营外国寄售的商品有烟、酒、饮料、化妆品、药品以及其他有关旅游用品。经营这些寄售商品，对增加国家外汇收入，支持旅游事业的发展，学习和引进外国的包装、技术、设备等方面，具有一定的作用。

二、汇付方式的风险与防范

（一）汇付方式的特点

汇付方式是以银行为中间媒介来结算进出口双方的债权和债务关系。客户采用汇付方式，就是委托银行汇款，通过在银行账户之间存款余额的划拨从而转移资金。汇付可以作为结算方式单独使用，也可以与其他方式结合使用。即使在使用其他结算方式时，资金的实质性划拨最终也是以汇款方式完成的，所以汇付是基本的结算方式。

汇付是建立在商业信用的基础上的结算方式。银行在汇付的全过程中承担收付委托款项的责任，并因此获得汇付费用。但一般银行并不介入进出口双方的买卖合同，对合同规定交易双方的责任、义务的履行不提供任何担保，甚至不代办货运单据的移交，而由出口人自行转交给进口人。因此汇付属于商业信用，它取决于交易一方对另一方的信用，或卖方信用，或买方信用，因而买卖双方必有一方承担着较大的风险。

在汇付结算中，买卖双方的资金负担是不平衡的，或者进口商在未收到货之前首先付款，这样出口商完全可以占用进口商的资金备货和运货；或者进口商在收到货物甚至卖出之后才支付货款，这样进口商完全可以做一笔无本生意。所以，在国际货物贸易中使用汇付方式时买卖双方资金负担悬殊。

但汇付结算具有手续简单、费用低的优点。因此在相互信任的进出口双方、长期的贸易伙伴之间的交易中经常使用这一方式。随着公司内贸易的不断增加，汇付方式在近些年来的使用越来越多。另外，在支付小额交易的货款、分期付款、定金、佣金、运费、保险费、样品费等贸易从属费用时常使用此方式。在非贸易结算的支付中，汇付方式也是很常见的。

（二）汇付的风险防范

从贸易方的角度来看，如果贸易双方互相缺乏足够的信任，对对方的资信不够满意，采取汇付方式的风险是很大的。因此，企业对汇付的风险防范首先在于加强信用风险管理。同时，为了保障其权益，减少风险，可以在买卖合同中规定保障条款，以获得银行信用担保或第三方的商业信用加入。例如，在买卖合同中可约定卖方收取货款时，必须提供银行保函，由银行担保卖方如期履行交货义务，保证提供全套装运单据等。

从银行的角度来看，国际间资金偿付作为银行的基本业务在整个业务流程中环节较多，涉及面广，加强风险防范与控制，是一项非常重要的基础工作。银行收到付款指示时，由计

算机系统自动识别与控制,对指示行所有的付款指示在确认已收妥相应的头寸后方予以解付,以避免头寸风险的发生。对于经常发生头寸风险问题的国外银行,应格外注意。当退汇发生时,银行要注意按国际惯例办事,防范头寸风险。

本章小结

汇付是一种传统的结算方式,由于科技的迅速发展,新的结算方式不断出现,但汇付方式仍具有一定的市场。在本章学习中,注意掌握汇付的规则,如汇付当事人的关系、汇付的方式及退汇的处理等;同时还应注意学习汇付方式的应用及汇付中的风险及防范措施。

拓展阅读

1. http://www.import.net.cn/

此为中国进口网,内容丰富、翔实,包括进出口实务、进出口管理、国际贸易信息、相关数据、各种贸易方式介绍等,不失为一个较好的外贸方面的网站。

2. http://www.pinggu.org/bbs/index.asp

此为人大经济论坛网,内容丰富,涉及经济、国际贸易、国际贸易实务、国际结算等方面内容,数据更新快,点击率高,是经贸专业人士必看的一个网站。

思考与练习

1. 什么是汇付结算方式?汇付方式的当事人有哪些?
2. 什么是顺汇和逆汇?
3. 用图示说明电汇和票汇的异同。
4. 什么是退汇?
5. 请分析货到付款与预付货款对进出口商的影响。
6. 汇付头寸的调拨方式有哪几种?

案例分析

我方 A 公司代表在美国的一次展销会上,与美国 B 公司签订了一批价值 80 多万美元的出口五金工具的合同。其中规定分批装运,每批的出口商品数量与规格以订单为准。货款的支付方式为买方下订单时先 T/T 预付总额的 30%,其余的采用 D/A 90 天付款。A 公司专门对 B 公司进行考察,经过调查,认为 B 公司是一家资信较好的大公司,可以接受上述支付方式。为降低风险,A 公司向保险公司投保,经保险公司审批后,批准保险金额为 3 万美元。不久,B 公司发来第一份订单,价值 14 000 美元,并且已 T/T 方式汇出了 30% 的订金。

接着 A 公司又收到 B 公司传真发来的银行汇款单,但单上的银行印鉴模糊不清,而且迟迟不能收到 B 公司的 T/T 订货款,B 公司的答复是款确实已汇出,可能是中美双方银行间沟通不畅的问题。拖了 1 个月,A 公司终于收到第一笔订单的订货款,接着 A 公司发货。

紧接着 B 公司又连续发出了该合同项下的六七个订单,并告知全部订单的预付金已分单分批汇出,接着传真发来六七份银行汇款单,和第一次一样,银行印鉴模糊不清。随后 B 公司来电称商品销路非常好,希望尽快交货,以免错过商机。这时,A 公司放松了警惕,忽视了这种支付方式的收汇风险,连续出运了 40 多万美元的货时,才发现 B 公司没有按时支付。此时,A 公司停止发货,并去电要求对方支付货款。

B 公司却以各种理由要求延期支付,并要求继续发货。双方僵持了半年,经 A 公司到美国调查得知该公司已濒临破产,货款无法收回,除去保险公司的赔偿,A 公司在这次贸易中的直接损失为 30 多万美元。

分析:国际贸易中以汇付方式结算时,买卖双方基于一方对另一方的信任,属于商业信用的范畴。不管采用货到付款方式,还是预付货款方式,提供信用的一方将面临较大的风险。因此,大宗交易通过汇付方式结算时应特别小心谨慎,以免上当受骗。

本案中,B 公司一开始就设下圈套,利用所谓汇款方式来欺骗 A 公司:首先,利用少量的订金取得 A 公司的信任,以达到骗取大批商品的目的。作为 A 公司,凭对方寄来的印鉴模糊的银行汇款单就应提高警惕,更不应该出运超过保险金额的货物,最终给自己带来巨大的损失。从本案例中我们应吸取以下教训:

(1) 在结算方式的选择上,对于大额的交易一般不采用汇付的方式。

(2) 如果必须采用 T/T 结算方式支付,我方可以考虑在签订合同后,让客户先支付一部分货款,然后再出运货物。出运后,我方先将单据传真给对方,待客户将剩余款项汇来后,再将正本单据寄给对方。

(3) 货物出运前办理客户信用保险,并且在保险公司批准的额度内出运货物。本案中,我方虽然投保,但保险额度远小于货物的金额,以至于货款不能回收的情况下只能从保险公司获得有限的赔偿。

(4) 在汇款渠道的选择上,尽量要求外商选择我国在当地的银行作为汇出行,若当地没有我方银行,可通过我国国内银行选择其代理行作为汇出行,加快收款速度,减少收款风险。

第四章　国际贸易结算方式(二)：托收

 **学习目标**

通过本章的学习,掌握托收的概念和性质以及托收的当事人及其各自的责任与义务,了解光票托收的业务程序及其优缺点,熟悉跟单托收的种类、业务程序及其使用,掌握跟单托收的风险及防范措施,熟悉并掌握 URC522 的主要内容。

托收是国际贸易结算中较为普遍采用的一种方式,在发达国家或地区间的贸易中,很大一部分的货款都是采用托收方式来结算的。在我国的对外贸易中,采用托收方式结算货款的比例也呈现出增加的趋势。因此,无论是银行工作人员还是进出口商都必须掌握托收结算知识,以适应国际贸易和国际结算发展的需要。

第一节　托收方式概述

一、托收的定义

托收(collection)是委托收款的简称。概括贸易合同规定,卖方在装货后为了向国外买方收取货款,按发票货值开出发票,或随发票及其他货运单据,委托当地银行向买方所在地的有关银行要求买方按期按额付款,这种行为称为托收。托收也是指债权人(出口商)为向债务人(进口商)收取款项,出具债权凭证委托银行代为收款的一种结算方式。从定义中可以看出,银行在托收时,只是出口商的代理人。在贸易上常用的是跟单托收。出口商将作为货权凭证的商业单据与汇票一起通过银行向进口商提示,进口商一般只有在付款后才能取得货权凭证,使交易银货两清。

二、托收的当事人

采用托收方式结算时,出口商按贸易合同要求发货,备齐单据后立即开立汇票,委托一家出口地银行将汇票与单据向进口商提示请求付款。出口地银行接受委托后,再委托一家进口地银行向进口商交单。进口商付款后,进口地银行就将货款汇给出口地银行,出口地银行收款后,再付给出口商。在托收方式中,票据或单据是从出口地开向进口地,资金是从进口地流向出口地,方向相反,属于逆汇。

托收结算方式的业务流程如图 4-1 所示。

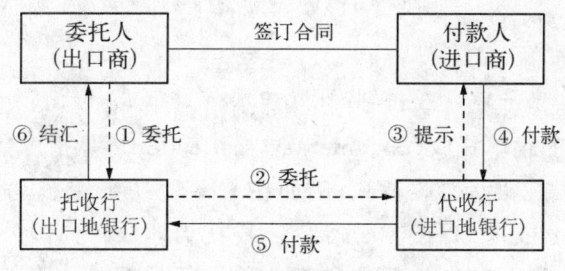

图4-1　托收结算方式流程图

托收方式中的主要当事人有以下四个：

(1) 委托人(principal)，即开出汇票委托银行办理托收业务的出口商，也称出票人；

(2) 托收行(remitting bank)，即接受出口商委托的银行，通常是出口商在其所在地开立账户的银行；

(3) 代收行(collecting bank)，即接受托收行委托向进口商收款的银行，可以是参与托收业务的除托收行外的任何银行，通常是托收行在进口商所在地的代理行，或进口商的往来银行；

(4) 付款人(payer)，即进口商，是合同中的买方、债务人。

托收方式中除了上述四个基本当事人之外，有时也可能出现如下几个其他当事人。

一是提示行(presenting bank)，即向付款人提示提交单据的银行，也称交单行。一般情况下是由代收行充当，但是如果代收行与付款人无账户往来关系，但与付款人的往来银行有账户关系，代收行可以主动或根据付款人的请求，委托与代收行有账户关系的付款人的往来银行充当提示行。

二是"需要时的代理"(principal's representative in case of need)。如果付款人对代收行提示的汇票拒付，当货物到达目的港后就可能因无人照料而受损，为避免此种事情发生，出口商可以在付款地事先指定一个代理人，一旦发生拒付事件，由代理人代为料理货物存仓、投保、运回或转售等事宜。这一代理人称为"需要时的代理"。

三、托收的类型

(一) 光票托收

光票托收(clean collection)是指仅凭汇票而不附带有商业单据(commercial documents)的托收。光票托收又称为资金单据托收、金融单据托收或非货运单据托收。光票托收没有单据，不直接涉及货物的转移或处理，银行只须根据票据收款即可，业务处理比较简单。

由于光票托收对出口商风险很大，出口商只有在确信进口商能遵守买卖合同和及时付款的条件下才能这样做，所以我国对外贸易一般不提倡在收取贸易货款中采取这种方式。

 **知识拓展**

　　我国国际贸易实务中的光票托收一般只用于收取出口货款的尾数、样品费、佣金及其他小额费用、进口索赔款及非贸易等项目的收款。光票托收比较方便、快捷、费用较低，可以十分便捷收妥来自世界各地的款项，大大缩短收款时间。

（二）跟单托收

1. 根据是否附有金融单据，跟单托收可分为两种类型

（1）附有金融单据的跟单托收（documentary collection），是指出口商开立附有各种商业单据的汇票交给银行，委托银行代收货款，例如在 CIF 贸易条件下，卖方于发运货物后向买方开立汇票并随附已装船提单、保险单、发票等，委托当地银行向国外买方代收款项即属于此类。这种跟单托收是凭汇票付款，其他的商业单据都是汇票的附件，起支持汇票的作用。它与光票托收的区别是前者必须附有代表物权凭证的运输单据，后者则没有。

（2）不附有金融单据的跟单托收，即托收单据中仅有发票、运输单据、保险单等，而不附有汇票等金融单据。

2. 根据银行交单的条件不同，跟单托收可分为付款交单和承兑交单两种[①]

一般贸易货款的托收都是跟单托收，之所以跟单，就是为了要把作为货权的商业单据与货款作当面交易。跟单托收中银行在处理单据的问题上要审慎，这是关系到贸易双方权益的问题。根据交付单据的条件不同，跟单托收可分为付款交单和承兑交单两种。

1）付款交单（documents against payment，简称 D/P）。

付款交单是指代收行以进口商的付款为条件向进口商交单。办理此类托收时，委托人（出口商）必须在托收申请书中指示托收行，只有在进口商付清货款的条件下，才能向其交单。采用付款交单委托时，要在委托的汇票上注明"D/P"字样。付款交单根据付款时间不同又可分为即期付款交单和远期付款交单。

（1）即期付款交单（D/P at sight）是指当代收行向进口商提示汇票和单据时，进口商立即付款，代收行在收到货款后将单据交给进口商的托收方式。在没有汇票的情况下，发票金额即是托收金额或付款金额，即期付款交单简称 D/P 即期。采用这种托收方式，原则上是第一次提示单据时就要付款。按照国际惯例，给进口商赎单的时间为 24 小时，以便进口商能在第一次提示单据后的下一个工作日内办理付款。即期付款交单的业务流程如图 4-2 所示。

（2）远期付款交单（D/P at ... days after sight）是指出口商开具远期汇票，附带单据通过托收行一并寄代收行，代收行收到单据后，立即向进口商提示远期汇票和单据，进口商随即予以签字承兑，代收行收回汇票和单据，待汇票到期时再向进口商提示，要求付款，代收行在收到款后将单据交给进口商。

与即期付款交单相比，远期付款交单具有以下特点：

第一，出口商开具的是远期汇票。即期付款交单中，出口商开具的是即期汇票，也可以不开汇票。远期付款交单中，出口商开具的是远期汇票，并且必须开立汇票。采用远期付款交单的目的是给进口商一段时间筹集资金。

第二，进口商应先予承兑。在代收行提交远期汇票和单据时，进口商先予以承兑，然后汇票和单据由代收行收回，即期付款交单无此环节。

第三，到期付款赎单。在远期汇票到期时，代收行应向进口商作付款提示，进口商应予付款，代收行收到货款后即交单。

---

① 梁琦. 国际结算[M]. 北京：高等教育出版社，2011：100-108.

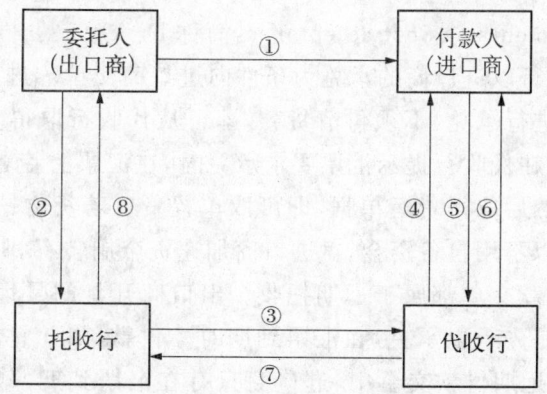

图示说明：

① 买卖双方订立合同,规定采用即期付款交单方式结算。

② 出口商缮制托收申请书,连同货运单据交托收行。

③ 托收行按申请书的要求,缮制托收指示书,连同全套单据寄交代收行。

④ 代收行向进口商提示单据或汇票。

⑤ 进口商验单付款。

⑥ 代收行交单给进口商。

⑦ 代收行通知托收行,款已收妥并贷记银行账户。

⑧ 托收行将货款付给出口商。

图 4-2 即期付款交单流程图

远期付款交单的业务流程如图 4-3 所示。

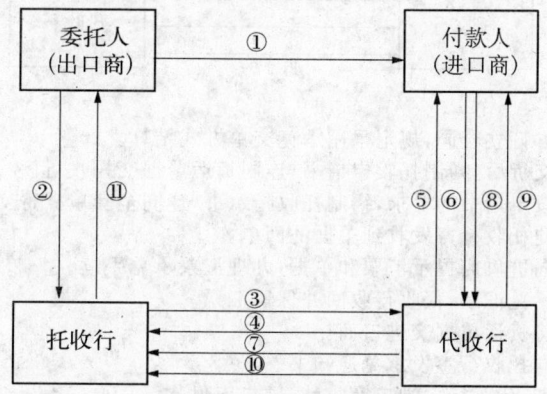

图示说明：

① 买卖双方订立合同,规定采用远期付款交单方式结算。

② 出口商交货后,缮制托收申请书,连同货运单据交托收行。

③ 托收行按申请书的要求,缮制托收指示书,连同全套单据寄交代收行。

④ 代收行向托收行寄发收到单据的回单。

⑤ 代收行向进口商提示汇票和单据。

⑥ 进口商承兑汇票,代收行保留汇票和单据。

⑦ 代收行向托收行签发承兑通知书。

⑧ 汇票到期,进口商向代收行付清货款。

⑨ 代收行将全套货运单据提交进口商。

⑩ 代收行通知托收行货款已收妥,并贷记托收行账户。

⑪ 托收行将货款付给出口商。

图 4-3 远期付款交单流程图

2）承兑交单（documents against acceptance，简称 D/A）。

承兑交单是指代收行以进口商的承兑为条件向进口商交单。进口商以承兑为条件取得单据，只须对远期汇票进行承兑，不须付清货款，即可从代收行取得货运单据。承兑的具体手续是付款人（进口商）在代收行提示汇票要求承兑时，在汇票上签署"承兑"字样，注明承兑日期或加上到期日期，然后取得货运单据，即可取单提货。若货物销售顺利，至汇票到期日货物已售出，进口商可以不用自备资金，对进口商加速资金周转有利。

承兑交单与远期付款交单都属于远期托收。出口商开具的是远期汇票，进口商在见票时并不是马上付款，而是先予以承兑，在汇票到期时才付款，因此它们都属于远期托收。二者不同的是交单条件：远期付款交单中，进口商只有在汇票到期并支付货款后才能得到单据；承兑交单中，进口商只要承兑后便可得到单据，此时汇票并未到期，进口商也未付款。

承兑交单的业务流程如图 4-4 所示。

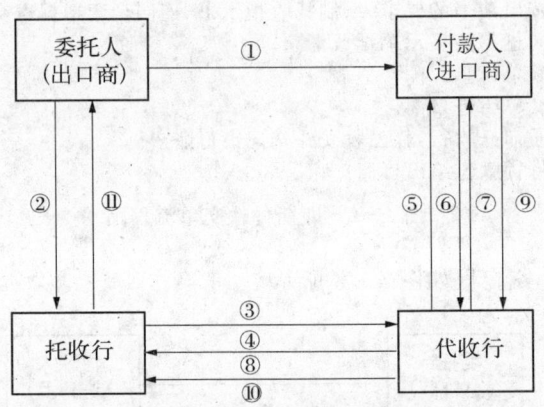

图示说明：
① 买卖双方订立合同，规定采用承兑交单方式结算。
② 出口商交货后，缮制托收申请书，连同货运单据交托收行。
③ 托收行按申请书的要求，缮制托收指示书，连同全套单据寄交代收行。
④ 代收行向托收行寄发收到单据的回单。
⑤ 代收行向进口商提示汇票和单据，办理汇票承兑手续。
⑥ 进口商承兑汇票，代收行收回并保留汇票。
⑦ 代收行将货运单据交进口商。
⑧ 代收行向托收行签发承兑通知书。
⑨ 汇票到期，代收行向进口商收款，进口商付款。
⑩ 代收行通知托收行货款已收妥，并贷记托收行账户。
⑪ 托收行将货款付给出口商。

图 4-4　承兑交单流程图

承兑交单对出口商来说风险很大，因为在承兑交单时，尽管进口商对汇票金额承诺一定时期后支付，但毕竟没有付款。对于出口商来说，一旦交出货运单据，他就不能再以物权——货物运输单据来约束进口商付款，若进口商到期拒付，则货、款可能两空。从理论上讲，出口商可凭付款人承兑的远期汇票依法起诉，但是在已承兑的汇票到期被拒付的情况下，往往是付款人实际上已无力偿付。有一些资信不好的进口商存在诈骗行为，承兑后将货物取走，到期却拒不付款，尽管出口商可以对其起诉，但起诉费时费力，费用也高，即使胜诉，

进口商也没有能力偿还货款和诉讼费用。因此,对于这种方式一定要慎用。

四、托收中的法律关系

托收业务中的法律关系有两种：委托代理关系和债权和债务关系。

1.委托代理关系

(1)委托人与托收行之间是委托代理关系。托收行接受委托人的托收申请书后,双方委托与被委托的合同关系即正式成立。如果托收行违反托收申请书载明的委托人的要求和指示,并给委托人造成损失时,委托人有权要求托收行按规定赔偿其损失。

(2)托收行和代收行之间是委托代理关系。代收行的选择有两种方式：一种是由委托书人指定,另一种是由托收行自行选择。代收行在收到托收行的托收指示书经审查无误,给托收行发出回单同意代理收款,那么双方就其具体的托收业务的委托代理关系便正式成立。代收行应按托收指示书载明的要求向付款人收款。但代收行对付款人拒付不承担责任,对于付款承兑签字的真伪及签字人的权限、票据凭证及附属单据在传递过程中发生的遗失或延误所造成的后果不负责任。

知识拓展

托收行按托收申请书的要求在托收业务的办理过程中,因付款人拒付或其他非托收行的原因造成的损失,托收行不负责任。如果是代收行没有按照托收指示书中的指示办理而造成的损失,应由代收行负责。

2.债权和债务关系

委托人与付款人之间是债权和债务关系。作为出口商的委托人与作为进口商的付款人签订了贸易合同,出口商按合同的规定向进口商发运货物,进口商付款,双方构成了货物买卖关系,在这个关系中,出口商是债权人,进口商是债务人。

代收行与付款人之间不存在委托代理关系和契约关系。代收行向付款人收取款项是受委托人的委托,而不是付款人的委托;付款人是否向代收行付款,依据的是它与委托人之间的合同,而不是对代收行的责任和义务。

第二节　跟单托收当事人的责任与义务

在跟单托收中,各当事人有不同的责任和义务,了解这些责任和义务对正确处理托收业务具有特别重要的意义。

一、委托人(出口商)的责任与义务

(一)委托人(出口商)对进口商的责任与义务

签约发货是跟单托收的基础。签约后,委托人的责任是履行与进口商签订的贸易合同。

委托人的责任有两点：一是必须按照合同保质保量并且在规定时间发运货物。二是必须提供与合同要求相符的单据，包括单据在数量上及种类上与合同要求相符。出口商在合同规定的装运期内发货后，成为交易的债权人，他应从承运人那里取得运输单据，并按照合同规定制作其他单据。

（二）委托人（出口商）对托收行的责任与义务

出口商发货后，按合同约定的托收方式填制托收申请书，开立以进口商为付款人的汇票和其他货运单据，委托托收行收取货款。托收申请书是出口商与银行办理托收业务的合同，因此，必须全面、准确地表达委托人的意图和要求。

委托人与托收银行的关系是委托代理关系。委托人在这一程序中的责任是：在托收申请书上详细写明自己的要求，即写明委托的内容以及双方的责任范围。除此以外，还要指示对某些问题的处理办法，如选择哪一家银行为代收行、交单方式、银行费用如何处理、款项收妥后如何通知、拒付时是否做拒绝证书、拒付时货物如何处理等。托收行接受委托人的申请书后，即构成了委托人和托收行之间的合同关系，若发生争议，以托收申请书为依据。

托收申请书的主要内容包括：

（1）交单方式。交单方式有即期付款交单、承兑交单和远期付款交单。交单方式对出口商能否顺利将货款收回有很大的影响，所以要慎重选择。

（2）货款收妥后的汇付方式。代收行收妥款项后往往以汇付方式将货款汇入托收行。因此，若委托人希望尽早结汇，必须在汇款指示书中明确指示以电报划款及以电报通知。如果以 T/T 形式汇付，委托人要自付电报费或电传费。

（3）远期 D/P 是否委托国外代收行代为存仓保险。远期 D/P 往往会出现货已到达目的港，而付款交单日期未到，进口商未能提货的情况。若远期 D/P 的期限较长，委托人可以考虑委托国外代收行在货到后代为存仓、保险。委托人应在托收申请书中列明对这一问题的指示。

（4）银行费用的处理。托收申请书上应表明进口地的银行费用是否向付款人收取，可否放弃。一般情况下，进口商与出口商各自负担本国银行的费用，但也有的付款人不愿意支付，这种情况下代收行只有将自己应收的银行费用从应汇给出口商的货款中扣除，这就等于一切费用由出口商支付。

知识拓展

> 根据银行惯例，只有在申请书中特别规定须由进口商负担的费用不得放弃时，代收行才非要进口商支付这些费用不可。但是，银行对因此产生的付款延期或额外开支不负责任。

（5）若付款人拒绝付款或承兑，是否要作成拒绝证书。在付款人拒绝付款或承兑时，代收行一般仅以航邮或电报通知托收行即可，除非申请书中注明拒付时须做成拒绝证书。拒绝证书是持票人在追索时用于证明拒付事实的文件。在一般托收业务中，不存在代收行被

拒付后向前手追索的问题。因为托收行是出票人的代理人,代收行与托收行也是委托代理关系,没有追索的对象。作成拒绝证书在托收业务中的作用是当进口商拒付时,拒绝证书提供了进口商拒付事实的证明。因此,银行惯例是委托人没有指示的情况下,如遇拒付,银行没有义务去作成拒绝证书。

(6)付款交单拒付时,货物如何处理。在 D/P 条件下,若付款人拒付,则货权证明仍在银行手里,所有权仍属委托人。因此,委托人在填写托收指示书时,须明确指示拒付时的货物处理办法。

二、托收行的责任与义务[①]

托收行在托收业务中完全处于代理人的地位。作为代理人,它必须根据委托人的指示办事。因此,托收银行的主要责任就是严格按照委托人的托收申请书缮制托收指示书(collection order)。每个银行都有自己的格式化的托收指示书,常见的托收指示书格式如下:

BANK OF CHINA   ORIGINAL

COLLECTION ORDER

Office：   Date：

Address：   Our reference number：

TLX：   For all communications

FAX：   Please always quote

Dear sir,

We enclose the following documents for collection

□Documentary collection   □Clean collection

To (collecting bank)	Drawer
Drawee	Amount

Documents	Draft	Commerical invoice	B/L	Airway bills	Insurance policy	P/W list	Quality cert	Origin cert	G. S. P. Form A

Collection instruction are marked with "×" as below:

□ Deliver documents against   □ Payment   □ Acceptance

□ All your banking charges are for account of   □ Drawer   □ drawee

□ Waive banking charges and/or interest if refused by drawee.

□ Do not waive banking charges and/or interest.

---

①　姚新超.国际结算——实务与操作[M].北京：对外经济贸易大学出版社,2006：95－96.

□ Advise us non-payment/non-acceptance and stating reasons by teletransmission.

□ Hold draft(s) and documents pending further instructions from us in case of non-payment/non-acceptance.

□ In case of dishonor, have the goods stored in bond and insured against usual risks when deemed necessary.

□ If payment is delayed collect interest at @ % p. a. for the period of such delay.

□ In case of need，refer to

For BANK OF CHINA
(Authorized Signatures)

托收行接受委托后，首先对托收申请书所载条款是否明确、项目是否齐全、单单之间是否一致、货运单据是否一致等进行审查。根据《URC522》的规定，银行没有审核单据的义务，银行只要将收到的单据与申请书上列明的单据核实相符即可。但在实务中，为了确保托收款能顺利收回，托收行出于善意，也为了提高银行的竞争力，常常主动为出口商审单。托收审单的内容包括：单据是否符合习惯做法和要求，海运提单是否做成空白抬头和空白背书等。海运提单做成空白抬头和空白背书，加列付款人为被通知人，是为了在付款人拒付时对货物的处理有通融的余地，如卖给新的买主、银行代为保管、卖给预备付款人等。如果是记名抬头和记名背书，当最终货物买主或提货人不是原进口商时，提货人不能合法地成为运输单据的收货人或持票人。空运提单的抬头的处理和海运提单类似。

托收行在办理业务时应谨慎从事，凡是应该做的而未做或未做好，银行就有过失，应承担相应责任。例如，托收行收到代收行发来的拒付通知后应立即通知委托人，如果未及时通知委托人并征求其指示，结果使货物未能及时处理而遭受损失，托收行就有过失责任。又如，托收行将单据寄给代收行时寄错地址，属于托收行的过失，但对寄送途中的延误、丢失等所引起的后果不承担责任。

三、代收行的责任与义务

（一）对托收行指示的处理

（1）代收行没有处理托收或执行托收指示或其后相关指示的义务。如代收行由于任何原因，决定不受理所收到的托收或相关指示，必须以电讯方式或其他最快捷的方式通知托收行。如代收行同意代收，应按托收指示办理业务。如果托收指示不明确，代收行应征求托收行的意见，不能擅自处理。若托收指示执行有困难，代收行可以不照办。例如，托收指示书要求代收行在货物到达后代为存仓，假如目的港仓库已满，难以租到仓位，代收行可以不执行这一指示。

（2）代收行仅依照托收指示办事，不从审核单据中获取托收指示，即银行无义务从单据中寻找托收指示。任何单据中都不得载有托收指示，即使载有，银行也不予理会。例如，一笔托收业务的托收指示中未注明要求付款人应付利息，但托收票据的汇票上却载有要求付款人支付有关利息的规定。对此，代收行对汇票上的规定将不予理会，仅凭托收指示行事，不要求付款人支付利息。

（3）除非托收指示中另有授权，银行对来自委托方之外的任何一方的指示将不予理会。

《URC522》明确规定，除非托收指示另有授权，并且代收行也同意照办，否则代收行仅对寄发托收指示的一方负责，没有义务执行其他各方的提示或询问。

（二）对单据的处理

（1）代制单据。有时，托收行指示由代收行或付款人代制托收中未包括的单据。例如，委托人/托收行可能要求凭付款人出具的本票或信托收据交付商业单据。此时，如果委托人/托收行收到该种单据后发现与其要求不符，则可能为时已晚，以至于无法再改正或替换单据，便指示代收行代制。于是《URC522》规定：当托收行指示由代收行或付款人缮制代收中未包括的单据（如汇票、本票、信托收据或其他单据）时，托收行须提供此类单据的式样及用词，否则代收行对由其或付款人自行制作提供的任何此类单据的式样或用词不负责任。

（2）确认所收到的单据与托收指示书所列内容是否一致。如果单据缺少或与托收指示书所列的不一致，应毫不延迟用电讯或其他快捷方式通知托收行。在这方面，没有其他义务。《URC522》第12条规定，银行对单据的有效性免责，即对单据的形式、完整性、准确性、真实性或法律效力、对单据所代表的货物的描述、数量、重量、包装等不负责任。因为银行在托收业务中只是处于代办地位，银行不参加货物交易，不了解货物情况，也不具备货物交易的专门知识，所以对任何单据所代表的货物的准确性等概不负责。

（3）对货物的处理。银行在托收业务中只处理单据，而与货物或买卖合同无关。银行既不是承运代理人，也不是仓库保管员，发货人若将货物直接运交代收行，或以代收行作为指定的收货人，必须事先经代收行同意。如果没有征得代收行的同意，代收行没有提货的义务，货物的风险及责任由发货人承担。对于跟单项下的货物，即使做了托收指示，代收行也无义务采取行动，只有在代收行同意时才会采取行动。如果代收行为了保护货物，不论是否得到指示就采取行动时，对于货物的处境、状况、受托保管及第三者的行动和疏漏不负责任，但代收行必须将所采取的行动立即通知托收行，所代垫的手续费和其他费用由托收委托方承担。

（4）无延迟地付款。代收行必须将收妥的金额按托收行指示无延迟地拨交托收行。

（5）通知代收情况。代收行应按托收指示书中规定的方式向托收行通知代收情况。如无明确的指示，代收行可自行选择通知方式，费用由托收行承担。代收行应无延迟地向托收行寄交承兑/付款通知或拒绝付款/承兑通知。

四、付款人（进口商）的责任和义务

付款人是根据托收指示书由代收行向其提示后付款的进口商。付款人有审查单据以决定接受与否的权利，同时也有按交单方式办理付款或承兑的义务。在具有正当理由的前提下，它有拒绝接受该托收的单据或票据的权利。这种拒付理由必须经得住委托人的抗辩，否则会遭到经济和信誉上的损失。

代收行向付款人提示汇票和代收通知书后，付款人按照交单条件或是付款赎单，或是承兑赎单。承兑或付款后，付款人取得运输单据，凭此向承运人提货。

付款人是贸易合同的买方，他的基本责任是当委托人提交合格的单据时，按合同的规定付款，但由于各种原因，会出现拒付的情况，例如进口商无力支付、货物与合同不符等原因。

拒付包括拒绝付款与拒绝承兑两种情况。进口商在承兑之前可以审查有关单据,如果对单据无异议则应在汇票上写明"承兑"字样,并加注承兑日期和到期日,然后签名盖章。若认为单据不符合要求,则可拒绝承兑,在代收行的要求下,进口商应说明不承兑的理由。[①]

托收指示书中应明确付款人付款或承兑的期限,如果付款人在规定期限内不采取行动,必须说明理由,否则可构成违约。

第三节　托收方式的运用及其风险防范

一、托收方式在国际贸易中的运用

对进口商来说,采用托收方式可在只需要较少资金甚至不需资金的情况下进行交易,比预付货款、开立信用证等方式有利得多。对出口商来说,此种方式则可用于争取买主,争夺市场。所以,近年来在国际贸易中,采用托收方式收取货款的做法有增加的趋势。

（一）售定贸易项下的托收

托收多用于售定贸易项下的货款结算。售定贸易项下的跟单托收与货到付款的不同之处在于,前者是出口商委托银行以进口商付款或承兑汇票为条件,向其交单并代收货款,而后者则是出口商在收妥货款之前已自行将货物或单据交给进口商,进口商收货或收单后再依约汇付货款。

（二）加工装配贸易项下的托收

实务中,在加工装配贸易中常常采用托收方式。加工装配贸易包括来料加工和来件装配两种贸易方式。在加工装配贸易中,加工装配的受托方可以要求对其来料来件的进口采取 D/A 支付方式,而对其制成品的出口采取即期 D/P 支付方式,来料进口或来件装配地与制成品出口地的两家银行互为托收行和代收行,从而利用托收进行结算。在实际操作过程中,制成品出口企业应注意将自己的付款期限安排在对方预定交单期限之后,以便利用其制成品出口货款偿付来料来件进口货款。

（三）寄售贸易项下的托收

寄售贸易项下也可以采用托收方式。在寄售贸易项下,出口商委托银行向进口商交单,并向其分期或一次性代收寄售货物价款。寄售贸易项下的托收与售定贸易项下的托收的不同之处在于,前者可以没有汇票,交单时可由进口商出具信托收据或者保证书;而后者一般必须有汇票,交单时进口商必须支付或承兑汇票。寄售贸易项下的托收支付方式优于货到后付款的支付方式。因为进口商向代收行出具有信托收据或者保证书,代收行负有代为催收货款的义务。

总的来说,托收是一种对进口商较为有利、对出口商不利的支付方式。在托收项下,尽管出口商有了制约对方的单据,但毕竟是在进口商付款前先发货,一旦进口商资信不好,在遭遇如市场行情下跌等情况时,进口商就有可能不履行其付款或承兑义务,有的甚至无理拒

---

① 姚新超. 国际结算——实务与操作[M]. 北京:对外经济贸易大学出版社,2006:99.

付。所以,实务中,出口商采用托收方式结算应注意做好风险防范。

二、托收方式的风险与防范

(一) 托收方式的特点

1. 出口商收款风险较大

跟单托收中出口商面临一定的风险,出口商能否按时收回货款,完全取决于进口商的信用,如果进口商不付款或不承兑或无力支付等,则出口商就收不到货款,或不能按期收回货款。当然进口商也有一定的风险,比如当进口商付款或承兑后,提取的货物可能与单据不符。

存在上述风险的原因是跟单托收的信用基础仍然是商业信用,进出口双方能否取得合同规定的货款或按期收到规定的货物取决于对方的资信。托收中的银行只是一般的代理人,他们对托收过程中遇到的风险、费用和意外事故不承担责任。

与汇付方式相比,托收中进出口双方的安全性有明显的提高。出口商可以通过控制货权单据来控制货物,以交单代表交货,而交单又以进口商付款或承兑为条件,因此,出口商一般不会落得"钱货两空"的损失。对进口商来说只要付了款或进行承兑,就可以得到货权单据,从而得到货物,比预付货款安全。因此,无论是对进口商还是对出口商,跟单托收都比汇付安全。

2. 出口商资金负担较重

托收结算方式中,出口商的资金负担较重,在进口商付款之前,货物的资金占用主要由出口商来承担,进口商基本不负担资金。出口商当然可以通过出口押汇从银行进行资金融通,在一定程度上减轻资金负担的压力。

3. 结算简单、迅速,费用低

尽管托收方式比汇付手续稍多,但与信用证支付方式相比,它结算的手续相对简单,速度也较快,费用也低得多。

(二) 托收方式下的风险

1. 出口商面临的风险

(1) 在 D/P 即期票据提示时,进口方以各种理由如手头资金短缺、市场销路不好,要求降价等为借口,拒付单据。

(2) 卖方将货物发运以后,买方向卖方提出:以前曾有过提供的货物有质量问题,因此,这一次要先提货销售后再付款,如果卖方不同意这样做的话,进口商将拒收本批货物。

(3) 在 D/P 远期或者 D/A 方式下,买方提走货物以后,在单据的付款期限到期后却迟迟不到银行支付货款。

2. 进口商面临的风险

进口商在付款后发现货物与合同不符,甚至还可能遇到伪造单据进行诈骗的情况,这时就会有钱、货两空的危险。

3. 银行面临的风险

银行在提供融资服务时,可能面临进出口商的信用风险。

托收方式是商业信用,商业信用远远低于银行信用。在托收方式中,进出口商都面临风险,但相对而言,出口商面临的风险更大。

(三)托收风险的防范

1. 出口商风险防范措施

(1)了解进口国的相关规定。在国际贸易中,远期付款条件下,承兑交单比较常见,远期付款交单则相对较少。欧洲大陆国家很多银行不办理远期付款交单,拉美和北欧国家的银行则把远期付款交单按承兑交单处理。另外,常出现货到后,货运单据未到,进口商不能提货的现象,这样只好将货物存仓保险。有些国家的海关如中东地区还规定,货进公仓60天内无人提取即可公开拍卖。因此,出口商及托收行在办理远期付款托收时应注意:第一,必须事先对进口商的资信、经营作风有深入、全面的了解,以免上当受骗。第二,应了解出口货物的价格趋势,进口国的外汇管制和贸易管制情况等,以免货到后无法入境或不能收回货款。第三,所交货物应保证与合同规定一致,单单一致,单据与合同一致,以免遭受拒付。第四,在被拒付的情况下,要求做成拒绝证书,以便诉讼有据,并事先找好代理人,防止货物抵港后海关吸取高额仓库租金,甚至被拍卖。第五,了解进口国家的代收行接受远期付款交单托收后,如何处理这种业务,以防止在对进口商资信不了解或进口商资信不好的情况下,代收行按习惯作法将付款交单变为承兑交单。

在托收业务中,各个国家的习惯不同。有的国家把远期付款交单当作承兑交单处理,这应引起我国出口企业的高度警惕,以避免产生纠纷,造成损失。

(2)争取选用 CIF 或 CIP 条件成交。在国际贸易中,跟单托收项下,应争取选用 CIF 或 CIP 条件成交,这对出口商最为有利。在 FOB 或 CFR 条件下,出口商不负责办理保险,若货物在运输途中或进口商提货前受损而进口商因此拒付,出口商将面临货款落空的风险。因为进口商对货物投保,保险单在进口商手中,其对保险公司索赔的款项有处理的主动权,出口商将十分被动,只能依赖进口商的商业信用。因此,为了保障自身的利益,出口商应尽可能争取以 CIF 或 CIP 条件成交,自行办理保险。出口商在货物装船前办理货物保险,装船后到银行办理了托收,不论是付款交单还是承兑交单,在付款人付款或承兑前,仍然拥有货权。若货物在运输途中发生了损失,货物是以 CIF 或 CIP 方式成交的,进口商仍可以通过付款或承兑的方式取走货物单据,然后凭保险单向保险公司索赔。若货物受损,进口商因此拒付,单据仍属于出口商,出口商可以凭保险单向保险公司索赔取得赔款。可见,出口商以 CIF 或 CIP 条件比选用 FOB 或 CFR 条件风险要小。如果不得已必须采用 FOB 或 CFR 条件时,出口商可向保险公司投保“卖方利益险”,尽可能减少风险。

(3)掌握付款到期日。北欧和拉美一些国家的进口商往往要求按照当地习惯把“单到”进口地付款或承兑视为“货到”进口地付款或承兑,以拖延付款时间。有的进口商甚至在买卖合同中就与出口商订有货到后才付款或承兑的条款。有的合同虽然未有此规定,但进口商往往不愿在只见到单据而未见到货物的情况下付款或承兑。货到付款对于进口商来说,一方面,拖延了资金付出的时间;另一方面,付款的风险也小得多,避免托收项下付款后仅收到单据而不见货物的情况发生。因此,货到付款或承兑对进口商有利,对于出口商则是不利的。

出口商为了早日收回货款,可以在买卖双方订立合同时明确规定,托收项下的即期

D/P,买方应在汇票第一次提示时付款。托收银行也可以按出口商的要求,在托收指示书上加注这一见票付款的时间要求。

(4)事先找好代理人。选择跟单托收方式时,当货物发运后,出口商委托银行办理托收,若进口商拒绝付款赎单或拒绝承兑,这时出口商对已失去控制的在途货物或到港货物难以处理。为避免这种风险,出口商可以指定一个在目的地的代理人办理接货、存仓、保险、转售、回运等事项,这个代理人称为"需要时的代理人"。该代理人可以是与出口商关系密切的客户,也可以是代收行。但根据《URC522》规定,该代理人和名称、权限等必须在托收指示书中详细列明。例如,我国出口商在办理跟单托收时,经常在托收指示书中要求代理人："if documents are not duly taken up on arrival of goods, please store goods and insure against fire and/or all available risks"。

(5)投保出口信用保险。通过投保短期出口信用保险,是可以使出口商在采用托收时因进口商无力偿付货款、不按期付款、违约拒收货物、进口国实行外汇管制、进口国发生动乱等所导致的损失而获得的保险人的赔偿。

短期出口信用保险是出口信用保险的一种。在采用托收时,出口商可以向保险人交纳一定的保险费,保险人将赔偿规定范围内的出口商遭受的经济损失。目前,中国出口信用保险公司短期出口信用综合险承保托收项下的商业风险和政治风险。其中,商业风险包括：买方无力偿付债务,买方拒绝收货及付款等。政治风险包括：买方所在国国家通过法律、法令、条例或行政措施等禁止或限制某种可自由兑换的货币支付货款;买方所在国颁布法律、法令禁止买方所购货物的进口;进口方所在国撤销已签发的进口许可证等。

2. 进口商风险防范措施

进口商风险防范的措施包括：第一,必须事先对出口商的资信、经营情况有深入、全面的了解。作为收货方,最怕的就是货物与合同不符,甚至以假单据进行诈骗。第二,对进口货物的销售趋势要进行预测和了解。从订立贸易合同至收到货物这一周期的时间可能会很长,这一期间市场的变化可能很大,如果货价下跌,可能减少进口商的预期利润,甚至亏损。第三,严格审单。单据与合同、单据与单据必须严格一致才能接受单据。第四,选择对自己有利的交单条件和价格条件。

3. 银行风险防范措施

银行应严格按照委托人的托收申请书中的要求办理,不要自作主张,擅自改变委托人的要求,给自己带来不必要的麻烦。另外,应注意托收项下融资的风险。对托收行而言,要对出口商的资信充分了解,才能为其提供融资。对代收行而言,同样要深入了解进口商的资信,而且要注意对货物销售、收款等整个过程的监控,以避免遭受损失。

第四节　托收的国际惯例——《URC522》

一、《托收统一规则》的形成过程

在国际结算中,各国银行在办理托收业务时,银行与委托人之间、托收行与代收行之间,

往往由于当事人对权利、义务、责任的解释不同,或由于各自的传统习惯与做法不同,经常产生误解,从而发生争议和纠纷,甚至引发诉讼。为了避免矛盾,便于国际贸易和结算的发展,必须有一套统一的惯例。因此,国际商会于 1958 年拟就一份 Uniform Rules Collection of Commercial Paper(商业单据托收统一规则),即国际商会第 192 号出版物,它为托收业务的形式和结构、程序和原则以及统一的术语和定义奠定了规范的模式。1967 年,国际商会第 254 号出版物公布了这一规则,该规则在国际上被普遍采用和遵守。

此后,根据国际贸易的新的变化,国际商会于 1978 年对该规则进行修订和补充,并更名为 uniform rules for collection(托收统一规则),即国际商会第 322 号出版物,并于 1979 年正式生效。世界上大多数国家的银行都采用此规则,使之成为国际贸易中的惯例。

国际商会最基本的任务就是对国际贸易各个领域的惯例进行不断的评审,1993 年 3 月,国际商会又一次修订了该规则,国际商会组织国际上的有关专家经过多次商讨,完成了现行版本《托收统一规则》(简称《URC522》),并于 1996 年 1 月 1 日正式生效与实施。

二、《托收统一规则》(《URC522》)内容介绍

《URC522》包括总则、定义、托收的形式和结构、提示方式、义务和责任、付款、利息、手续费用及其他费用和其他规定七个部分,共计二十六条。

(一)《URC522》的适用范围

根据《URC522》第一条第一款的规定,一笔托收业务只有在托收指示书中明确遵循《URC522》时才可适用。否则,不能用该规则来约束各有关当事人或调解其纠纷。按第一条第二款规定,银行并非必定要处理托收及相关事宜,是否处理托收业务是银行的选择,但银行不办理托收业务时必须用电讯或其他快捷方式告知委托人,以保障委托人的利益。

(二)托收的构成

按照《URC522》第四条的规定,一切寄出的单据必须附有托收指示书,注明该托收遵循《URC522》办理,并给予完整明确的指示,银行则必须依托收指示书所给予的指示及本规则办理托收。银行只被允许根据托收指示办理,应毫不延迟地通知发出托收或指示的一方。

(三)提示的构成

《URC522》第五条第一款"提示是指提示行按照托收指示,使付款人可得到该项单据的程序"是指代收行向付款人说明向其托收的单据已到达,要求付款人按托收指示中的条件来付款赎单或承兑赎单的过程,但并不包括将单据交给付款人的过程。当然,付款人有权选择接受或不接受该项托收。第二款对如何规定提示时限及付款人受提示后履行责任的时限提出了要求。第三款强调提示行按原样提示单据,提示行不得任意在单据上增减自己的意见。第四、第五款强调了两点:一是应使用委托人指定的银行为代收行,要求托收行照此办理。二是明确了在委托人没有指定代收行时,托收行可自行选择,但代收行必须在付款人所在国。第六款规定托收行选择的代收行可以是自己另选的一家与付款人有业务关系的银行来提示单据,从而避免代收行与付款人无业务往来关系而无法办理托收。

《URC522》第六条强调的是提示行处理托收提示的时限。该条规定,无论是付款提示还是承兑提示,提示行都必须"毫不延迟"地向付款人提示。但"毫不延迟"是一个不确定的概

念,实务中最好给出确定时间,如托收指示书中规定"收到单据后不晚于两个工作日内向付款人提示"。

《URC522》第七条规定,国际商会不提倡使用 D/P 远期托收,以免有些银行将 D/P 远期按 D/A 方式处理,使付款人承兑汇票后轻易获得货运单据,违背付款交单的初衷,损害委托人的利益。

(四) 银行的责任与义务

银行的责任与义务由第九条至第十五条组成,主要就托收业务中与单据有关的货物或行为、单据的有效性等方面规定了银行应履行的责任及应享有的免责。

《URC522》第九条规定:"银行应以善意与合理的谨慎行事"。这一规定要求银行在处理托收业务和每一个环节中,其行为应该是善意的,并应合理谨慎地办事。

《URC522》第十条明确了单据与货物、服务及其他行为的关系。国际惯例的做法是:银行处理的是单据而不是处理货物或合同,在这方面,银行采取其他任何立场都是困难的,因为他们不是承运人或仓库的保管人。因此,该条规定货物不能发送或托运给银行,除非银行事先同意,这是最基本的原则,若该原则未被遵守,银行对任何后果不承担责任。

根据《URC522》第十一条,被指示方的行为可以享有免责权利,即银行使用其他银行的服务以执行委托人的指示,费用和风险由委托人承担。银行对其所发出的指示未被执行不承担任何责任。

《URC522》第十二条是对相关银行所收单据的责任的规定。第十三条强调银行只依据单据表面状况处理单据本身,而不涉及单据以外的事情。第十四条规定银行对翻译、传递中的延误、遗失等不承担责任。第十五条规定银行对于不可抗力引起的后果概不负责。

(五) 付款

根据《URC522》第十六条规定,代收行收妥款项后,应立即付给托收行,不得延误,更不得占用。同时该条款规定,除非同意,否则在正常情况下,收到的款项仅应支付给托收行。

《URC522》第十七条主要针对买卖双方以买方所在国货币成交,并商定用此货币支付,而该货币又非自由兑换货币时所作的规定。

《URC522》第十八条是针对外汇管制而制定的,即付款人付款时要使用外汇,若外汇管理局没有批准,则代收行无法付外汇。因此,代收行在提示单据时,必须确定能汇出这种货币才可交单。

《URC522》第十九条是对部分付款的情况作出的详细规定。

(六) 利息、手续费和费用

《URC522》在第二十、第二十一条中对托收业务的利息、手续费和相关费用的问题作出了明确的规定。在托收中,利息问题曾出现过许多纠纷。因此,《URC522》对此规定得尽可能明确。依第二十条第一款,若托收指示规定应收取利息,而付款人拒付利息,提示行则可以凭付款或承兑或其他条款交单,而不再收取利息,第三款的情况除外。第三款规定,若托收指示明确规定不得放弃,则代收行在付款人拒付利息时,只能作提示而不能交单,并应将情况立即告知前手,也就是说在利息问题解决前不能向付款人交单。同样,对单据交付延迟所产生的任何后果不承担责任。因此,委托人和托收行应该明白,规定利息不得放弃的指示

可能造成延误及货物风险,其后果将由委托人承担。

关于手续费和有关费用的问题,依《URC522》第二十一条第一款规定,若托收指示中规定这些开支由付款人承担,而付款人拒付时,除第二款的情况外,该开支应由委托人承担,即谁委托谁付费的原则。若托收指示规定手续费和相关费用不得放弃,则第二款规定,在争议得到解决前,代收行不得向付款人交单。此时,代收行不能自作主张放弃收费,只能速告托收行,再依据托收行的指示处理。

(七)其他条款

此部分由《URC522》第二十二条至第二十六条组成,内容主要涉及承兑、票据的真伪性或有效性、拒绝证书、代理及收妥后的解付通知等相关内容。

只有在托收当事人与银行之间先有约定的情况下,《托收统一规则》才适用。托收指示书中必须注明该笔业务按《托收统一规则》办理,并作出完全而且准确的指示。

 本章小结

托收是一种常用的国际贸易结算方式。本章介绍了托收的概念、类型、程序及应用等方面的知识。在学习过程中要理解托收的当事人之间的关系,熟悉光票托收和跟单托收的区别,对托收业务的流程要充分掌握。托收方式方便快捷,但同时应注意对风险的防范,毕竟托收是一种商业信用,信用度远低于银行信用,出口商一定要慎用。

 拓展阅读

1.《Uniform Rules for Collection,Publication,URC522》(国际商会《托收统一规则》)

2. http://www.zuowaimao.com/

此为中国外贸网,内容有外贸常识、海关知识、外贸资料查询等,专业性强,数据更新快,是一个非常实用的网站。

 思考与练习

1. 什么是托收结算方式?其当事人有哪些?
2. 银行在托收业务中起到了什么作用?
3. 跟单托收的交单方式有哪几种?各有什么特点?
4. 请结合图示说明跟单托收的业务流程。
5. 托收项下的资金融通方式有哪些?
6. 托收业务中出口商面临的风险及防范措施是什么?
7.《URC522》的基本内容有哪些?

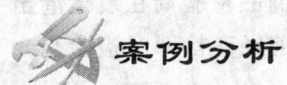 案例分析

某地 B 公司与国外 A 公司成交一笔业务。在交易会上口头商谈时提出按凭单即期付款的信用证结算，签订合同时在支付条款中规定："Payment by draft drawn on buyer payable at sight"。另外，合同中关于装运货物的品质条款规定："Quality certificate by C. C. I. B. at loading port to be taken as final"。B 公司按合同规定于交货期前按时备货，准备装运，但始终未见买方开来信用证，于是在 6 月 20 日向买方去电催证。但买方复电称，根据双方贸易合同规定并非信用证结算货款，是以即期付款交单方式办理托收。B 公司有关结算人员立即查询该笔业务的经办人员，该员工回忆当时提到的支付方式是信用证方式，并未接受托收方式。B 公司有关人员又核对合同上关于支付条款的规定，认为该条款是凭买方为付款人的即期汇票付款，虽然并未接受托收方式，但从该条款上也未明确是信用证结算方式。双方经过交涉，由于买方的外汇正在申请中，还未批准，因此无法在装运期前开立信用证。B 公司最后接受买方的意见，以见票 45 天付款交单(D/P 45 days after sight)办理托收，但由于原即期付款改为远期付款，由买方负担 45 天的远期利息。B 公司按期装运货物后，于 7 月 25 日按以见票 45 天付款交单办理托收手续，并在托收指示书上规定 45 天利息与货款一起收取。

9 月 20 日 B 公司接到托收行的通知，该笔托收票款已收到，但据代收行称，付款人拒付利息，只收回货款。B 公司经研究认为 A 公司资信太差，承诺的信用证结算方式改为托收方式，而且又拒付利息。于 9 月 25 日向 A 公司去电追究，A 公司回电如下：

"你 25 日电悉。关于合同项下货物，我方提取后发现货有部分霉斑，本应退货拒付，但考虑与贵方的长期合作关系，故作出让步，接受了货物，未付利息作为弥补霉变之损失。谢谢合作。"

B 公司又考虑到另一问题：买方已提取货物，说明代收行已放单给买方。我方在托收指示中明确指示代收行要货款与利息一起收取，为什么代收行还要放单给付款人？代收行应将付款人拒付的情况通知我方，然后根据我方意见决定是否放单，这才符合国际惯例。B 公司随即通过托收行向代收行提出责问，但托收行不同意 B 公司的意见，理由如下：

"此事我方认为代收行的处理是符合国际惯例的。对于托收票款要收取利息，如果你公司认为必须收取而不得放弃，则必须在托收指示书中明确强调不得放弃，否则代收行在对方拒付利息时可以放单给付款人。这是《URC522》明文规定的。"

B 公司查阅了《URC522》的相关条款后，不得不放弃利息，遭受了部分损失。

分析：B 公司从这笔业务中应汲取以下几个方面的教训：

第一，签订合同时要以慎重的态度，完整、详细、准确地签订合同中的一切条款。本案例中 B 公司虽然在口头商谈中提到过以即期付款的信用证方式结算货款，但在正式签订合同中缺乏慎重的态度，合同的支付条款非常笼统，不够明确。"Payment by draft drawn on buyer payable at sight"可以有多种理解，即可理解成信用证方式，也能理解为托收方式。因此，造成损失的责任主要在于 B 公司自己。

第二，交易行为应该规范化。本案例合同中关于装运货物的品质条款规定："Quality

certificate by C. C. I. B. at loading port to be taken as final"（以我国商品检验局在装运港出具品质证书作为最后依据）。买方电称货物有霉斑，但 B 公司在装运前经商检部门检验是合格的，符合合同要求，并有品质证书。买方并未提供有效的复验证书，仅有电文中一句话："货物发现霉斑"。对此，B 公司应该据理力争，不应该持默认的态度。

第三，应熟练掌握国际惯例。根据《URC522》第二十条规定，如果托收指示书规定应收取利息而付款人拒付时，除非托收指示书上明确规定收取利息不得免除，提示行（代收行）可以在未收取利息的情况下交单与付款人。也就是说，如果委托人欲委托托收行收取利息，不但要在托收指示书中明确作出规定，还要明确强调利息不得放弃，否则代收行在放单前可以自行决定是否收取利息。本案中，B 公司并未强调此利息不得放弃，所以以代收行的做法是符合国际惯例的。

第五章　国际贸易结算方式(三)：信用证

 **学习目标**

通过本章的学习，掌握信用证的定义和分类；熟悉信用证结算业务中各当事人的权利和义务；熟练掌握各种信用证的业务流程；了解《跟单信用证统一惯例》对制作单据的要求；掌握预防信用证欺诈的方法。

信用证是国际贸易结算中最为重要的结算方式之一，有别于汇付、托收方式，信用证是一种银行保证付款的信用方式。汇付、托收、信用证三大传统结算方式中，汇付方式风险大；托收对于出口商要比汇付安全，但出口商能否收款，仍然是依靠进口商的商业信用；采用信用证支付方式，出口商收款的风险就小得多。目前在我国的外贸结算业务中，信用证方式仍然占有相当大的比重。因此，熟练掌握信用证结算业务是非常重要和必要的。

第一节　信用证概述

一、信用证的定义

信用证(letter of credit)是开证行应申请人(进口方)的申请，或以自身的名义，向受益人开立的承诺在一定期限内凭规定的单据，在相符交单的情况下予以承付的一种不可撤销的确定的承诺。

《跟单信用证统一惯例》(Uniform Customs and Practice for Documentary Credits，以下简称《UCP600》)对信用证的定义是："信用证指一项不可撤销的安排，无论其名称或描述如何，该项安排构成开证行对相符交单予以承付的确定承诺。"[1]

从以上定义可以看出，一项约定如果具备了以下三个要素，才是信用证。

① 信用证是由银行开立的确定承诺的文件；② 开证行的兑付承诺不可撤销；③ 开证行兑付承诺的前提条件是"相符交单"[2]。

首先，信用证是由银行作出的保证兑付的承诺，信用证属于银行信用。这一点是信用证

---

① 国际商会.ICC 跟单信用证统一惯例 UCP600[Z].国际商会中国国家委员会，译.北京：中国民主法制出版社，2004：5.

② 于强.UCP600 与信用证操作实务大全[M].北京：经济日报出版社，2007：28.

结算方式与汇付和托收结算方式最大的区别。其次,《UCP600》下的信用证都是不可撤销的。关于这一点,《UCP600》与《UCP500》的规定有所不同,《UCP500》规定,银行开立的信用证必须注明是"可撤销"还是"不可撤销",如果没有注明,一概作不可撤销处理。《UCP600》对此作了修改,规定信用证一旦开立即为不可撤销。再次,信用证是开证行和受益人(出口方)之间的一项协议,开证行作出的兑付承诺不是无条件的,开证行兑付承诺的前提条件是"相符交单",只要受益人提交的单据构成"相符交单",开证行将予以付款。所谓"相符交单",惯例也作出了明确的规定,"相符交单"是指"与信用证条款、本惯例的相关适用条款以及国际标准银行实务一致的交单。"①在此,应注意相符交单不仅要求受益人要做到"单单相符、单证一致",也要做到单据与《UCP600》以及与《关于审核跟单信用证项下单据的国际标准银行实务 2007》(International Standard Banking Practice for the Examination of Documents under Documentary Credits 2007,以下简称《ISBP2007》)相一致。

二、信用证的性质

根据《UCP600》的规定,信用证有如下性质。

(一) 信用证是一种银行信用

信用证是一种银行信用,是由开证银行以自己的信用作出的有条件的付款承诺。信用证一旦开出,开证银行就负第一位的付款责任。在信用证下,申请人(进口方)并不是法律意义上的信用证的当事人,信用证一旦开出,就构成了开证行和受益人之间的一项约定。据此约定,在相符交单的情况下,不管申请人是否向开证行履行了付款责任,开证行都必须依约定向受益人或其指定的人进行付款、承兑或议付。

(二) 信用证是一项独立文件

信用证以合同为依据而开立,但是一旦开立,它就是一项独立文件。它不依附于基础合同,有关当事人只受该信用证条款的约束,它与基础合同是相互独立的交易。信用证项下的有关当事人不得利用有关的其他合约,对信用证的业务运作进行违约抗辩。同时,信用证项下的各当事人也不能引用有关合约的规定,作为信用证条款违约抗辩的依据。《UCP600》第四条规定:"就其性质而言,信用证与可能作为其开立基础的销售合同或其他合同是相互独立的交易,即使信用证中含有对此类合同的任何援引,银行也与该合同无关,且不受其约束。因此,银行关于承付、议付或履行信用证项下其他义务的承诺,不受申请人基于与开证行或与受益人之间的关系而产生的任何请求或抗辩的影响。受益人在任何情况下不得利用银行之间或申请人与开证行之间的合同关系。开证行应劝阻申请人试图将基础合同、形式发票等文件作为信用证组成部分的做法。"

(三) 信用证是一种单据交易

信用证业务是纯粹的单据交易。在信用证业务中,有关银行只凭单据办理结算,而根本不会去考虑单据背后所反映的基础贸易的事实状况,也就是说,信用证支付方式实行的是凭单付

---

① 国际商会.ICC 跟单信用证统一惯例 UCP600[Z].国际商会中国国家委员会,译.北京:中国民主法制出版社,2004:3.

款原则。在信用证业务中,银行处理的是单据,而不是货物。对货物的真假好坏、途中损失、是否达到目的地等情况,银行概不负责。只要单据在表面上符合信用证条款的规定,符合《UCP600》和《ISBP2007》,开证银行就必须付款。而对于任何单据的形式、完整性、准确性、真实性以及伪造或法律效力,或者单据上规定或附加的一般或特殊条件方面概不负责。《UCP600》第五条规定:"银行处理的是单据,而不是单据可能涉及的货物、服务或履约行为。"

 **知识拓展**

> 抽象独立性原则是信用证的基石。
> 银行信用;独立文件;单据交易是信用证的性质。

三、信用证的作用

信用证支付方式属于银行信用,它解决了在汇付和托收中进出口双方互不信任的矛盾,便利了资金的流转,有力地促进了国际贸易的发展。并且各方当事人都可以从信用证业务中得到其期待的利益。具体而言,信用证的作用主要体现在以下几个方面。

1. 对出口商而言

信用证支付方式可以保证出口商凭与信用证规定相符的单据按时取得货款;同时,出口商还可以凭信用证获得出口地银行的打包贷款或押汇取得资金融通,以解决资金紧张问题。

2. 对进口商而言

进口商通过控制信用证条款,可以约束出口商按照销售合同约定按时、按质、按量装运货物;进口商付款后,就可以取得代表货物所有权的单据,凭此提取货物;进口商可凭自己的资信及开证行对自己的信任,少交或免交部分押金,还可以用信托收据向开证行借单先行售货,从而取得资金融通。

3. 对银行而言

在信用证支付方式下,银行可以利用进口商在申请开证时交的押金或担保为银行利用资金提供便利;同时,在信用证业务中,银行的每项服务均可取得收益,如开证费、通知费、议付费、保兑费和修改费等各种费用。

信用证业务的发展,也可以带动其他如保险、仓储和运输等行业的发展。

第二节　信用证的有关当事人

根据国际商会《UCP600》的规定,信用证的当事人有开证申请人、开证行、受益人、通知行、付款行、议付行、保兑行、偿付行和寄单行等。

一、开证申请人

开证申请人(applicant)又称开证人(opener),是向开证银行提交申请书申请开立信用证的

人,它一般为进出口贸易业务中的进口商。申请人在向开证行申请开立信用证时,应根据合同的要求填写开证申请书(application for letter of credit),同时,申请人应根据开证行的要求向开证行交纳开证押金。在接到开证行的付款赎单通知后,申请人应当立即到开证行付款赎单。

在《UCP600》下,申请人的基本权利有两项:第一,拒绝赎单权;第二,对单据接受与否的选择权。如果开证行未按照开证申请书的要求开证,又未经申请人予以事先确认,则申请人有权拒绝赎单;当单证不符或单单不一致时,申请人有权选择退单拒付或付款赎单。申请人的基本义务有三项:第一,根据贸易合同及时开立信用证;第二,在开证行破产或无力支付时,负有付款责任;第三,及时并按期付款。作为国际贸易合同的买方,申请人应当按照合同的规定在合理时间内向开证行申请开立信用证,并且做到信用证规定与基础合同相一致。如果信用证的规定与合同有不符之处,并经受益人要求,申请人有义务依照约定对信用证作出必要的修改。当然,申请人在申请开证时须承担开证费用,或支付开证押金;在信用证下,如果开证行破产或无力支付,在没有保兑行的情况下,申请人仍然应该支付基础合同项下的货款;在开证行要求申请人付款赎单时,申请人应及时履行赎单手续并按期付款,如果申请人拒绝赎单,则失去开证押金的请求权,同时,也要承担相应的法律责任。

二、开证行

开证行(issuing bank or opening bank)是应开证申请人的请求或代表其自身开立信用证,保证在一定条件下付款的银行。开证行一般为进口地当地的银行。在信用证业务中,开证行承担着第一性付款责任。只要申请人提交的单据符合信用证的要求,开证行就必须付款。

在《UCP600》下,开证行有三项权利:第一,收取开证费的权利;第二,拒付的权利;第三,处理单据货物权和追偿权。在信用证业务中,开证行有权向申请人收取开证费,必要的时候也可以要求申请人出具质押书或者开证预付押金。由于信用证是一种单证业务,开证行或者付款行付款的依据是相符交单,如果开证行在收到单证后发现单证不符,有权拒付,也可以在申请人的认可下付款受单。如果得到授权的议付行或代付行在向开证行寄单的同时已经电索并得到偿付,如果单证不符,开证行仍然有权追回已付款项及其利息。值得注意的是,开证行如果拒付,则须用尽可能快捷的方法通知其代理行或受益人,并须一次性说明不符点;当开证申请人无力付款赎单或拒绝付款赎单时,开证行有权处理单据和货物,如其不足以抵偿垫款,有权向申请人追偿不足部分。

 **知识拓展**

信用证常见不符点有:信用证过期;信用证装运日期过期;受益人交单过期;运输单据不洁净;运输单据类别不可接受;没有"货物已装船"证明或注明"货装舱面";运费由受益人承担,但运输单据上没有"运费付讫"字样;起运港、目的港或转运港与信用证的规定不符;汇票上面付款人的名称、地址等不符;汇票上面的出票日期不明;货物短装或超装;发票上面的货物描述与信用证不符;发票的抬头人的名称、地址等与信用证不符;保险金额不足,保险比例与信用证不符;保险单据的

（续上）

> 签发日期迟于运输单据的签发日期;投保的险种与信用证不符;各种单据的类别与信用证不符;各种单据中的币别不一致;汇票、发票或保险单据金额的大小写不一致;汇票、运输单据和保险单据的背书错误或应有但没有背书;单据没有必要签字或有效印章;单据的份数与信用证不一致;各种单据上面的"Shipping Mark"不一致;各种单据上面的货物的数量和重量描述不一致。

开证行主要有三项义务:第一,严格按照开证申请书开立信用证;第二,严格按照《UCP600》规定审核单据;第三,无追索权的第一性付款责任。开证行必须按照开证申请书的要求开证,但它若认为开证申请书中有不合理之处,则可以在取得申请人确认的前提下予以修改。如果因为开证行自身的原因延误开证,银行应承担买方因此受到的损失,包括卖方因买方违约而解除合同或要求买方赔偿损失等。信用证一旦开立,未经开证申请人和受益人的一致同意,开证行不能擅自修改信用证;信用证交易是单据交易,有关各方处理的是单据,而非货物。开证行必须按照信用证的规定严格审核单据,并且必须自收到单据的次日起5个工作日内完成审核单据。必须确保"单证一致"、"单单相符"、"单据满足其功能"。若发现单据有瑕疵,可以拒付,也可以在征得开证申请人认可的前提下付款受单。若开证行因审单不严或其他自身失误而错付了不合格的单据或过期的单据,则将承担赔偿责任;在信用证业务下,开证行承担着第一位的付款责任,只要受益人按照信用证的要求,在规定的时间和地点交单,并且做到了相符交单,开证行就必须向受益人或授权兑现的银行付款,即使申请人破产或不肯接受单据,开证行也必须付款。开证行对于受益人或得到其授权的代理行的付款均无追索权。如果议付行在寄单过程中丢失单证,则不管议付行是否对受益人进行了议付,开证行必须承担无追索权的付款责任。[①]

知识拓展

> 《UCP600》第7条:开证行的责任:
>
> a. 只要规定的单据被提交至指定银行或开证行并构成相符交单,开证行必须按下述信用证所适用的情形予以兑付:
>
> i. 由开证行即期付款、延期付款或者承兑;
>
> ii. 由指定银行即期付款而该指定银行未予付款;
>
> iii. 由指定银行延期付款而该指定银行未承担其延期付款承诺,或者虽已承担延期付款承诺但到期未予付款;
>
> iv. 由指定银行承兑而该指定银行未予承兑以其为付款人的汇票,或者虽已承兑以其为付款人的汇票但到期未予付款;
>
> v. 由指定银行议付而该指定银行未予议付。

---

① 徐莉芳,王晓博.国际结算与信贷[M].上海:立信会计出版社,2006:118-120.

（续上）

> b. 自信用证开立之时起,开证行即不可撤销地受到兑付责任的约束。
> c. 开证行保证向对于相符交单已经予以兑付或者议付并将单据寄往开证行的指定银行进行偿付。

三、受益人

受益人(beneficiary)是指接受信用证并享受其利益的一方。在国际结算业务中,受益人一般为出口商(exporter)或卖方(seller)。受益人接受了信用证就意味着受益人得到了开证行在一定条件下的付款保证。受益人在接到信用证后,有权对其进行审查,如发现信用证中的某些条款和买卖双方签订的合同不符,有要求申请人改证的权利;受益人如向议付行进行议付,但开证行拒付,受益人必须接受议付行的追索;受益人向银行提交的单据必须符合(《UCP600》)的要求,做到单单一致、单证相符。

在《UCP600》下,受益人的基本权利有两项:第一,执行信用证的权利;第二,支取信用证款项的权利。只要卖方按照信用证规定提交了与信用证一致的单据,开证行就必须对卖方进行兑付,开证行不能以交易双方的基础合同存在争执为由,拒绝信用证下的付款。此外,根据《UCP600》第三十九条规定,受益人有权将信用证项下的款项让渡他人。受益人的基本义务有三项:第一,必须忠实履行信用证的规定;第二,协助买方开立信用证;第三,需确保相符交单。卖方必须按照信用证的规定,按时、按质、按量装运货物,并在信用证规定的交单期内,按时提交信用证要求的单据。如果卖方未履行此义务,导致无法取得信用证项下的款项,则由受益人承担后果;如果进口国对开立信用证有特殊要求,只要牵涉到受益人一方,受益人应协助买方,使其能如期开立信用证。否则,申请人(买方)不承担延迟开证的责任;卖方还必须按照信用证规定,在信用证的有效期内向有关银行相符交单,即单据必须符合信用证规定,符合《UCP600》的要求,符合《ISBP2007》的要求。如果受益人做不到相符交单,银行可以拒收单据。当然,在信用证的有效期内,受益人还可以对单据进行修改。

四、通知行

通知行(advising bank)是受开证行的委托,将信用证转交给受益人的银行,它一般为开证行在出口地的代理行或分行。通知行不承担付款责任。通知行和开证行之间的关系是委托代理关系。对开证行的委托,通知行有选择通知与否的权利。如果通知行选择了通知,则其有合理谨慎地核验信用证表面真实性的义务,如该行不能证实信用证的真伪,它必须如实告知受益人;如果信用证需要修改,它也同样承担鉴别信用证修改通知书表面真实性的义务。如果它决定不通知受益人,则须不延迟地通知开证行。通知行在递送信用证时,有权将信用证不加翻译地传送给受益人;如果开证行在转送信用证时,对信用证进行了翻译和解释,对于技术术语上的翻译或解释上的错误,通知行也不承担责任。在结算业务中,信用证的通知行往往又是该证的保兑行。如果通知行接受了开证行的授权,对信用证加具了保兑,则其应当承担保兑行对受益人的权利和义务。应当注意的是,如果通知行收到的信用证不完整或不清楚,通知行只可向受益人作"仅供参考"的预先通知,并应立即向开证行电讯查询。通知行在履行了通知义务后,有权向开证行收取手续费。

五、议付行

议付行(negotiating bank)是根据开证行在议付信用证中的授权,在相符交单的情况下,买进受益人提交的汇票和单据的银行。根据《UCP600》,议付是指定银行在相符交单下,在其应获偿付的银行工作日当天或之前向受益人预付或者同意预付款项,从而购买汇票(其付款人为指定银行以外的其他银行)及/或单据的行为。根据这一定义,议付有如下含义:首先,议付银行必须是开证行指定的银行;其次,议付行必须购买相符交单下的汇票,并且这种购买形式可以是预先付款,或者同意向受益人预先付款。

在《UCP600》惯例下,议付行和偿付行并没有契约关系,议付行只是受开证行的委托进行议付,故该行可以接受开证行的委托,也有权拒绝委托。如信用证中限定受益人在通知行议付,那么通知行就是议付行;如信用证对议付行没有规定,则接受受益人交单议付的任何银行均被视为信用证指定的议付行。议付行在议付后,当单据遭受到开证行拒付时,有权向受益人追索已垫付的款项以及因此产生的利息和有关费用。同时,为了避免风险,议付行必须严格审查单据,因为议付是以买入受益人的单据为条件的,如果议付行不严格审查单据,则当其将单据邮寄到开证行后就可能遭受拒付。虽然它享有向受益人的追索权,如果受益人拒绝偿还或者破产,议付行将会遭受重大损失。

六、付款行

付款行(paying bank)是信用证项下汇票的付款银行,或代开证行执行付款责任的银行。信用证如果规定由开证行自己付款,开证行本身就是付款行。付款行也可以为保兑行、出口地银行或第三国其他银行。

付款行和开证行之间是委托代理关系,付款行一旦接受开证行的代理付款的委托,就不可撤销地承担起代付责任。付款行在付款时是否必须审查单据,要根据开证行的指示行事。如果开证行委托付款行在付款前审单,付款行必须根据信用证的规定严格审查单据,并有权对信用证条款给予公平合理的解释。若付款行审单有误,则可能遭到开证行的拒付。在承兑信用证下,如果付款行承兑了受益人提交的跟单汇票,则其就有了汇票承兑人的责任,必须按期偿付已承兑的汇票。同时,付款行一旦向受益人付款,则无追索权。当然,付款行在履行了付款责任后,可以向开证行索偿并收取代理手续费及其他有关费用。[1]

七、保兑行

保兑行(confirming bank)是应开证行的要求,对开证行开立的信用证加具保兑的银行。

保兑是基于开证行的授权产生的,故开证行和保兑行之间的关系是委托和被委托的关系。保兑行有权就是否保兑进行选择,如果决定不进行保兑,则应该毫不迟疑地通知开证行,以便开证行做其他安排。保兑行也有权对信用证的修改是否保兑作出选择,如果保兑行决定对信用证的修改不加保兑,则其必须毫不延误地将此告知开证行,并在其给受益人的通

---

① 程祖伟,韩玉军.国际贸易结算与融资[M].北京:中国人民大学出版社,2007:152-153.

知中告知受益人。如果保兑行将其保兑扩展至信用证的修改，并自通知该修改时，不可撤销地受修改的约束。保兑行对受益人的承诺是独立的第一位的。保兑行对开证行的信用作了担保，万一开证行无力而拒付或倒闭，保兑行将承担第一位付款责任。

在信用证业务下，保兑行自对信用证加具保兑之时起就承担着不可撤销的承付或议付的责任。议付行可以将单据寄往保兑行，受益人也可以选择向保兑行交单议付，只要单证相符，保兑行就应付款或议付，并且其承付和议付都是无追索权的。保兑行在付款或议付后，即取得了向开证行索偿的权利。当然，由于接受了开证行的授权对信用证进行保兑，故保兑行有权向开证行收取保兑费用。

在一般情况下，为了方便受益人，开证行通常选择通知行担当保兑行，当然，也可能选择其他银行担当保兑行。①

八、偿付行

偿付行(reimbursing bank)又称信用证的清算银行(clearing bank)，是指在信用证中指定的对议付行或付款行进行偿付的银行。一般情况下，当开证行与议付行或付款行之间无账户往来关系，特别是信用证采用第三国货币结算时，为方便结算，开证行委托另一家有账户关系的银行代其向议付行或付款行偿付，偿付行付款后应向开证行索偿。这种有偿付银行的信用证，又被称为偿付信用证(reimbursing L/C)。

索偿行事实上是开证行的出纳机构，它在收到开证行的偿付授权书后，即有权按照开证行的指示向索偿的银行付款。除非信用证另有规定，偿付行没有审查信用证下单据的义务，它既不接受也不审查单据。在偿付行对外付款后，如果开证行在收到单据后，发现单证不符，则有权向议付行、代付行追索已付的款项，但不得向偿付行追偿。

 **知识拓展**

《UCP600》第13条：银行间偿付约定：

a. 如果信用证规定被指定银行（"索偿行"）须通过向另一方银行（"偿付行"）索偿获得偿付，则信用证中必须声明是否按照信用证开立日正在生效的国际商会《银行间偿付规则》办理。

b. 如果信用证中未声明是否按照国际商会《银行间偿付规则》办理，则适用于下列条款：

i. 开证行必须向偿付行提供偿付授权书，该授权书须与信用证中声明的有效性一致。偿付授权书不应规定有效日期。

ii. 不应要求索偿行向偿付行提供证实单据与信用证条款及条件相符的证明。

iii. 如果偿付行未能按照信用证的条款及条件在首次索偿时即行偿付，则开证行应对索偿行的利息损失以及产生的费用负责。

---

① 陈岩，刘玲.《UCP600》与信用证精要[M].北京：对外经济贸易大学出版社，2007：30－32.

（续上）

iv. 偿付行的费用应由开证行承担。然而,如果费用系由受益人承担,则开证行有责任在信用证和偿付授权书中予以注明。如偿付行的费用系由受益人承担,则该费用应在偿付时从支付索偿行的金额中扣除。如果未发生偿付,开证行仍有义务承担偿付行的费用。

c. 如果偿付行未能于首次索偿时即行偿付,则开证行不能解除其自身的偿付责任。

付款行是开证行的代理行,它一旦付款,就不得向受益人追索,但可以向开证行索偿。

九、寄单行

寄单行(document's sending bank)是指没有得到开证行的授权,而以受益人的代理人身份向开证行或其指定的银行寄送单据的银行。寄单行不是开证行的代理行,它和开证行之间没有委托代理关系,它只是受益人的代理人。一般而言,寄单行应当按照信用证规定的方式及时寄单,但对寄单过程中的延误和遗失不承担责任;对于在代理寄单和收款过程中遇到的问题,它应及时向受益人通报;它有向受益人收取寄单手续费及有关费用的权利。

第三节 信用证的基本内容及 信用证的开立

由于基础交易的内容不同,信用证的具体内容也各异,但就其基本内容来讲,大致是相同的。

一、信用证的基本内容

(一) 关于信用证本身的说明

1. 信用证的性质

信用证应表明其性质到底是何种信用证。例如信用证本身应当表明其是否可保兑。根据《UCP600》的规定,如果信用证本身并未表明,则这种信用证是不可保兑的信用证;信用证应表明其是否可转让,如没有表明,此信用证则是不可转让信用证;信用证应表明其是否可撤销,如果信用证没有表明,此信用证则是不可撤销信用证。《UCP600》实施以来,凡是信用证一经开立,即不可撤销,这也表明,如果信用证再表明"可撤销"字样的话,将不符合惯例规定。

2. 当事人的名称和地址

当事人的名称和地址包括开证行的名称和地址,申请人的名称和地址,以及受益人的名称和地址。

3. 信用证的号码及开证日期和地点

信用证的号码就是开证行对信用证的编号。开证日期,就是开证行开立信用证的日期,开证日期应当在信用证中表明。如果电开信用证没有标明开证日期,则电讯文件发送日期为信用证的开立日期。开证地点通常为开证行的办公所在地点。

4. 信用证金额

信用证金额是开证行承担付款责任的最高限额。如果超过了该金额,开证行就必然拒付。在信用证中,信用证的金额一般应相应地大写和小写。金额条款是信用证的核心条款,一般在金额与货币之前都有 for amount, for a sum of, for an amount, an amount not exceeding, up to an aggregate amount of 等。

5. 到期日和到期地

信用证的到期日是银行承担付款、承兑、议付的最迟期限,同时也是约束受益人提交单据的期限,如受益人提交单据晚于到期日,银行则有权拒付。多数信用证都规定有明确的到期日,但有些信用证只规定有效期的长短。信用证有效期的长短,应以受益人能安全将货物装上运输工具为宜。效期太长,会造成受益人拖延装货,对申请人不利;效期太短,会导致受益人在效期内完不成装运。一般而言,对于批量不大的货物,习惯上装运期和效期之间的时间间隔以 15 日最为常见。根据《UCP600》的规定,信用证的到期日的最后一天正好是节假日,银行停止营业,该到期日可顺延到下一个营业日,但是,信用证中最迟装运日期不得因适逢银行停业日而顺延到下一个营业日。在实际业务中,由于各国的风俗习惯、宗教信仰、法定节假日的规定各不相同,在使用信用证时,如信用证的到期日、交单日的最后一天巧逢节假日而银行停业,可以将信用证的到期日或交单日往后顺延至银行的下一个营业日。此外,信用证下的交单,除必须在信用证的有效期内,还不能超过装运期后的 21 天,否则,提单即为过期提单。在结算业务中,开证行是不接受过期提单的。

 知识拓展

过期提单是指出口商取得提单后因未能及时到银行,或过了银行规定的交单期限未议付而形成过期提单,习惯上也称为滞期提单。

按照《UCP600》规定,凡超过发运日期 21 个日历日后提交的提单为过期提单,但在任何情况下都不得迟于信用证的截至日。如信用证效期或信用证规定的交单期早于此期限,则以效期或规定的交单期为最后期限。

一般银行不接受过期提单,但过期提单并非无效提单,提单持有人仍然可持凭要求承运人交付货物。

信用证的到期地是指信用证规定的付款、承兑或交单的地点。信用证(除自由议付的信用证外)都应规定一个交单地点,如信用证未规定到期地点,则可认为该证无效。信用证到期地点的问题,涉及交单时间和信用证有效期的掌握。但是,信用证的到期地点规定在何地应视信用证的具体情况而定。即期付款信用证、延期付款信用证和承兑信用证的到期地点

通常在开证行或指定付款行所在地,而议付信用证的到期地点都在议付行所在地。在我国的出口业务中,如使用信用证支付,信用证的到期地点通常都适用在我国到期,以使受益人交货后便于交单议付。如信用证规定在进口国或第三国到期,则受益人必须在信用证有效期内将单据交至进口国或第三国的有关银行。由于受益人难以掌握单据邮递的时间,因此,往往会造成信用证过期,导致收汇无保障。所以,如遇信用证到期地点规定在进口国或第三国,受益人应提出修改,要求将信用证到期地点改在出口国(受益人所在地)则较为有利。

6. 支用方式

按照《UCP600》规定,信用证的支用方式包括即期付款、延期付款、承兑和议付。到底采用哪种支用方式,信用证应明确规定,即使是公开议付的信用证,也应表明受益人可以在任何银行议付。

(二)基本商业单据条款

1. 汇票

信用证是否随附汇票,要看信用证的种类和要求。一般而言,即期信用证、延期信用证和议付信用证可以随附汇票,也可以不要汇票;承兑信用证必须随附汇票。在信用证下,出票人一般为受益人,也就是出口方;付款人为开证行或付款行;收款人一般为议付行;汇票应当有出票日期和有效期限。关于汇票的记载事项和汇票的制作,参阅第二章有关内容。

2. 商业发票

所有的信用证都要求受益人提供商业发票,可以说,商业发票是整个单据的核心。信用证中的单据要求中的商业发票条款,主要说明商业发票的种类、份数,是否要求受益人签字,对发票的抬头和描述是否有特殊要求等。

3. 运输单据

信用证对运输单据的要求取决于运输方式。常见的运输单据有海洋运输提单、海运单、航空运单和铁路运单等。在这些运输单据中,最重要的是海洋运输提单。信用证的海运提单条款中,一般要对提单的份数、种类和是否要求受益人背书等事项作出要求和说明。

4. 装箱单等类似的装箱单据

装箱单是一个重要的单据,虽然它不是核心单据,但也是一个非常重要的单据,申请人通常都要求受益人提供装箱单、磅码单或重量单等装箱单据,在信用证的单据条款中,通常对装箱单的份数,是否需要受益人签字盖章,是否需要背书,是否有其他要求作出说明。

5. 保险单

在信用证的保险单据条款中,通常对保险单的份数,保险单的种类(保险单还是保险凭证),保险单是否需要背书,保险单的保险类别以及保险金额等作出说明。

(三)其他单据要求条款

除基本的商业单据外,信用证还对其他单据有所规定。最常见的有产地证书、装船通知、寄单证明、商检证明、受益人证明等。根据信用证的制单要求,这些单据不能和信用证的规定相矛盾。一般来讲,为了稳妥结汇,最好和信用证的规定相一致。

（四）商品描述条款

对于商品的描述，不同的信用证有不同的要求，但一般都包括商品的品名、规格、数量、包装、唛头等。商品的描述应当简洁明确，它一般出现在商业发票、装箱单和货运单据上。

（五）运输条款

运输条款是信用证的一项非常重要的条款。信用证中一般会规定装运港、目的港或者转运港、是否允许转运和分批、最迟装运日期以及运输方式等。

（六）其他事项

其他事项主要包括开证行的名称及签字、电报电传密押、开证行保证付款条款、背书条款、寄单方法条款、议付行索汇方法和使用跟单信用证惯例的申明（Subject to《UCP600》)等。

二、信用证的开立

买卖双方签订合同后，买方应该按照合同的规定，及时向开证银行申请开立的信用证。申请人要想申请开立信用证，首先必须填写开证申请书，开证行然后才会根据申请书开立信用证。

知识拓展

> 开证行开立信用证，要求申请人提供一定比例的保证金，及其他形式的担保，对于资信良好的优质客户，可免收保证金。

（一）开证申请书

下面是一个开证申请书的样本，申请人应该根据买卖合同的规定，进行选项，选中的打"×"。同时，开证申请人还可以根据合同的规定，附加其他内容。

Application for Issuing L/C

Beneficiary (full name and address)　　　L/C NO.　×××××××××××

JIAHE INTER. TRADING CO. ,

60,NONGJU RD NANTONG

JIANGSU CHINA　　　　　　　　　　　Contract No. GDS90882

Date and place of expiry of the credit

MAY. 30,2001 AT BENEFICIARY'S

COUNTRY

Partial shipments	Transshipment	Issue by ☐ airmail ☐ With brief advice by teletransmission
☐ allowed	☐ allowed	☐ Issue by express delivery
☐ not allowed	☐ not allowed	☐ Issue by teletransmission (which shall be the operative instrument)

Loading on board/dispatch/taking in charge at/from SHANGHAI PORT

Not later than MAY. 10,2011

for transportation to OSAKA，JAPAN

Amount（both in figures and words）

USD26,520.00

SAY US DOLLARS TWENTY SIX THOUSAND FIVE HUNDRED AND TWENTY

Description of goods：

100PCT RAYON DISH CLOTH

30SX30S/56X54/45X45CM

2PLY

CIF BUSAN

CHINA ORIGIN

Credit available with

☐ by sight payment ☐ by acceptance

☐ by negotiation

☐ by deferred payment at

against the documents detailed herein

☐ and beneficiary's draft for 100 ％ of the invoice value

at sight

on NEW YORK BANK，OSAKA

☐ FOB　　☐ CFR　　☐ CIF

☐ or other terms

Documents required：（marked with ×）

● （×）Signed Commercial Invoice in 5 copies indicating invoice no. ，contract no.

（×）Full set of clean on board ocean Bills of Lading made out to order and blank endorsed，marked "freight （　）to collect/（　）prepaid （×）showing freight amount" notifying ACCOUNT

（　）Air Waybills showing "freight （　）to collect/（　）prepaid （　）indicating freight amount" and consigned to _____ .

（　）Memorandum issued by _____ consigned to _____ .

（×）Insurance Policy/Certificate in 3 copies for 110％ of the invoice value showing claims payable in China in currency of the draft，blank endorsed，covering （　）Ocean Marine Transportation/（　）Air Transportation/（　）Over Land Transportation）All Risks，War Risks.

（×）Packing List/Weight Memo in 3 copies indicating quantity/gross and net weights of each package and packing conditions as called for by the L/C.

（　）Certificate of Quantity/Weight in 2 copies issued an independent surveyor at the loading port，indicating the actual surveyed quantity/weight of shipped goods as well as the packing condition.

（×）Certificate of Quality in 3 copies issued by （　）manufacturer/（×）public recognized surveyor/（　）

（×）Beneficiary's certified copy of FAX dispatched to the accountees with 3 days after shipment advising （×）name of vessel/（×）date，quantity，weight and value of shipment.

（　）Beneficiary's Certificate certifying that extra copies of the documents have been

国际贸易结算

dispatched according to the contract terms.

（　）Shipping Co's Certificate attesting that the carrying vessel is chartered or booked by accountee or their shipping agents：

（×）Other documents, if any：

a）Certificate of Origin in 3 copies issued by authorized institution.

b）Certificate of Health in 3 copies issued by authorized institution.

Additional instructions：

1. （×）All banking charges outside the opening bank are for beneficiary's account.

2. （×）Documents must be presented with 15 days after the date of issuance of the transport documents but within the validity of this credit.

3. （　）Third party as shipper is not acceptable. Short Form/Blank Back B/L is not acceptable.

4. （×）Both quantity and amount 10% more or less are allowed.

5. （　）prepaid freight drawn in excess of L/C amount is acceptable against presentation of original charges voucher issued by Shipping Co. /Air line/or it's agent.

6. （×）All documents to be forwarded in one cover, unless otherwise stated above.

（×）Other terms, if any：

Advising bank：BANK OF CHINA, NANTONG BRANCH

Account No. ：

（Applicant：name, signature of authorized person）

（二）信用证的开立

申请人可以根据实际交易的特点选择信用证的开立方式,信用证的开立方式一般来讲有信开信用证、电开信用证和 SWIFT 信用证。

1. 信开信用证

信开信用证（open by airmail）是指开证行以信函格式开立的,并以航空邮件的方式将其寄往通知行的信用证。由于信开信用证邮寄速度较慢且容易丢失,故在实务中使用较少。但是,由于以这种方式开立的信用证开证费较低,当进出口双方相互比较信任,并且进口方对货物的需求不太迫切时,偶尔也使用信开的方式开立信用证。买方在使用此种方式开立信用证时,一般结合电开信用证的简电本,即买方先申请开证行开出在法律上并无效力且不能作为议付依据的简电信用证,并在简电中注明"详情以后告知"（full details to follow）字样,然后再申请开证行开立信开信用证。在简电本中通常只注明受益人名称、开证行名称、申请人名称、信用证金额、货物的数量、信用证的种类及有效期、最迟装运期和单价,详细情况及要求在信开信用证中有详细规定。买方这样做的目的在于告知卖方信用证已经开立,卖方得到此简电后即可以放心准备货物。

2. 电开信用证

电开信用证（open by cable）是指开证行把信用证的条款以电信的方式传递给通知行的

信用证。电开信用证有简电信用证和全电信用证。简电信用证一般结合信开信用证使用；全电信用证能独立使用，具有法律效力。在实际业务中，如果在合同中规定信用证以电开方式开立，则指以全电方式开立的信用证。

3. SWIFT 信用证

SWIFT 信用证是指通过环球同业银行金融电讯协会（society for worldwide internet financial telecommunication，SWIFT）系统开立的信用证。SWIFT 信用证使用 SWIF 手册规定的代号并按照《UCP600》开立，采用 MT700 或 MT707 标准格式传递信息。此种信用证具有标准化、固定化和格式统一化的特点，传递速度快且成本较低，因此目前使用较广。

　知识拓展

通知行审查信开信用证时，审查的是银行的预留印鉴，在审查电开信用证时，审查的是密押。SWIFT 信用证系统自动加密和解密。

SWIFT 信用证样本：

ZCZC LDA22502007500 MGK921 00258956

NN488785 SUB041

P1 GXBOC

WSMSTB

STF TXT100 11030300316(4015) BUS 0986

110330031189

STF SBUU

RRRRRR – 687 SYBB

TLXA：88595D2 SCBL KG

FROM：THE FIRST CITIZEN BANK OF NEW YORK，NEW YORK

TO：BANK OF CHINA，NANNING

DATE：MAY. 30,2011

15：TEST：1578

27：MESSAGE SEQUENCE：1/1

40A：FORM OF L/C：IRREVOCABLE

20：L/C NO：235890GXJME

31C：ISSUE DATE：MAY. 30,2011

31D：EXPIRY DATE/PLACE：JUNE15，2011.

　　AT BENEFICIARY'S COUNTER

50：APPLICANT：MESSRS & BROTHER CO. ,LTD.

　　30400 DETRIOT AVE. 306，WESTLAKE OHIO,44145 USA

59：BENEFICIARY：GUANGDA TEXTILES IMP. & EXP. CORP.

137 QIXING ROAD，NANNING，CHINA

32B：L/C AMOUNT：USD 12,500.00

39 AMOUNT SPECIFICATION：CIF

41D：AVAILABLE WITH/BY：FREELY AVAILABLE BY NEGOTIATION

42：DRAFT AT：30 DAYS SIGHT DRAWN ON OURSELVES

43P：PARTIAL SHIPMENT：PROHIBITED

43T：TRANSHIPMENT：PROHIBITED

44：TRANSPORT DETAILS：FROM CHINESE PORT TO NEW YORK NOT

LATER THAN MAY 20,2011

45：DESCRIPTION OF GOODS：

100PCT COTTON TERRY TEA TOWELS ITEM NO. K31009HA，3000DOZ AS PER S/C NO. 9930A18GZT AT USD 4.05 PER DOZ. INCLUDING 2% COMMISION.

46A：DOCS REQUIRED：

- COMMERCIAL INVOICE TRIPLICATE

- FULL SET OF CLEAN ON BOARD OCEAN BILLS OF LADING MADE OUT TO OUR ORDER MARKED FREIGHT PAID NOTIFY APPLICANT，EVIDENCING SHIPMENT FROM CHINA TO BOSTON.

- INSURANCE POLICY COVERING ALL RISKS

- DETAIL PACKING LIST IN TRIPLICATE

- EXPORT LICENSE

- BENEFICIARY'S STATEMENT CERTIFY THAT ALL THE DOODSARE OF CHINESE ORIGIN，AND PACKING IS SUITABLE FOR SEAWAY TRANSPORTATION.

- CERTIFICATE OF ORIGIN.

71B：CHARGES：ALL BANK CHARGES ARISING OUTSIDE OUR COUNTRY ARE FOR THE BENEFICIARY'S ACOUNT.

48：PRESENTATION PRIOD：DOCUMENTS TO BE PRESENTED WITHIN 10 DAYS AFTER THE DATE OF ISSUANCE OF SHIPPING DOCUMENTS BUT WITHIN THE VALIDITY OF CREDIT.

49：CONFIRMATION INSTRUCTIONS：WITHOUT

78：INSTRUCTIONS：IN REIMBURSEMENT WE SHALL COVER YOU UPON RECEIPT OF DOCUMENTS TO US BY REGISTERED AIRMAIL IN ONE COVER. SUBJECT TO UNIFORM CUSTOMS AND PRACTICE FOR DOCUMENTARY (2007 REVISION) INTERNATIONAL CHAMBER OF COMMERCE PUBLICATION NO. 600.

三、信用证的修改及撤销

根据《UCP600》规定，信用证一旦开立，既不能单方面修改，也不能中途撤销。但这并不是说信用证绝对不可以修改，绝对不可以撤销。如果申请人、受益人和开证行一致同意，则信用证既可以修改，也可以撤销。

关于信用证的修改或撤销问题，《UCP600》作了比较详细的规定。根据《UCP600》第十条规定，实务中修改或撤销信用证应该注意以下几个方面：

（1）信用证的修改或撤销，必须征得开证行、保兑行（如有）以及受益人同意。

（2）自发出信用证修改书之日起，开证行就不可撤销地受其发出修改的约束。

（3）在受益人向通知修改的银行表示接受该修改内容之前，原信用证的条款和条件对受益人仍然有效。受益人应发出接受或拒绝接受修改的通知。如受益人未提供上述通知，当其提交至被指定银行或开证行的单据与信用证以及尚未表示接受的修改的要求一致时，即视为受益人已作出接受修改的通知，并从此时起，该信用证已被修改。

（4）通知修改的银行应当通知向其发出修改书的银行任何有关接受或拒绝接受修改的通知。

（5）不允许部分接受修改，部分接受修改将被视为拒绝接受。

（6）修改书中作出的除非受益人在某一时间内拒绝接受修改，否则修改将开始生效的条款将被不予置理。

第四节　信用证的种类

根据信用证的用途、性质、期限、流通方式等特点的不同，信用证可以作以下分类。

一、光票信用证和跟单信用证

按信用证项下的汇票是否随附单据，信用证可分为跟单信用证和光票信用证。

（一）光票信用证

光票信用证（clean credit）是开证行仅凭不附单据的汇票付款的信用证，汇票如果附有不包括运输单据的发票、货物清单等，此信用证仍属光票信用证。

光票信用证在国际贸易中主要用来结算从属费用，也可以起到预先支取货款的作用，国际贸易中的预支信用证就是光票信用证中的一种。光票信用证在国际贸易中运用并不广泛。

（二）跟单信用证

跟单信用证（documentary credit）是开证行凭跟单汇票或单纯凭单据付款的信用证。单据是指代表货物或证明货物已交运的运输单据，如提单、铁路运单和航空运单等，通常还包括发票、保险单等商业单据。

国际贸易结算中的信用证绝大部分是跟单信用证，信用证的单据条款对所随附的单据都有规定。单据是跟单信用证的核心，银行通过掌握货权单据来控制货权，根据单据提供信贷融资。

知识拓展

> 本章所讲信用证若未特别指明,均指跟单信用证。跟单信用证业务的办理,若未特别指明,均遵循《跟单信用证统一惯例》即《UCP600》。

二、可撤销信用证和不可撤销信用证

根据开证行对所开出的信用证所负的责任来划分,信用证分为可撤销信用证和不可撤销信用证。

(一) 可撤销信用证

可撤销信用证(revocable letter of credit)是指开证行在开立信用证之后,无须事先通知受益人就有权随时修改其条款或者撤销的信用证。

可撤销信用证给予买方较大的灵活性,因为它不经受益人同意,甚至不必事先通知受益人,就可以随时修改或撤销,这种信用证对于受益人来说是无保障且风险比较大的。

可撤销的信用证,在信用证中通常有这样的文句:

This credit is subject to cancellation or amendment at any time without prior notice to the beneficiary.(本行无须事先通知受益人即可随时撤销或修改信用证)

有时信用证中无此文句,也无"Revocable"字样,根据《UCP600》规定,此种信用证被视为不可撤销信用证。

一般情况下,出口商不愿接受可撤销信用证,但当货物畅销,预期利润较高,且进口商信誉较好的情况下,为了抓住有利商机,出口商可考虑接受此种信用证。如果开证行因故撤销了信用证,出口人可以凭契约向进口人行使权力以取得货款。

在实务中,由于可撤销信用证极少应用,并且开证行往往运用它来解除自己的第一位付款责任,因此,《UCP600》删除了可撤销信用证的概念,这也意味着,自 2007 年 7 月 1 日起,可撤销信用证不再存在,凡是信用证都是不可撤销的,开证行和申请人不得以任何借口开立或申请开立可撤销的信用证。

(二) 不可撤销信用证

不可撤销信用证(irrevocable letter of credit)是指信用证一旦开出,在信用证的有效期内未经开证行、保兑行(如有)以及受益人同意,开证行不能片面修改和撤销的信用证。这种信用证对于受益人来说是比较可靠的。

不可撤销信用证有如下特征。

1. 有开证行确定的付款承诺

对于不可撤销跟单信用证而言,在信用证规定的单据全部提交给指定银行或开证行并且符合信用证条款和条件时,即构成开证行确定的付款承诺。

开证行确定的付款承诺是:对即期付款的信用证即期付款。对延期付款的信用证按信

用证规定所确定的到期日付款。对承兑信用证,凡由开证行承兑的受益人出具的以开证行为付款人的汇票,于到期日支付票款;凡由另一受票银行承兑的,如信用证内规定的受票银行对于以其为付款人的汇票不予承兑,应由开证行承兑并在到期日支付受益人出具的以开证行为付款人的汇票,或者,如受票银行对汇票已承兑,但到期日不付款,则开证行应予以支付。对议付信用证,根据受益人依照信用证出具的汇票及/或提交的单据向出票人或善意持票人履行付款,不得追索。

2. 具有不可撤销性

这是指自信用证开立之日起,开证行就受到其条款和承诺的约束。信用证一经开出,在有效期内未经受益人及有关当事人同意,开证行不得片面修改或撤销;只要受益人提供的单据符合信用证要求,开证行必须履行付款义务;如要撤销或修改信用证,必须经开证行和受益人同意,如果在这笔交易中有保兑行参与,还必须经过保兑行同意。

知识拓展

> 开证行确定的付款承诺和具有不可撤销性是不可撤销信用证的特点。

三、保兑信用证和无保兑信用证

根据是否有开证行之外另一家银行加以保兑,可将信用证分为保兑信用证和无保兑信用证。

(一) 保兑信用证

保兑信用证(confirmed letter of credit)是指开证行开出的信用证由另一家银行对其保兑,只要信用证规定的单据在到期日或在到期日之前提前交付到保兑行或被指定银行,并且构成相符交单,保兑行就保证付款、承兑或议付的信用证。

根据《UCP600》的规定,如果开证银行授权或委托另一家银行对信用证予以保兑,则此银行有接受保兑或不予保兑的选择权,凡同意对信用证加以保兑的,该行应承担如下责任:① 如果信用证规定由保兑行即期付款、延期付款、承兑或议付,则保兑行应当即期付款、延期付款、承兑或议付。② 如果信用证规定由另一被指定的银行即期付款,但其未付款,则由保兑行即期付款。③ 如果信用证规定由另一家银行延期付款,但其未承诺延期付款,则保兑行应承诺延期付款并到期付款;若另一家银行虽已承诺延期付款但未在到期日付款,则保兑行在到期日付款;④ 如果信用证规定由另一被指定的银行承兑,但其未承兑以其为付款人的汇票,则保兑行承兑并到期付款;若另一被指定银行虽已承兑但到期未付款,则承兑行在到期付款;⑤ 如果信用证规定由另一家被指定的银行议付,但其未议付,则保兑行进行议付。

信用证是否需要保兑,需要由进出口商经协商而确定。一般而言,在下列条件下会使用保兑信用证:① 进口商不能依出口商所确认的或指定的银行开具信用证;② 开证银行与出口商所在地的任何银行无业务往来;③ 开证银行所在地的政治、经济不稳定;④ 因契约金额大,超出开证银行一般业务的支付能力等;⑤ 进出口商所处地理位置遥远,并且进出口商所

在地的法律及有关规定有特殊规定等。

对于信用证的修改，保兑行可以将其保兑延伸至信用证的修改。如果保兑行选择将修改书通知受益人而不延伸其保兑，该行应将此事毫不延迟地通知开证行和受益人。

在保兑信用证中，保兑行承担着如同开证行一样的第一位付款责任，并且其议付是无追索权的议付，保兑银行对信用证提供保兑并承担风险，必然要收取保兑手续费用，收取费用的数额以银行规定或依协商数额而定，保兑费应由谁支付，系依信用证约定的条款为准。在国际贸易业务中，保兑行一般是通知行，有时也可能是其他银行。

 知识拓展

> 受益人可以选择由被指定银行议付，也可以选择保兑行议付。保兑行的议付是无追索权的。

在保兑信用证中，通常有以下词句：

This credit is confirmed by us. We hereby added out confirmation to this credit. （此证由我行加以保兑，我行因此对该信用证加具保兑）

The Advising Bank is restricted from adding their confirmation. （委请通知行加以保兑）

At the request of the correspondent（Issuing Bank）we（Advising Bank）have been requested to add our confirmation to this credit and we hereby undertake that all drafts drawn by you（Beneficiary）in accordance with the terms of credit will be duly honored by us.（本行受开证行委托，对此信用证加以保兑并在此保证，凡受益人依信用证条款签发的汇票，届时本行将予以承兑）

在实践业务中，受益人应当深入了解开证行的资信状况，要选择重信誉、讲信用、国际权威机构评级较高的大银行作为开证行。在万不得已的情况下，才要求对方开立保兑信用证，同时，应注意对保兑行资信的审查。

（二）无保兑信用证

无保兑信用证（unconfirmed L/C）是未经另一家银行加保的信用证。通知行在给受益人的信用证中一般会写上以下表示责任范围的文句：

This is merely an advice of credit issued by the above mentioned bank which conveys no engagement on the part of this bank.（这是上述银行所开信用证的通知，我行只通知而不加保证）

这种信用证只有开证行是确定的付款行。当开证行资信较好和成交金额不大时，一般都使用不保兑信用证。[①]

根据《UCP600》规定，信用证保兑与否应该注明，如果信用证没有注明，则该信用证就是无保兑信用证。

---

① 胡涵钧.国际经贸实务[M].上海：复旦大学出版社，2004：138.

四、即期付款信用证、延期付款信用证、承兑信用证和议付信用证

根据信用证的支付方式不同,信用证可分为即期付款信用证、延期付款信用证、承兑信用证和议付信用证。

(一) 即期付款信用证

1. 即期付款信用证的概念

即期付款信用证(sight payment letter of credit)又称见票即付信用证,是指受益人开立即期汇票或仅凭单据向指定银行提示请求付款,而开证行见单或见票立即付款的信用证。有些国家明确规定需提交即期汇票,而有些国家不要求提交即期汇票,认为提交汇票手续过于繁杂,而且增加费用(印花税),收款人只需提交单据或收据,并遵照信用证所列条款,付款人即可付款。①

即期付款信用证有以下两种:

(1) 单到付款信用证。单到付款信用证是指开证行或付款行在收到议付行提交的单据后,经审查如单证相符,开证行或付款行立即付款的信用证。

(2) 电汇偿付条款信用证。电汇偿付条款信用证是指议付行在收到受益人提交的单据,经审查单证相符后,于议付当天用电报的方式要求付款行立即偿付,然后用快件方式将单据尽快送达的信用证。这样的信用证里通常有"T/T Reimbursement"条款。这种带有电索条款的信用证,有利于加快出口商资金的周转。但是,开证行在收到单据后,如经审查单证不符,开证行有向议付行追索的权利。

即期信用证可以跟汇票,也可以不跟汇票。一般来讲,即期信用证一般不跟汇票,这主要因为有些国家会征收汇票的印花税。在即期信用证下,如果有代付行存在,开证行在收到代付行寄来的单证相符的单据后,应该立即履行其偿付责任。

在即期信用证下,如果以开证行为付款行,则交单地点和交单日期均是开证行所在的地点和日期。这种信用证对受益人来讲是不利的,因为他不知道在邮寄单据的途中是否会发生单证丢失和延误的风险,而且,受益人也很难得到信用证下的融资,因为它不是议付信用证。

在即期信用证下,如果以出口地银行为付款行(代付行),则交单地点和交单日期均应当是在当地代付行所在的地点和日期。这种信用证对受益人来讲是有利的,他不用再担心单证丢失和延误的风险发生,因为,即使代付行在寄单途中单证丢失,开证行仍然应当付款。

2. 即期付款信用证的业务流程

即期付款信用证的业务流程如图 5-1 所示。

3. 使用即期付款信用证应注意的问题

图 5-1 能够大致说明整个即期付款信用证的交易过程,但在实际操作过程中还应注意以下问题:

(1) 进出口双方在签订合同时,应当明确规定信用证的类型及买方开立信用证的日期。

---

① 陈永富.国际贸易实务[M].北京:科学出版社,2003:141.

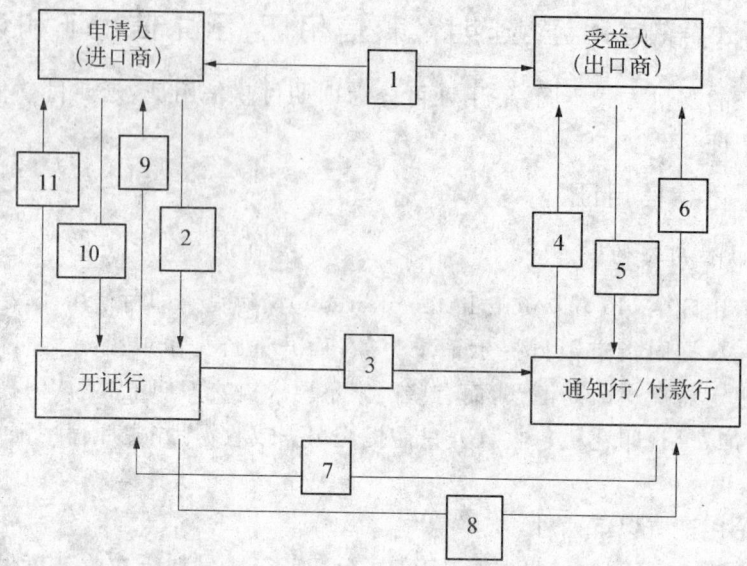

图示说明:
① 合同规定使用即期付款信用证支付货款;
② 进口商填制开证申请书,交纳押金和手续费,要求开证行开出以出口商为受益人的信用证;
③ 开证行将信用证寄交出口商所在地的分行或代理行(通知行);
④ 通知行核对印鉴无误后,将信用证转交出口商;
⑤ 出口商审核信用证与合同相符后,按信用证规定装运货物,并备齐各项货运单据,开具汇票,在信用证效期内一并送交当地银行(付款行)请求付款;
⑥ 付款行审核单据和信用证无误后,按汇票金额扣除利息和手续费,将货款支付给出口商;
⑦ 付款行将汇票和货运单据寄交开证行索偿;
⑧ 开证行或审单无误后,向付款行偿付;
⑨ 开证行在向付款行办理转账付款的同时,通知进口商付款赎单;
⑩ 进口商审单无误后,付清货款;
⑪ 开证行收款后,将货运单据交给进口商,进口商凭以向承运人提货。

图 5-1 即期付款信用证流程图

同时应订明,买方应当以何种方式开立信用证,是采用信开、电开还是以 SWIFT 方式开立。

(2)进口商在申请开立信用证填写申请书时,应当按照买卖双方签订的合同填写。在填写好以后,应当立即以传真的方式传递给出口商,如对方对此无异议,可申请银行按申请书条款开立信用证。切记信用证的规定一定不能违背合同规定。在给出口方传递申请书后,如对方同意,不要在信用证中加列其他条款,以免因出口商要求改证造成不必要的麻烦和损失。银行是经营货币和信贷的特殊企业,金融市场的激烈竞争也时时冲击着银行,因此在国际贸易中,若遇成交金额比较大、履约时间比较长的大宗交易,出口商和进口商应当充分考虑开证行的信誉和业务操作程序,选择信誉良好、手续简单规范且实力雄厚的银行开立信用证。

(3)银行开立信用证的依据是开证申请书,开证行一旦接受了开证申请人的委托,在开证行和申请人之间则产生了开证合同关系。在有些地区和国家,银行在开立信用证时无须申请人填写开证申请书,只要开证申请人提交了合同正本的复印件,开证行就开立信用证,

但开立的信用证条款必须征得申请人同意。

（4）开证行和通知行之间的关系是委托关系。通知行不受信用证的约束，对信用证条款既不负责，也不承担义务；通知行和出口商之间是通知和被通知的关系，虽然惯例规定通知行有审核信用证真伪的义务，但通知行如果不能辨别信用证真伪，只要它履行了告知出口商的义务就不承担法律责任。

在实践中，信用证的通知通常有三种途径：①　开证行以邮寄或电传、电报、SWIFT方式通知出口商当地的通知行；②　开证行在开立信用证后交给申请人，然后由申请人以某种方式转交给出口商；③　开证行直接将信用证寄给出口商。

在以上三种方式中，第一种最为常见。

通知行通知出口商一般来讲又有以下两种方法：①　用电传或电话通知出口商来通知行领取信用证；②　将通知书和信用证原件以快件的方式寄给出口商。

（5）出口商在接到信用证后应当对信用证进行严格审核，如发现在信用证中存在自己不能接受的条款，应当及时以书面形式通知申请人，以便申请人能到开证行申请改证。

（6）出口商在接受信用证所有条款后，应当严格按照信用证的规定发货，特别是不能超过最迟装运期。如果在信用证的效期和最迟装运期内不能发货装运，要通知出口商改证，千万不要倒签提单，因为倒签提单的行为在法律上属于欺诈行为。在货物装船后，出口商应当严格按照信用证的规定制单议付和结汇，单据的制作要符合"单证相符"的原则。

（7）在信用证付款的条件下，进口商一般是凭单取货。但在运输距离比较近或邮寄耽误或不可预见因素的情况下，可能会出现单到货未到的情况，在这种情况下，如果坚持让进口商凭单提货，就会造成大量额外费用的产生，这些额外费用有时甚至会超过货物的实际价值。在实务中，针对以上情况，通常是进口商要与银行一起向船务公司会签"无单提货保证书"，在保证书中保证当收到正本提单后立即送交船运公司；并保证因无单提货产生的一切法律后果，由收货人和参加会签的银行承担。

（8）进口商提货后，应当对货物仔细查验，如果发现货物与合同不符，不能向开证行索赔，只能向出口商提出赔偿要求。

（二）延期付款信用证

1. 延期付款信用证的概念

延期付款信用证（deferred payment letter of credit）是指不要汇票，开证行在信用证中规定，在收到单据后若干天或提单日后若干天付款的信用证。

延期付款信用证之所以产生，主要是因为有些国家的法律规定，远期汇票的期限不能超过180天，如利用远期付款信用证，就不能适应交货时间较长的业务的开展，如成套大型机械设备的出口。于是在国际贸易实践中，延期付款信用证就应运而生了。

在延期付款信用证项下，被指定银行在收到符合信用证条款的不带汇票的单据后，于约定日期向受益人履行付款责任。如果被指定银行为开证行，则受益人面临着寄单风险，以及延期付款的资金负担，万一开证行破产或倒闭，受益人又面临着资金货款落空的风险；如果被指定银行为出口商当地的代付行，虽然受益人不面对寄单风险，但却面临着代付行到期拒付或破产的风险。因此，在延期付款信用证下，受益人应要求对信用证加保，并且应严格制作单据。

2. 延期付款信用证的业务流程

延期付款信用证的业务流程如图5-2所示。

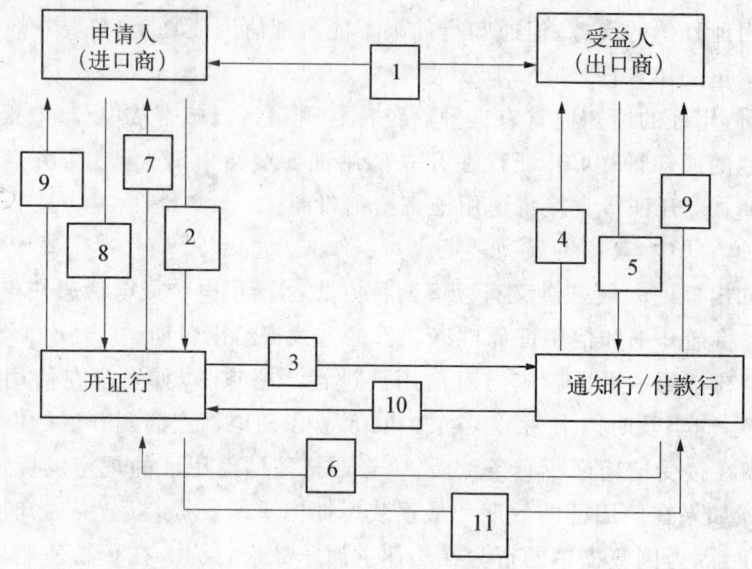

图示说明：
① 合同规定使用延期付款信用证支付货款；
② 进口商填制开证申请书，交纳押金和手续费，要求开证行开出以出口商为受益人的信用证；
③ 开证行将信用证寄交出口商所在地的分行或代理行（通知行）；
④ 通知行核对印鉴无误后，将信用证转交出口商；
⑤ 出口商审核信用证与合同相符后，按信用证规定装运货物，并备齐各项货运单据，开具汇票，在信用证效期内一并送交当地银行（付款行）；
⑥ 付款行审核单据和信用证无误后，将汇票和货运单据寄交开证行；
⑦ 开证行审核单据和信用证无误后，通知申请人前来领单；
⑧ 申请人审核单据和信用证无误后，签收单据，即可向承运人提货；
⑨ 申请人和付款行于约定的付款到期日分别向开证行和受益人付款；
⑩ 付款行付款后向开证行索偿；
⑪ 开证行向付款行偿付款项。

图5-2 延期付款信用证流程图

3. 使用延期付款信用证应注意的问题

（1）由于延期付款信用证对出口商而言风险较大，因此，只有在进口商信誉较好而资金又比较充足的情况下，才可以采用这种方式成交。在实践中，出口商应要求进口商在签订合同时或签订合同后先预付一部分货款，然后在信用证中规定按金额比例分期付款。

（2）延期付款信用证一般不跟汇票，常见下列类似条款："This credit is available with advising bank by deferred payment at 30 days after the date of bill of lading against the documents detailed herein"。

（3）延期付款信用证与承兑信用证类似，都是延期付款，所不同的是在延期信用证下受益人不需要出具汇票，只需将符合信用证规定的单据交到指定银行，指定银行在验单无误后收入单据，待信用证到期再行付款。

（4）延期付款信用证由于没有汇票,受益人就不能去贴现。如果受益人急需资金必须向银行贷款,而银行贷款利率比贴现率要高,可见这种支付方式不利于受益人对资金的利用。

（三）承兑信用证

1. 承兑信用证的概念

承兑信用证(acceptance letter of credit)是指以远期汇票和假远期汇票的付款方式兑现的信用证。开证行或指定付款行在收到符合信用证规定的汇票和单据时,先履行承兑手续,待汇票到期再向持票人履行付款责任。①

承兑信用证必须有"ACCEPTANCE(承兑)"字样。例如有"AVAILABLE WITH…BANK BY ACCEPTANCE(由某银行保兑)",或"DRAFT AT：90 DAYS AFTER SIGHT FOR ACCEPTANCE(要求开立见票后90天的远期承兑汇票)"等。如果信用证上没有表明承兑与否,那么,此证就为不承兑信用证。

承兑信用证下的承兑行可以是开证行,也可以是开证行指定的另外一家银行;在保兑信用证下,若单寄保兑行,保兑行则为承兑行。

在承兑信用证下,开证行仍然负有第一位的付款责任。当被指定银行不承兑汇票时,受益人需要另行开具以开证行为付款人的汇票,并有权要求开证行承兑并到期付款。开证行的付款责任并不因信用证中规定的付款人是否为其自身而有任何差异,当汇票的付款行承兑了汇票到期不付款时,受益人不必更换汇票,即不必将汇票的付款人改为开证行,即可直接要求开证行向其付款,开证行不得以该汇票不是由其承兑为由而拖延或拒绝付款。②

 **知识拓展**

> 延期信用证不要汇票。承兑信用证必须要汇票。进口商可以利用承兑信用证项下的远期汇票贴现融资。

根据远期汇票所发生的利息由谁支付,远期付款信用证可以分为卖方远期信用证(seller's usance letter of credit)和买方远期信用证(buyer's usance letter of credit)。

（1）卖方远期信用证。卖方远期信用证又被称为真远期信用证,是一种真正以远期付款方式为兑现方式的信用证。受益人在向付款行交单后,可以取得经后者承兑的汇票,受益人可以自己持有汇票或将承兑的汇票转让给他人以融通资金。而申请人则可以凭质押书或信托收据取得单据,并按时向开证行付款。开证行则在汇票的付款日到期后,向汇票的持有人履行其付款义务。

一般而言,凡明文规定,远期汇票所发生的利息由卖方承担,或是将利息加在货物价格之中的,皆为卖方远期信用证。

卖方远期信用证通常会包含如下条款以显示其功能。

---

① 程祖伟,韩玉军.国际贸易结算与融资[M].北京：中国人民大学出版社,2002：157－158.
② 陈岩,刘玲.UCP600与信用证精要[M].北京：对外经济贸易大学出版社,2007：85－87.

Available by your draft (90) days sight drawn on Issuing Bank, discount charges and acceptance commission are for Seller's account.［凭见票后（90）天以开证银行为付款人的汇票付款，贴现息及承兑手续费均由卖方承担］

This credit is available by payment of your draft at (90)days after acceptance of draft (interest free) drawn on Issuing Bank. （本信用证凭卖方签发承兑后 90 天，以开证行为付款人的免息汇票付款）

Payment of draft drawn under this credit will be effected at (90)days after sight. Discount charges, if any, are to be born by Seller. （本信用证项下签发汇票于见票后 90 天付款，贴现息应由卖方负担）

Available by your draft on Issuing Bank at (90) days after sight, honoured at maturity. （凭贵方签发的见票后 90 天，以开证行为付款人的汇票，于到期日付款①）

（2）买方远期信用证。买方远期信用证也称假远期付款信用证，是指信用证中规定受益人开立远期汇票，由付款行负责贴现，一切利息和费用由申请人负担的信用证。使用这种信用证，对受益人来说可以即期得到十足的货款，但要承担远期汇票到期遭到拒付时被追索的风险。

买方远期信用证一般以开证行作为付款人，其到期地和到期日均在开证行所在地。这种信用证，对出口商来说仍属于即期十足收款的信用证；但对开证人来说则属于远期付款的信用证，故也称为"买方远期信用证"。进口商之所以愿意使用假远期信用证，是因为：① 他可以利用贴现市场或国外银行资金以解决资金周转不足的困难；② 可以摆脱进口国外汇管制法令的限制。

假远期信用证通常有下列描述以显示其功能。

Available by your draft on Issuing Bank at (90)days after sight honoured at maturity. Kindly note that drafts are payable with interest for up to (90) days calculated at So-and-So Bank rate per annum prevailing at the rate of acceptance, such interest being for Buyer's Account. （凭贵方签发的见票后 90 天，以开证银行为付款人的汇票，于到期日付款。另须加付 90 天利息，利率以某银行承兑当日公布的利率为准，利息由买方承担）

We are authorized to pay the face amount of your drafts upon presentation, discount charges being for account of Buyer. （授权本行依贵公司签发的汇票金额，于提示时付款，贴现息由买方承担）

Usance draft shall be negotiated on sigh basis. Discounting commissions and charges are for buyer's account. （远期汇票可即期议付，贴现息及费用由开证申请人承担）

需要注意的是，买方远期信用证中实际上也可以分为两种：一种为银行承兑远期信用证；另一种为商业承兑远期信用证。在这两种信用证中，银行承兑买方远期信用证比较容易贴现，一般由代付行贴现经银行承兑的汇票；而买方承兑的远期信用证下的汇票较难贴现，即使能够贴现，利息也比较高。因此，在《UCP600》中就规定，受益人开立汇票不应以申请人为付款人，而应以银行为付款人，这也是出于提高信用证的融资功能考虑的。

2．承兑信用证的业务流程

承兑信用证业务流程如图5-3所示。

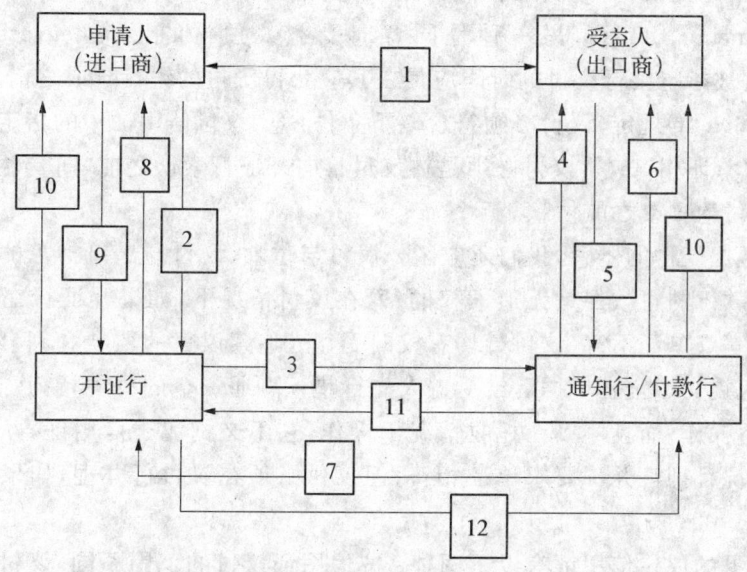

图示说明：

① 合同规定使用承兑信用证支付货款；

② 进口商填制开证申请书，交纳押金和手续费，要求开证行开出以出口商为受益人的信用证；

③ 开证行将信用证寄交出口商所在地的分行或代理行(通知行)；

④ 通知行核对印鉴无误后，将信用证转交出口商；

⑤ 出口商审核信用证与合同相符后，按信用证规定装运货物，并备齐各项货运单据，开具汇票，在信用证效期内一并送交当地银行(付款行)；

⑥ 付款行审核单据和信用证无误后，承兑汇票并交给受益人；

⑦ 与此同时，付款行将货运单据寄交开证行；

⑧ 开证行审核单据和信用证无误后，通知申请人前来领单；

⑨ 申请人审核单据和信用证无误后，签收单据，即可向承运人提货；

⑩ 申请人和付款行于约定的付款到期日分别向开证行和受益人付款；

⑪ 付款行付款后向开证行索偿；

⑫ 开证行向付款行偿付款项。

图5-3　承兑信用证流程图

(四) 议付信用证

1．议付信用证的概念

议付信用证(negotiation letter of credit)是以即期议付方式为兑现方式的信用证。议付行在收到相符交单后(单据可以跟汇票，也可以不跟汇票)，当即向受益人履行议付义务。开证行在收到议付行寄来的相符单据后，如为即期付款，须即期偿付；如为远期付款，须对汇票进行承兑，再到期付款。

这里须注意什么是议付。根据《UCP600》规定，议付是指被指定银行在相符交单的情况下，在其应获得偿付的银行工作日当天或之前向受益人预付或同意议付款项，从而购买汇票及/或单据的行为。议付主要是用来说明被指定银行在议付信用证下的责任的。与

《UCP500》相比,《UCP600》对于议付的定义出现了显著的变化,具体体现在三个方面:首先,用"购买(purchase)"代替"给付对价(giving of value)",这也就意味着我国银行习惯上用的"收妥结汇",并不是议付;其次,银行购买相符交单的汇票或单据的形式有两种:一种是预付形式(advancing funds),另一种是同意向受益人预付的形式(agreeing to advance funds);再次,是被指定银行议付的时间应是在其应获得偿付的银行日或之前。[①]

根据《UCP600》的规定,议付必须符合以下条件:① 议付信用证中的指定银行才可以议付;② 议付必须单证相符;③ 议付必须是在议付行向开证行索偿之前,向受益人作出的书面承诺,在开证行付款日或之前付款。

为了准确把握议付的概念,我们还应区分议付与付款、议付与出口押汇的不同。在任何信用证项下,付款行的付款都是无追索权的;而在议付情况下,如果开证行在收到议付行提交的单据后,经审查单证不符,议付行均有权向受益人追索议付的款项和利息。出口押汇是寄单行在受益人提交了全套单据后给受益人先行垫款融通资金的一种行为。出口押汇不仅可以在信用证下操作,而且可以在托收情况下操作,它不必拘泥于信用证,办理押汇的银行是寄单行则可,况且押汇并不要求单证相符;但议付必须在议付行办理,如果不构成相符交单,就不能议付。[②]

实务中,常见的议付信用证有以下两种:按信用证议付的范围不同,议付信用证可分为限制议付信用证和自由议付信用证两种。

(1)限制议付信用证。限制议付信用证(restricted negotiation credit)是开证行限定议付银行的信用证,其交单地点和交单到期日均在被指定银行所在地。这种信用证的议付银行通常为通知行。此种信用证通常有下列条款。

Negotiation under this credit is restricted to Advising Bank.(本信用证仅限通知行议付)

Drafts drawn under this credit are negotiable through ×××bank.(依本信用证签发的汇票仅限某银行议付)

This credit is available with advising bank by negotiation.(本信用证仅限通知行议付)

(2)自由议付信用证。自由议付信用证(open negotiation credit or freely negotiation credit)又称公开议付信用证,是指开证行授权出口地任何一家银行皆可议付的信用证。在自由议付信用证下,受益人可以将其单据交由任何一家银行议付。

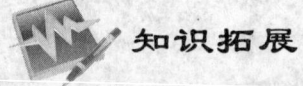 **知识拓展**

　　议付(negotiation),按《跟单信用证统一惯例》的解释,是指被授权的银行对汇票及/或单据付出对价。在议付信用证项下,议付银行收到受益人提交的单据经审核确认符合信用证要求后,预先按一定的贴现率向受益人贴现应由开证银行支付的票据款,然后寄单向开证银行收回已贴现的票款。说得通俗点,议

---

① 于强.《UCP600》与信用证操作实务大全[M].北京:经济日报出版社,2007:36.
② 陈岩,刘玲.《UCP600》与信用证精要[M].北京:对外经济贸易大学出版社,2007:88-90.

（续上）

> 付就是"商议付款"，是议付银行与受益人之间在信用证项下的贴现融资安排。"证下托收"是银行将信用证受益人提交的单据以托收方式向开证银行寄单要求付款，并在收妥票款后转给受益人。
>
> 　　"议付"与"证下托收"的主要区别是，如果按"议付"结算，议付银行从开证银行收到票款之前，预先向信用证受益人付出对价。《跟单信用证统一惯例》明确指出，仅审核单据而未付出价金并不构成议付。而按"证下托收"结算，托收银行是在收妥票款后才将其付给受益人。

自由议付信用证一般加注下列常见条款：

This credit is available with any bank by negotiation.（此信用证可在任何银行议付）

We (Issuing Bank) hereby engage with the drawers, endorsers and bona — fide holders of draft(s) drawn under and in compliance with the terms of the credit that such draft(s) shall be duly honored on due presentation and delivery of documents as specified.〔本银行(开证银行)向出票人、背书人及正当持票人保证，凡依本信用证所列条款开具的汇票，在提交时承担付款责任〕

Provided such drafts are drawn and presented in accordance with the terms of this credit, we hereby engage with the drawers, endorsers and bona — fide holders that the said drafts shall be duly honored on presentation.（凡依本信用证条款开具并提示汇票，本银行保证对其出票人、背书人和正当持票人于交单时承兑付款）

We hereby agree with the drawers, endorsers and bona — fide holders of drafts drawn in compliance with the terms of the credit that such drafts shall be duly honoured on presentation and paid at maturity.（本银行向出票人、背书人及正当持票人表示同意，凡依本信用证所列条款开具的汇票，向本银行提示时，到期即予以付清票款）

2. 议付信用证的业务流程

议付信用证业务流程如图5-4所示。

上述四种信用证是《UCP600》明确列举的信用证方式。四种信用证综合比较如表5-1所示。

表5-1　　　　　　　　　　　　　　　四种信用证综合比较表

项目＼种类	即期信用证		延期付款信用证		承兑信用证		议付信用证
汇票	要或不要		一般不要		要		一般要
汇票期限	即期		—		远期		即期或远期
兑现方式	即期		延期		远期承兑、远期兑现		即期议付
指定兑现银行	代付行	开证行	代付行	开证行	代付行	开证行	议付行
指定兑现行兑现责任	可以不予付款	必须付款	可以不予付款	必须付款	可以不予承兑	必须承兑	必须议付或同意议付
追索权	无		无		无		有

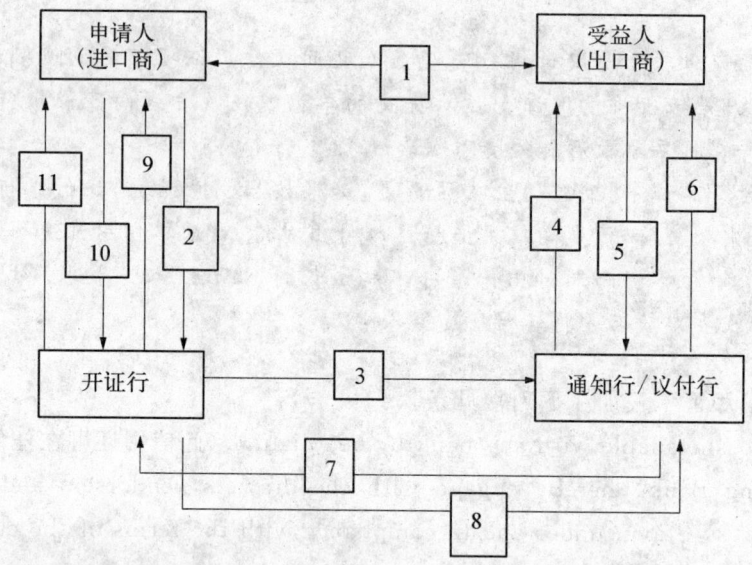

图示说明：
① 合同规定使用信用证支付货款；
② 进口商填制开证申请书，交纳押金和手续费，要求开证行开出以出口商为受益人的信用证；
③ 开证行将信用证寄交出口商所在地的分行或代理行（通知行）；
④ 通知行核对印鉴无误后，将信用证转交出口商；
⑤ 出口商审核信用证与合同相符后，按信用证规定装运货物，并备齐各项货运单据，开具汇票，在信用证效期内一并送交当地银行（议付行）请求议付；
⑥ 议付行审核单据和信用证无误后，按汇票金额扣除利息和手续费，将货款垫付给出口商；
⑦ 议付行将汇票和货运单据寄交开证行索偿；
⑧ 开证行或其指定的付款行审单无误后，向议付行付款；
⑨ 开证行在向议付行办理转账付款的同时，通知进口商付款赎单；
⑩ 进口商审单无误后，付清货款；
⑪ 开证行收款后，将货运单据交给进口商，进口商凭以向承运人提货。

图 5-4　议付信用证流程图

五、可转让信用证与不可转让信用证

根据受益人对信用证的权力是否可转让，信用证可分为可转让信用证与不可转让信用证。

（一）可转让信用证

1. 可转让信用证的概念

可转让信用证（transferable letter of credit）是指信用证的受益人（第一受益人）可以要求信用证中特别授权的转让银行，将该信用证全部或部分转让给一个或数个受益人（第二受益人）使用的信用证。

可转让信用证通常适用于转口贸易。在实际业务中，要求开立转让信用证的第一受益人（通常是中间商，在可转让信用证中又称第一受益人），为了赚取差额利润，往往要求国外的进口商开立可转让的信用证,然后再将信用证下的权利转让给实际供货商(第二受益人),然后由供货商办理出运手续。除适用于转口贸易外,可转让信用证还适用于下列情况:
① 若进出口商签约成交的订单,系商品规格化,包装标准化,检验程序化,而且批量多,金额大,货源来自分散的异地,出口商可要求进口商开具可转让信用证,可转让信用证的受益人作为转让人,通过转让行将信用证金额的全部或部分,一次转让给出口商所在地或异地口岸的分支机构,或转给异地各货源的供应商,即第二受益人,由第二受益人按规定的产品,在规定的时间内分批装船,制单结汇;② 若进口商派员到国外采购所需商品,或委托国外代理商采购商品,进口商可开具以货源地的代理商为受益人的可转让信用证。①

根据《UCP600》的规定:可转让信用证中必须明确标明"可转让(transferable)"字样,否则,被视为不可转让信用证。如果信用证出现了诸如"可分割(divisible)"、"可分开(fractionable)"、"可让渡(assignable)"、"可转让(transmissible)"之类的词语,该信用证将不被视为可转让信用证。

按照《UCP600》的规定:可转让信用证只能转让一次,办理转让的银行是信用证指定的转让行;第一受益人必须通过转让行办理信用证转让业务,不能由第一受益人自行转让信用证给第二受益人;转让银行可以是开证行,也可以是经开证银行授权的被指定银行;转让的金额可以是部分的,也可以是全部的;转让的对象可以是一个或几个;可转让信用证必须准确反映原证的条款和条件,但信用证金额、单价、装运期、交货期、到期日、投保金额和申请人条款可以有所改变。

根据信用证金额转让情况,可转让信用证的转让可以为全部金额转让(total transfer)与部分金额转让(partial transfer)。第一受益人根据货源的分布情况,若货源来自一家厂商,而且装运货物不准分批装运,只能一次装运时,必然将开具信用证的全部金额转让给第二受益人;若原信用证允许分批装运,则第一受益人可将信用证部分金额转让给第二受益人。

根据是否替换商业发票,可转让信用证的转让,可分为不替换发票的转让(transfer without substitution of invoice)与替换发票的转让(transfer with substitution of invoice)。不替换发票转让系信用证的原受益人(即第一受益人)将信用证金额的全部或一部分转让给受让人,即由第二受益人装运货物并备妥所需单据,通过第一受益人或以第一受益人的名义直接向议付银行办理议付或付款。此种方式较为简便,在国际贸易的实务中通常予以采用。替换发票的转让是由第二受益人装运货物后,第二受益人以自己的名义向银行提示单证办理议付或付款。银行将用第一受益人提供的商业发票来替换第二受益人提示的发票。第一受益人所提示的发票金额要大,两张发票的差额为中间人赚取的利润。

2. 可转让信用证的业务流程

下面以替换发票的可转让信用证为例,来了解一下可转让信用证的业务流程。可转让信用证的业务流程如图 5-5 所示。

值得注意的是,第一受益人在发出转让指示时,需要注意以下问题:① 转让信用证时可以就信用证的金额、单价、到期日、交单日、最迟装运期减少或缩短;② 必须投保的保险金额

---

① 国际商会.信用证 500 实务全书[Z].国际商会中国国家委员会,译.北京:中国统计出版社,1995:161-165.

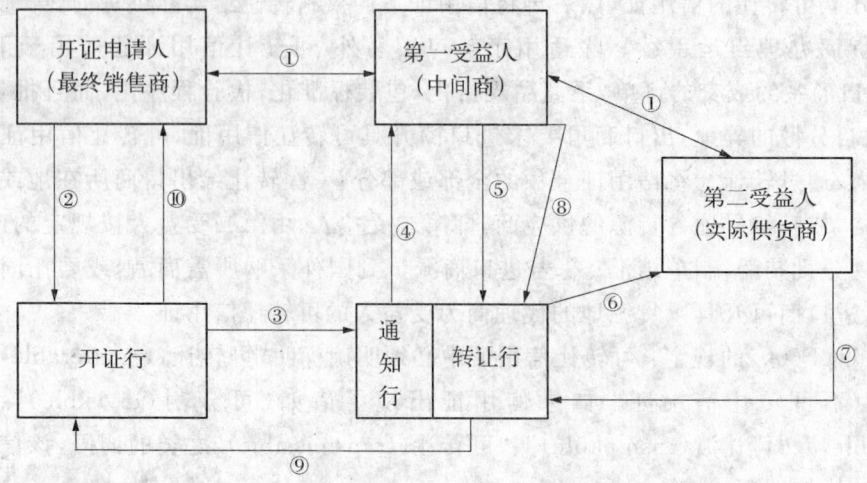

图示说明：

① 中间商和最终销售商之间，中间商和实际供货商之间应该有合同存在，这是有中间商的可转让信用证存在的前提和基础。其中，中间商和最终销售商之间的合同为进出口合同；中间商和实际供货商之间的合同为供货合同。

② 最终销售商向其所在地的银行（开证行）申请开立以中间商为第一受益人的可转让信用证。

③ 开证行开立可转让信用证并委托其在中间商所在地的有业务往来的银行通知第一受益人。

④ 通知行向第一受益人通知可转让的信用证。

⑤ 第一受益人向开证行指定的转让行（有时通知行就是转让行）发出转让指示。

⑥ 转让银行在同意了第一受益人的转让指示后，就会根据转让指示向最终供货商开立一份以第一受益人为申请人，以最终供货商为受益人的新信用证，并直接通知第二受益人。如果开证行充当了转让银行的角色，它还必须委托最终供货商所在地的一家银行通知。

⑦ 第二受益人在接到信用证后进行审证，如接受新证下的条款，就发货装运，在得到货运单据后，再备妥其他单据，然后向转让行交单。

⑧ 转让行通知第一受益人换单。

⑨ 转让行将第一受益人提供的发票（和汇票）和第二受益人准备的其他单据寄往开证行索偿。

⑩ 开证行审单无误后对转让行偿付，并通知申请人办理付款赎单。

图 5-5 可转让信用证流程图

的投保比例可以增加；③ 可以用第一受益人的名称替换原信用证的申请人的名称；④ 可转让信用证只能转让一次，如果信用证允许分批装运，第一受益人可以将信用证分成若干部分，分别转让给两个或多个第二受益人（注：实务中银行通常禁止第一受益人这样做以规避转让行在操作上的风险）。第二受益人无权再将自己的权利转让。

此外，为了保护第一受益人的利益，《UCP600》明确规定第二受益人必须将单据提交到转让银行，这就明确否定了实际操作中第二受益人将信用证下的单据直接交到开证行和保兑行的做法。关于信用证的修改，如果信用证被转让给一个以上第二受益人，如果有的第二受益人对信用证提出修改，而其中一个或多个第二受益人拒绝接受某个信用证的修改，这并不影响其他第二受益人接受修改；对于拒绝修改的第二受益人而言，该信用证仍未修改。

根据《UCP600》规定,第一受益人有权以自己的发票和汇票等单据,替换第二受益人的单据,其金额不得超过原证。经过替换后,第一受益人可以在原信用证下支取自己的发票与第二受益人发票之间的差额。同时,为了保护第二受益人的利益,惯例规定,如果第一受益人应当提交自己的发票和汇票,但却未能在第一次要求时照办;或者第一受益人提交的发票导致了第二受益人提交的单据中本不存在的不符点,而未能在收到第一次要求时予以修正,则转让银行有权将从第二受益人处收到的单据交开证行,并不再对第一受益人承担责任。

(二) 不可转让信用证

不可转让信用证(non-transferable letter of credit)是指受益人无权转让给他人使用的信用证。不可转让信用证只限受益人本人使用。

六、循环信用证与非循环信用证

按照是否可以循环使用,可以把信用证分为循环信用证与非循环信用证。

(一) 循环信用证

循环信用证(revolving letter of credit)是指信用证被全部或部分使用后,其金额又恢复到原金额,可再次使用,直至达到规定的次数或金额终止为止的信用证。

循环信用证适用于买卖双方彼此信任,进口商银行信用良好,贸易合同需要长时间分批、定量、定时装运的情况。采用这种信用证的优点在于,进出口双方无须就相同产品的交易逐个申请不同的银行开证和议付。对进口商而言,进口商不必多次开证,从而节省开证费用,同时也可以不必向开证行缴纳过多的保证金,从而减少资金的占用;对出口商而言,出口商不必多次审证和要求申请人改正,从而有利于合同的履行。

循环信用证通常是以时间或金额为循环基础的,据此循环信用证也可以分为按时间循环与按金额循环。

1. 按时间循环信用证

按循环时间,循环信用证可以分为自动循环、通知循环和定期循环三种:

(1) 自动循环(automatic revolving)。自动循环即受益人按规定的时间装运议付后,信用证自动恢复到原金额再度使用,直到其总金额用完为止。自动循环信用证通常有如下条款:

The total amount of this credit shall be restored automatically after date of negotiation.(本信用证项下总金额,于每次议付后自动循环)

The amounts paid under this credit are again available to you automatically until the total of the payments reaches USD ____.(本信用证项下支付金额,于每次议付后自动恢复循环,直至用完金额××美元为止)

(2) 通知循环(notice revolving)。通知循环即受益人每次装运议付后,须等待开证行的通知后,信用证才能恢复到原来金额再度使用。通知循环信用证通常有如下条款:

The amount shall be reinstated after each negotiation only upon receipt of Issuing Bank's notice stating that the credit might be renewed.(于每次装货议付后,须待收到开证银行通知,方可恢复到原金额使用)

The amount of each shipment shall be reinstated after each negotiation only upon

receipt of credit-writing importer's issuing bank's notice stating that the credit might be renewed. （受益人于每次装货议付后，须待收到进口商或开证银行发出的通知，方可恢复到原金额使用）

（3）定期循环（periodic revolving）。定期循环即受益人在装运议付后，信用证的金额须经过一定的时间才能恢复使用。定期循环信用证通常有如下条款：

Should the Negotiating Bank not be advised of stopping renewal within seven 7 days after each negotiation, the unused balance of this credit shall be increased to the original amount. （每次议付后于7天之内，议付银行未接到停止循环的通知时，本信用证项下尚未用完的余额，可积累于原金额中使用）

2. 按金额循环信用证。按循环金额，循环信用证中的循环按金额可分为积累循环和非积累循环。

（1）积累循环（cumulative revolving）。积累循环即受益人因故在本期未使用完的信用证金额，可以转入下期使用。积累循环信用证通常有如下条款：

Per three（3）calender month cumulative commencing with 15th March 2011, revolving on the first business day of each successive month and ending with 15th December 2011. （每3个日历月积累循环一次，由2011年3月15日，从达成第一笔交易之日起至2011年12月15日循环终止）

（2）非积累循环（non-cumulative revolving）。非积累循环即受益人因故在本期未使用完的信用证金额不能转入下期使用。非积累循环信用证通常有如下条款：

The unused balance of each shipment is not cumulative to the following shipment. （每批货物所支付的金额，尚未满额时不得积累使用）[1]

（二）非循环信用证

非循环信用证（non-revolving letter of credit）是指金额不能重复使用的信用证。在实务中，凡是循环信用证必须在信用证中有明确的表述，凡是未注明的信用证都属于非循环信用证。

七、背对背信用证

（一）背对背信用证及其特点

背对背信用证（back-to-back letter of credit）又称对背信用证或从属信用证，是指受益人（中间商）要求原证的通知行或其他银行以原证为基础，向第二受益人开立的、条款受原证约束的信用证。

 知识拓展

注意第一份信用证为原信用证，第二份信用证才叫背对背信用证。

---

[1] 徐莉芳. 国际结算与信贷[M]. 上海：立信会计出版社，2006：149-150.

背对背信用证有如下特点：

（1）存在着出口商、进口商、中间商之间签订的两份契约。

（2）中间商与进口商签订的契约为第一份契约。依第一份契约开立的信用证被称为原证；中间商与生产商或供应商（第二受益人）签订的契约被称为第二份契约，以此契约开立的信用证被称为背对背信用证。

（3）背对背信用证受原信用证条款的约束。两者的区别为：原证的价格高于背对背信用证的价格，之间的差价为中间商的佣金；背对背信用证的交货期早于原证。此外，新证的开证人、受益人、总金额、保险金额和有效期也与原证不同。

（二）背对背信用证的业务流程

背对背信用证的业务流程如图5-6所示。

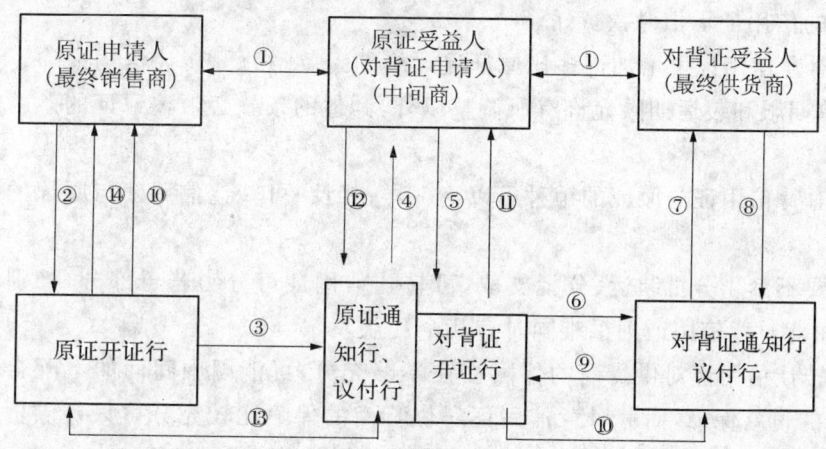

图示说明：

① 中间商和最终销售商之间，中间商和实际供货商之间有合同存在。其中，中间商和最终销售商之间的合同为进出口合同；中间商和实际供货商之间的合同为供货合同。

② 最终销售商，在背对背信用证中被称为原证申请人向其所在地的银行（开证行）申请开立以中间商为受益人的信用证。

③ 开证行开立信用证（此证被称为原证）并委托其在中间商所在地的有业务往来的银行通知原证受益人。

④ 原证通知行向原证受益人通知信用证。

⑤ 原证受益人以原证为依据向开证行（通常是原证通知行）申请开立信用证，此证被称为背对背信用证。

⑥ 对背信用证的开证行委托实际供货商所在地的银行通知最终供货商（对背信用证的受益人）。

⑦ 对背证的通知行通知信用证。

⑧ 对背证的受益人报关装货后持单向指定银行交单议付。

⑨ 对背证的被指定银行向对背证的开证行寄单索偿。

⑩ 对背证的开证行偿付被指定的银行。

⑪ 对背证开证行通知对背证受益人付款赎单。

⑫ 原证受益人收到货物后装运向原证的通知行或议付行交单。

⑬ 原证议付行向原证开证行交单索偿，原证开证行偿付。

⑭ 原证开证行通知原证申请人付款赎单。

图5-6 背对背信用证流程图

（三）背对背信用证与可转让信用证的比较

从以上背对背信用证的业务流程来看,它与可转让信用证都产生于中间贸易的存在,两种信用证在开立新证时,都要调低单价及总金额,缩短交货期和交单期,都要调高保单(如有)中的投保金额,但是,两者的性质是不同的。具体体现在以下几个方面:

(1) 从信贷关系上看,可转让信用证只涉及一笔信贷,即原开证行提供的信贷;相反,背对背信用证涉及的是两笔信贷款:一是在原证下银行提供的信贷,一是在新证下银行提供的信贷。

(2) 可转让信用证明确该证的性质是转让信用证;背对背信用证不显示其背对背性质,对于对背证的受益人来说,它只是一般的信用证。

(3) 背对背信用证的开证行对该证的受益人承担付款责任;相反,转让信用证的转开行不对其转开的信用证承担付款责任。

(4) 背对背信用证可增加许多比原证更严格的条款;相反,转让信用证除了金额、单价、到期日、交单期限和装运期限允许有所调整以外,其他的条款必须按原证的条款原封不动地转开。

(5) 背对背信用证与原证的币种可以不一样;相反,可转让信用证与原证的货币种类必须是一样的。

(6) 只要不禁止分批装运、分批支取,可转让信用证可分为若干部分,分别转让给不同的受益人,而背对背信用证则很难同时有几个受益人。

(7) 可转让信用证对供货商的保障往往不够充分,可能因中间商的不配合而使供货商丧失开证行的付款保障,而背对背信用证对供货商的保障比较充分。只要供货商提供的单据符合对背信用证的要求,对背信用证的开证行就得付款。

八、对开信用证

对开信用证(reciprocal letter of credit),是指交易双方互为开证申请人和受益人、金额大致相等的信用证。

这种信用证主要用于来料加工、来件装配和补偿贸易中。合作双方须订立两份契约:一份是进口原料或零配件的契约,一份是产品出口的契约。签订的两份契约须开立两份信用证来实现。具体做法是加工方在进口原料和配件时,给对方开出远期信用证;待把原材料和配件加工成产品要出口时,要求对方开出即期信用证。第一份信用证所列金额与第二份信用证所列金额大致相同,在贸易实务中可略高或略低,但应在信用证条款中明确。通常是第一份信用证首先开出,暂不生效,待开立第二份信用证后,两份信用证都能被各自的对方接受时,通过银行予以通知,于指定日期两份信用证同时生效。

对开信用证具有两个特点:① 双方必须承担购买对方货物的义务,一方的出口必以另一方的进口为条件,两证互相联系,互相制约,而且两证的金额要相等或大致相等;② 第一份信用证的开证申请人是第二份信用证的受益人,第二份信用证的开证申请人是第一份信用证的受益人。第一份信用证的通知行一般就是第二份信用证的开证行。

在第一份信用证中,通常有类似以下文句,以示其功能:

This credit shall not be available unless and until the reciprocal credit is established by ×× Bank in favour of ×× for a sum of ×× covering shipment from ×× to ××. This reciprocal credit in effect shall be advised by telex from ×× Bank to Beneficiary.（本信用证待××银行开具对开信用证后生效，对开信用证以××为受益人，金额为×××，货物由××运至××。本信用证的生效将由××银行用电传通知受益人①）

　　从对开信用证生效时间看，一般来讲对开信用证都是同时生效的，即一方开出的信用证，虽已为对方所接受，但暂不生效，等另一方开来回头信用证且被该证受益人接受时，通知对方银行两证同时生效，这种对开信用证较为常见。但是，在实务中也会有分别生效的对开信用证，即一方开出的信用证被受益人接受后随即生效，无须等待另一方开来回头信用证，这种对开信用证在补偿贸易中不常用。

知识拓展

> 　　对开信用证适用于来料加工、来件装配和补偿贸易中，两份证一般来讲应同时生效。

九、预支信用证

　　预支信用证（anticipatory letter of credit）是指受益人在货物装运交单前可以向开证行、预付行等其他指定行预支货款的信用证。

　　预支信用证主要适用于以下贸易方式：① 契约下货物供不应求，进口商为尽快得到货物，愿意采用这种优惠性的支付方式；② 出口商资金紧张，通过给对方优惠价格，要求进口方提供优惠的支付方式；③ 为与对手竞争，出口商往往将预支信用证开至其在出口地的代理商或委托商，以便及时采购紧俏商品。

　　预支信用证可以分为预支全部金额的预支信用证（clean payment L/C）和预支部分金额的预支信用证（part payment L/C）。

　　预支全部金额的预支信用证是指受益人在货物装运交单前可以向开证行、预付行等其他指定行预支全部货款的信用证。其通常做法是由出口商向指定行开出光票预支全部货款，受益人除开具光票外还须附上一张保证书（statement），保证将来按信用证的规定交货，并保证在信用证的效期内将信用证规定下的单据交到指定银行。在此种信用证下，若受益人事后未补交单据或将预支款挪作他用，或未采购契约规定的契约货物，垫款银行不承担责任，其风险应由进口商或开证银行按信用证规定的条款偿还已垫款的本息。

　　预支部分金额的信用证是指受益人在货物装运交单前可以向开证行、预付行等其他指定行预支部分货款的信用证。预支部分金额的信用证在实践中又包含两类：一是红条款信用证；二是绿条款信用证。红条款信用证（red clause letter of credit）用于预支信用证所列金额的部分款项，预支部分金额条款用红颜色打印字体，故称红条款信用证。红条款须表明允

---

① 赵薇.国际结算［M］.南京：东南大学出版社，2006：147－148.

许受益人预支部分金额,然后在指定日期受益人补交单据后,银行扣除预支款的本息,付清余额。如果申请人同意采用红条款信用证,一旦出现风险,其预支款应由进口商承担责任,故采用红条款信用证时应慎重行事;绿条款信用证(green clause letter of credit)与红条款信用证的功能相类似,但绿条款信用证所含的内容与做法比采用红条款信用证更为严格。采用绿条款信用证的做法,系出口商须将预支资金所采购的契约货物,以银行的名义存放仓库,将仓库单据交付银行持有,以保证该预支金额依信用证规定使用,并受到控制以减少资金被挪用的风险。在国际贸易实务中,在申请人同意采用绿条款信用证时,申请人须向开证银行提供担保或抵押。一般来讲,凡采用绿条款信用证,其项下预支的金额的数量都比较大,故为了强调其功能,预支条款往往以绿色字体表示,并在信用证中注明"绿条款信用证"字样。

在采用预支信用证时,可以由进口商直接垫款,可以由开证银行代进口商垫款,也可以由代付银行代替开证银行或进口商垫款。无论采取哪一种垫款方式,其原则是由谁垫款由谁来收取利息。如预支款额后遭到损失由进口商承担。但出口商不得使用预支款项偿还债务或抵偿货款,更不能用于与信用证无关业务的任何开支。[①]

知识拓展

> 预支部分金额的信用证采用红条款信用证较多。如在信用证中的预支部分条款未以红色字体表示,而有预支表示的,也属预支部分金额信用证。

十、备用信用证

备用信用证(standby letter of credit)是指不以清偿商品交易的价款为目的,而以贷款融资,或担保债务偿还为目的所开立的信用证。因为若债务人按时履行其义务,该信用证就闲置不用,因此这种信用证被称为备用信用证。

在备用信用证中,开证行保证在开证申请人未能履行其应履行的义务时,受益人只要凭备用信用证的规定向开证行开具汇票,并随附开证申请人未履行义务的声明或证明文件即可得到开证行偿付。

备用信用证起源于美国。由于美国法律曾经禁止商业银行为客户办理担保业务,作为应对之举,一些商业银行便推出备用信用证,变相提供担保服务。其后,备用信用证的适用范围逐步扩大,迅速演化为一种国际性的金融工具。

(一)备用信用证的法律性质

1.不可撤销性

备用信用证一经开立,除非有关当事人同意或备用信用证内另有规定,开证人不得撤销或修改其在该备用信用证项下的义务。

---

① 国际商会.信用证500实务全书[Z].国际商会中国国家委员会,译.北京:中国统计出版社,1995:200-204.

2．独立性

备用信用证一经开立，即作为一种自足文件而独立存在。既独立于申请人与受益人之间的基础交易合约，又独立于申请人和开证人之间的开证契约。

3．单据性

备用信用证亦有单据要求，只不过备用信用证通常只要求受益人提交汇票以及声明申请人违约的证明文件等非货运单据。

4．强制性

备用信用证一经开立，即对开证行具有强制性的约束力。

 **知识拓展**

> 　　关于备用信用证的起源问题，大体有两种说法：第一种说法认为，备用信用证最初应用于美国，1879年美国联邦法律认为银行作为一家私营机构，无权替他人承担保证付款义务，并禁止美国银行为其客户提供保证。在此之后，美国大多数州的法律都规定银行无权替其客户开具保函。为了回避这样的法律规定，许多银行采用备用信用证来代替保函。第二种说法认为，由于1864年6月3日的联邦银行规定了银行必须经过授权才能经营的业务范围。根据该法规规定，银行无权对他人的债务承担保证责任，而只有保险和担保公司才能经营保证业务。美国银行为了同外国银行竞争，不得不想办法规避法律的这一禁止性规定，于是美国银行开始借助于承兑汇票和签发具有潜在担保功能的信用证等手段实现对其顾客债务的担保作用。于是，就在实践中产生了一种不同于传统商业信用证的新型信用证。这种新型信用证只有当借款人违反借款合同不能履行还款义务时才生效。如果借款人能够在贷款到期后自觉履行还款义务，那么该信用证则自动失效。所以，此种信用证常常处于"备而不用"的状态，因此美国人称为备用信用证。

(二)备用信用证的主要适用领域

1．国际担保

在国际工程承包、BOT项目(build-operate-transfer，即建设—经营—移交)、补偿贸易、加工贸易、国际信贷、融资租赁、保险与再保险等国际经济活动中，只要基础交易中的债权人认为仅契约不足以完全约束债务人，便可要求债务人向一家银行申请开出以债权人为受益人的备用信用证，用于规避风险，确保债权实现。

2．国际融资

备用信用证是一种国际通行的融资工具。

境外投资企业可要求本国银行或东道国银行开立一张以融资银行为受益人的融资备用信用证，并凭以作为不可撤销的、独立性的偿还借款的支持承诺，向该银行申请提供账户透

支便利。企业应在规定的额度和期限内循环使用归还银行信贷资金；如果其正常履约，融资备用信用证则"备而不用"；如果其违约，融资银行作为融资备用信用证的受益人有权凭规定单据向开证人索偿，后者有义务偿付申请人所欠透支信贷资金。

十一、现金信用证

现金信用证(cash letter of credit)是指在出口商的请求下，进口商将合同项下的货款金额优先拨付到出口商所在地的银行，并委托该银行开出以出口商为受益人的信用证，当受益人签发以该行为付款人的即期汇票和备齐信用证下的单据向开证行提示时，即可得到出口商在该行预存的款项的信用证。

该种信用证一般适用于金额较小的业务。它可以避免议付行在邮寄单证时遗失单证的风险，有利于出口商的安全结汇。

十二、条件支付信用证

条件支付信用证(escrow letter of credit)是指规定出口商只能在进口国议付，且所得款项只能以受益人的名义存入进口方银行，待受益人在进口国购买相同金额货物时才能动用该货款的信用证。

此种信用证又称托付信用证，其特点是先出口一批货物，而后必须在进口商所在国购进一批货物，出口货物所得金额，必须支付购进货物的款项，出口货物的收入与进口货物所支付的金额相互冲抵。

此种信用证有如下特点：① 在此种信用证中有"ESCROW CREDIT"；② 受益人所得外汇必须在进口方所在地银行开立 P. I. E. A. /C(Private Import Escrow Account)账户；③ 出口货物取得的外汇与进口货物支出的外汇间的差额，不得超过契约规定的数额。[①]

> 条件支付信用证以平衡国际收支为目的。根据译音，有的国家称其为"埃斯克斯"信用证。

第五节　信用证支付方式的国际惯例
——《UCP600》

一、《跟单信用证统一惯例》的形成过程

自 19 世纪 80 年代第一张信用证在英国出现以后，由于它在很大程度上能够缓解买卖

---

① 国际商会. 信用证《UCP500》实务全书[Z]. 国际商会中国国家委员会，译. 北京：中国统计出版社，1995：195 - 200.

双方互不信任的矛盾，解决资金周转不安全问题，因此，在世界范围内渐渐成为国际贸易中的一种最为广泛的支付方式。但是，各国法律制度的差异和银行、保险、运输等制度和习惯的不同，导致各个国家对信用证当事人的权利和义务及一些术语的解释各异，这种状况的出现，导致了贸易争端的发生，严重影响着信用证业务的推广和使用。

为了使信用证业务有一个统一的操作规范，使信用证真正成为可靠的支付方式，国际商会于 1929 年在美国代表的提议下制定了《商业跟单信用证统一规则》（《Uniform Regulations for Commercial Documentary Credit》），但由于这个"规则"只反映了个别国家银行的观点，只被法国和比利时两个国家的银行采用，国际商会于 1931 年组织专门小组对其进行修改，并于 1933 年颁布了《商业跟单信用证统一惯例》（Uniform Customs and Practice for Commercial Documentary Credits）。随着国际贸易的发展，《商业跟单信用证统一惯例》不断暴露出一些问题，于是，国际商会便于 1951 年、1962 年、1974 年、1983 年、1993 年和 2006 年对其进行了修改。现行的《跟单信用证统一惯例》（Uniform Customs and Practice for Commercial Documentary Credits，《UCP600》）于 2006 年修订，并于 2007 年 7 月 1 日实施。目前，《跟单信用证统一惯例》已被 170 多个国家和地区的银行所接受，成为适用全球的最重要的惯例之一。

二、《UCP600》与《UCP500》的主要区别

与《UCP500》相比，《UCP600》语言更简洁，条例更清晰，层次更清楚，更易于理解和运用。它把《UCP500》的四十九个条款简化为三十九个条款，对《UCP500》中过时的、无关紧要的条款进行了删除，并根据国际贸易实际对《UCP500》中与实务操作不尽相符的条款进行了必要的补充或更正，从而使《UCP600》更符合国际贸易实践，更易于操作和使用。《UCP600》共有三十九条，其中第一条至第五条为总则部分，包括《UCP600》的适用范围、定义条款、解释规则、信用证的独立性等；第六条至第十三条明确了有关信用证的开立、修改、各当事人的关系与责任等问题；第十四条至第十六条是关于单据的审核标准、单证相符或不符的处理的规定；第十七条至第二十八条属单据条款，包括商业发票、运输单据、保险单据等；第二十九条至第三十二条规定了有关款项支取的问题；第三十三条至第三十七条属银行的免责条款；第三十八条是关于可转让信用证的规定；第三十九条是关于款项让渡的规定。《UCP600》与《UCP500》的主要区别如下。

（一）增加了定义条款

《UCP600》把分散在《UCP500》中的所有定义集中起来，形成了专门的定义条款，此条款包括通知行、申请人、银行工作日、受益人、相符交单、保兑、保兑行、信用证、兑付、开证行、议付、指定银行、交单和交单人等十四个定义，其中兑付（honour）的概念为新增加概念，议付（negotiation）的概念为修改后的概念。

在定义条款中，《UCP600》明确规定了信用证的不可撤销性。同时定义条款也区分了兑付和议付。兑付意指对于即期付款信用证即期付款，对于延期付款信用证发出延期付款承诺并到期付款，对于承兑信用证承兑由受益人出具的汇票并到期付款。议付是指被指定银行在相符交单的情况下，向受益人预付或同意预付款项，从而购买单据或汇票的行为。此定

义比《UCP500》对议付下的定义更明确,《UCP600》第十条规定,议付是指被授权议付的银行对汇票或单据给付对价的行为。而兑付是指开证行或保兑行的行为。

(二) 增加了单复数同义的描述

《UCP600》第三条规定,在适用的条款中,词汇的单复数同义。这一条款是《UCP600》新增加的条款。以前我们阅读《UCP500》条款时,常会遇到诸如 Letter(s) of Credit, Documentary Credit(s), to accept draft(s), a waiver of the discrepancy(ies)等类似的表达方式,这对单复数的表达方式虽然严谨,但不够简洁。《UCP600》对此做了明确规定,以后在单据的制作中,不必拘泥于词的单复数形式,单复数意思相同。

(三) 增加或明确了一些介词的含义

用于确定装运期限时,to、until、from、between 包括所述日期,before 和 after 不包括所述日期。用于确定到期日时,from 及 after 不包括所述日期。而《UCP500》对此的规定和《UCP600》的规定是不尽相同的。《UCP500》和《UCP600》介词用法的区别如表 5-2 所示。

表 5-2 　　　　　　　　《UCP500》和《UCP600》介词用法区别

介　词	《UCP500》	《UCP600》
to、until、till	包含提及的日期	包含提及的日期
after	不包含提及的日期	不包含提及的日期
before	没有提及	不包含提及的日期
between	没有提及	包含提及的日期
from	包含所述日期	确定装运期限时,包括所述日期;确定到期日时,不包括所述日期

(四) 树立了新的审单标准

《UCP500》下的单据审查标准可以归纳为"单证相符、单单一致"。单证表面是否相符以国际标准银行实务为依据。对于信用证上没有规定的单据,银行不予审核。如果银行收到此类单据,应退还交单人或将其照转,但对此不承担责任。《UCP500》还规定,开证行、保兑行(如有),或代其行事的指定银行,应有各自的合理的审单时间——不得超过从其收到单据的翌日起算 7 个银行工作日,以便决定是接受或拒绝接受单据,并相应地通知寄单方。

　知识拓展

> 《UCP500》下的单据审核标准可以归纳为"单证相符、单单一致";而《UCP600》下的单据审核标准可以归纳为"单证相符、单单一致,单据必须满足其功能"。"单据必须满足其功能",看似抽象,实则实用。

《UCP600》有关单据审查的标准与《UCP500》不尽相同,可以归纳为"单证相符、单单一致、单据必须满足其功能",即单据除了和信用证条款、《UCP600》的相关规定以及国际标准

银行实务一致外,单据还应当体现其应有的功能,例如产地证必须有产地国,装箱单必须有详细的装箱细节等。它还规定,单据中内容的描述不必与信用证、信用证对该项单据的描述以及国际标准银行实务完全一致,但不得与该项单据中的内容、其他规定的单据或信用证相冲突。按照指定行事的被指定银行、保兑行(如有)以及开证行,自其收到提示单据的翌日起算,应各自拥有最多不超过5个银行工作日的时间以决定提示是否相符。

（五）关于申请人和受益人地址的规定

《UCP600》规定,当受益人和申请人的地址显示在任何规定的单据上时,不必与信用证或其他规定单据中显示的地址相同,但必须与信用证中述及的各自地址处于同一国家内。用于联系的资料(电传、电话、电子邮箱及类似方式)如作为受益人和申请人地址的组成部分将被不予置理。然而,当申请人的地址及联系信息作为运输单据中收货人或通知方详址的组成部分时,则必须按照信用证规定予以显示。

（六）关于不符点的处理

《UCP600》有关不符点的处理与《UCP500》不尽相同。根据《UCP600》的规定,对于有不符点的单据,银行有以下处理方法:① 银行持有单据等候交单人进一步指示;② 开证行持有单据直至收到申请人放弃不符点的通知,并同意接受该项放弃;③ 银行将单据退回;④ 银行按照先前从交单人处收到的指示行事。

而按照《UCP500》规定,银行对单据不符点的处理只有两种处理方法:① 银行持有单据等候交单人进一步指示;② 银行将单据退回。

（七）关于租船合约提单

根据《UCP500》规定,只有船长或作为船长的具名代理或代表,或船东或作为船东的具名代理或代表才有权签发租船合约提单。这表明租船合约提单的签发人只有下列人员:① 船长或其代理;② 船东或其代理。而在实践中真正与发货人和收货人发生关系的是租船人(或其代理)和船长(或其代理),因此,《UCP600》规定,租船合约可以由下列人员签署:① 船长或船长的具名代理或代表;② 船东或船东的具名代理或代表;③ 租船人或租船人的具名代理或代表。

（八）关于保险和保险单的规定

根据《UCP500》规定,保险单据从其字面上看,必须是由保险公司或承保人或他们的代理人开立并签署的。除非信用证有特别授权,否则银行不接受由保险经纪人签发的暂保单。实践中,暂保单又称临时保险单,是保险人在签发正式保险单前所开立的临时证明,被保险人接到国外出口商装船通知前,先将被保险货物的大概情况通知保险人,预定保险契约,保险人先行开立暂保单,待装运情况落实后再签发正式保险单。由于暂保单内容比较简单,又不是保险契约的证明,所以一般不为进出口商所接受。暂保单可以由保险经纪人签署,也可以由保险公司签署。根据《UCP500》的规定,保险经纪人签发的暂保单不被接受。为了保护被保险人的权益,《UCP600》明确规定,无论何人出具的暂保单均不被接受。

关于投保金额,《UCP500》规定,除非信用证另有规定,银行将接受的最低投保金额为信用证要求付款、承兑或议付的金额的110%,或发票毛值的110%,两者之中取金额较大者。

这也意味着如果信用证没有规定投保金额,银行接受的投保比例为 CIF 或 CIP 价格的 110%;《UCP600》对此也作出了规定,它规定如果信用证对投保金额未作规定,投保金额须至少为货物的 CIF 或 CIP 价格的 110%。这意味着如果信用证对投保金额未作规定,实际投保的金额可以高出货物的 CIF 或 CIP 价格的 110%。

知识拓展

> 如果信用证未作规定,实际投保金额可以高于货物的 CIF 或 CIP 价格的 10%,即以 110% 投保。

(九) 关于可转让信用证

与《UCP500》相比,《UCP600》关于可转让信用证最大的变化在于明确了第二受益人的交单必须经过转让行,开证行本身也可以担任转让行。此条款主要是为了避免第二受益人绕过第一受益人直接交单给开证行,损害第一受益人的利益。同时,与《UCP500》相比,《UCP600》还有一个重要条款的改变,即当第二受益人提交的单据与转让后的信用证一致,而因第一受益人换单导致单据与原证不符时,转让行有权直接提交第二受益人的单据给开证行。这项规定保护了正当发货制单的第二受益人利益,剥夺了不当作为的第一受益人赚取差价的权利。

第六节　信用证支付方式下的风险及防范

与汇付和托收相比,信用证以银行信用代替了商业信用,是一种日臻完善的国际贸易支付方式,但这并不意味着信用证支付方式并不存在风险。和其他支付方式一样,信用证支付同样存在风险,这就要求信用证各方当事人对其要有充分的认识,并了解如何防范此类风险。

一、风险产生的主要原因

(一)《跟单信用证统一惯例》的规定使不法商人有空可钻

信用证业务是纯粹的单据买卖。《UC600》第四条规定:"就性质而言,信用证与可能作为其依据的销售合同或其他合同,是相互独立的交易。即使信用证中提及该合同,银行亦与该合同完全无关,且不受其约束。因此,一家银行作出兑付、议付或履行信用证项下其他义务的承诺,并不受申请人与开证行之间或与受益人之间在已有关系下产生的索偿或抗辩的制约。"此条规定,被称为信用证的"独立抽象性原则"。信用证独立抽象性原则确立了开证行承付信用证下相符交单的绝对责任,它禁止单据不符以外的抗辩拒付,所以任何基于基础合同违约的抗辩,即使涉及基础合同中的根本违约、合同落空、事实或法律的履行不能等事实,都不能免除开证行的付款责任,不论这一抗辩是申请人提出的,还是受益人提出的。《UC600》第五条规定:"银行处理的是单据,而不是单据所涉及的货物、服务或其他行为。"从此规定可以看出,银行关注的是单据,而不是货物。只要受益人所提供的单据表面上与信用证条款相符

合,银行就承担付款责任,对于单据的真伪概不负责,这就给了不法商人以可乘之机。①

(二) 在防范和打击跨国信用证欺诈方面缺乏国际合作

经过国际国内有关组织和部门的共同努力,防止海事欺诈虽然取得了一定的成绩,但是一个统一有秩序的防止海事欺诈的国际法体系尚未形成,而单个欺诈案中所涉及的各国不同的利益,又增加了管辖方面的困难,为欺诈大开了方便之门。

(三) 信用证欺诈作为海事欺诈的一种,与绑架、恐怖等国际上打击力度比较大的犯罪相比,具有风险低而利润高的特点

风险低主要是由于各国目前对信用证欺诈尚未形成统一的看法,并且欺诈通常至少要涉及两个国家或地区,这就造成了信用证的欺诈者与受害者不在同一个国家和地区,从而涉及司法管辖权、法律适用、国际协助及引渡问题,这就造成了各种法律问题的冲突,为信用证欺诈活动提供了肥沃的土壤。

二、信用证支付方式的风险

在信用证支付方式下,买卖双方都有一定的风险。

(一) 进口商面临的主要风险

1. 出口商交货以假充真、以次充好

由于信用证买卖属于单据买卖,若出口商以假、次商品出口照样可以得到货款,而深受其害的则是进口商。

2. 出口商伪造单据骗取货款

由于银行只关注单证表面是否严格相符,只要单证表面严格相符,银行就承担第一位付款责任,这一规定为不法商人伪造单据骗取货款提供了方便。

3. 出口商勾结承运人用保函换取倒签提单及预借提单

在国际贸易中,用保函换取倒签提单及预借提单的行为属于欺诈行为。倒签提单使进口商面临着市场价格波动和利息损失的风险;如果进口商事先已与他人订约卖单,则面临着违约的风险。而预借提单的行为,使进口商面临着虽已付货款但有可能迟收或收不到货物的风险。

(二) 出口商面临的主要风险

1. "软条款"信用证欺诈

所谓"软条款"信用证欺诈,又称"陷阱"信用证欺诈,即开证人所开立的信用证中含有"陷阱"条款,开证人或开证行凭此条款可制约受益人并可以随时单方面解除其付款责任,受益人在审核信用证时如未发现此条款,即落入开证人的圈套。信用证软条款五花八门,常见的主要有:① 改变信用证性质的软条款信用证,如该信用证项下所有单据都将由开证行无偿放单给申请人,在开证申请人收到状态良好的货物后,出具书面授权书授权开证行,开证

---

① 李金泽.《UCP600》适用与信用证法律风险防控[M].北京:法律出版社,2007:42-45.

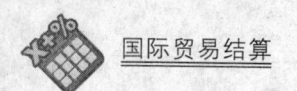

行才能将货款支付给受益人。这种信用证从本质上改变了信用证的性质,从而使该信用证结算方式完全由银行信用降为商业信用,由不可撤销的信用证变成可撤销信用证。② 要求客户检验证书的"软条款"信用证,即要求品质证书必须由开证申请人的代理人出具。这种信用证对受益人和出口地银行极为不利。由于受益人无法掌握开证申请人的有权签字人预留的印鉴或签字,故对其所要求的单据是否符合信用证要求完全不知,因而收汇的安全性和及时性没有保证。③ 需开证行签发通知后才生效的软条款信用证,即规定本证暂不生效,待进口许可证签发后通知生效或经开证人确认后再通知信用证生效。此类信用证隐蔽性较差,只要不掉以轻心,应当不难以识破。④ 最常见的一类是在信用证的装运和结汇的时间上做文章,借此以使卖方无时间完成装运或结汇,使信用证到期作废,从而迫使卖方降价忍痛抛货。买方这样做的目的无非是想借信用证来得到非正常价格货物,以此来获得高额的利润。

 **知识拓展**

《最高人民法院关于审理信用证纠纷案件若干问题的规定》于 2005 年 10 月 24 日由最高人民法院审判委员会第 1368 次会议通过,自 2006 年 1 月 1 日起实施。第八条规定:凡有下列情形之一者,应当认定存在信用证欺诈:(一)受益人伪造单据或者提交记载内容虚假的单据;(二)受益人恶意不交付货物或者交付的货物无价值;(三)受益人和开证申请人或者其他第三方串通提交假单据,而没有真实的基础交易;(四)其他进行信用证欺诈的情形。

《最高人民法院关于审理信用证纠纷案件若干问题的规定》第十条规定:人民法院认定存在信用证欺诈的,一档裁定终止支付或者判决终止支付信用证项下款项,但有下列情形之一者除外:(一)开证行的指定人、授权人已按照开证行的指令善意地进行了付款;(二)开证行或者其指定人、授权人已对信用证项下的票据善意地作出了承兑;(三)保兑行善意地履行了付款义务;(四)议付行善意地进行了议付。

2. 假冒信用证欺诈

假冒信用证是指缺乏信用证必备条件而表现出自身虚假的信用证。此种信用证又叫伪造信用证。诈骗分子往往以打字机将信用证打出或者利用过时的信用证,通过邮递方式寄出。并且在信用证上假冒或伪造开证行签字人员的印鉴(签字),企图以假乱真,欺骗受益人(出口商)盲目发货,最终达到骗取出口货物的目的。

三、信用证风险的防范

信用证绝不是一种无懈可击的支付方式,银行信用不可能完全取代商业信用,也不可能完全避免商业风险,必须注意对信用证项下风险的防范。

1. 重视对外商的资信调查

在交易前通过一些银行和驻外机构等仔细审查客户的基本情况,对其注册资本、经营情况、业务范围、经营作风等进行必要的调查，选择资信良好的客户作为自己的贸易伙伴。

2. 努力提高业务人员素质

日趋激烈的竞争，瞬息万变的市场、灵活多变的贸易方法对外贸业务人员提出了更高的要求。外贸业务人员应当不断学习，碰到问题要勤于思考，必要时可向有关专家咨询。不要只看问题的表面而不看实质，从而造成不必要的损失。

3. 把握每个环节，严格操作规程

作为进口方，可要求一些独立的享有盛誉的检验公司签发装船证书，实施装船预检、监造或监装，以保证获得满意的进口货物；作为受益人，要加强催证、审证、改证工作；在制单过程中，严格遵守"单单一致，单证相符"原则，以防产生不符点，影响安全收汇。

4. 善于辨别单证真伪

如发现单证有疑点，要仔细调查。

信用证作为国际结算的主要方式，在给买卖双方带来安全保障的同时，也存在风险，业务人员应加强风险防范意识以避免不必要的损失。

5. 正确利用欺诈例外原则

所谓"欺诈例外"是指如果在开证行实际付款之前，受益人向开证行提交的单据虽表面记载与信用证要求相符，但单据本身的内容存在欺诈时，则应免除开证行承担的信用证项下的付款义务，这种例外做法被称为"欺诈例外原则"。例外原则的情况意味着，作为申请人如果发现确实被欺诈，在一定条件下可以向人民法院申请止付令，让银行停止对外支付。

 **本章小结**

信用证是有条件的付款承诺，是开证行根据申请人的要求和指示，向受益人开立的保证在受益人相符交单时予以付款的书面文件。信用证支付方式的基本性质是：信用证是一种银行信用；信用证是一项独立文件；信用证是一种单据交易。

《跟单信用证统一惯例》（《UCP600》）是规范信用证结算业务的主要惯例，它于2007年7月1日开始实施，它的许多规定与原信用证惯例《跟单信用证统一惯例》（《UCP500》）并不完全一样。信用证是一种银行信用，在信用证项下的主要当事人有受益人、申请人、开证行、通知行、议付行等，在UCP项下他们权利和义务各异，共同构成一个完整的信用证运作流程。抽象独立性、单据交易和银行信用是信用证的主要特征。根据信用证的性质和流通方式不同，信用证有光票信用证、跟单信用证、可撤销信用证、不可撤销信用证、保兑信用证、不保兑信用证、即期付款信用证、议付信用证、承兑信用证等。信用证下的单据，有商业发票、装箱单、提单、保险单、产地证等，这些单据的制作应遵循"单证一致、单单相符"的原则。信用证虽然属于银行信用，但也有一定的风险，因此，当事人应认真学习信用证惯例，以防信用证风险的发生。

拓展阅读

1.《Uniform Customs and Practice for Documentary Credit, UCP600》
（国际商会《跟单信用证统一惯例》，2006 年版）
2. http://trade.9c9c.com.cn/
此为"中国涉外网"。从该网站上可以看到一些最新的外贸动态，进出口的
具体做法，特别是有一些外贸单证样本。这是一个很值得浏览的网站。

思考与练习

1. 什么是信用证？信用证有什么性质？
2. 信用证业务下有哪些主要当事人？他们有哪些主要的权利和义务？
3. 信用证的审单标准是什么？《UCP600》对各主要单证的制作要求是什么？
4. 什么是信用证的独立抽象性原则？
5. 信用证结算方式有哪些欺诈行为？
6. 简述信用证流程。
7. 如何预防信用证欺诈现象的发生？

案例分析

某年，我国 H 进出口公司向国外 G 公司出口一批农产品，合同规定以不可撤销的即期信用证为付款方式。买方在合同规定的开证时间内将信用证开至通知行，并立即转交给了我进出口公司。信用证有关条款规定："100 M/Tons of Hazelnut Kernels, Broken kernels not exceeding 7%, Packed in veneer cases of 20 kgs. net each, lined with wax paper. (100公吨榛子仁，破碎仁不超过 7%，胶合板箱装，每箱净重 20 公斤，内衬蜡纸)"

4 月 16 日，即将装运时，通知行转来对方信用证修改书："We hereby amended the terms of the above Credit as follows: Packed in wooden cases of 20 kgs. net each, lined with parchment paper instead of original stipulation. All other terms remain unchanged. (信用证条款作如下修改：木箱包装，每箱净重 20 公斤，内衬硫酸纸取代原条款。其他条款不变)"

H 公司接到修改书后，考虑到船期已近，货已备妥。临时修改时间紧，损失大，就决定不接受信用证修改。

4 月 19 日，H 公司仍以原证规定的胶合板箱装，内衬蜡纸的货物装运出口。20 日办理议付，单据中也以胶合板箱装，内衬蜡纸的包装条件出具，并向议付行提出通知，我受益人不同意接受本证项下的修改，仍按未修改前的原证条款办理，并将修改书退回。

5 月 5 日，G 商行来电："你 19 日装运通知电悉。关于第××号合同项下榛子仁根据你

方装运单据发现货物包装仍以胶合板箱装，内衬蜡纸包装。该货系我方转口给客户S贸易公司，S贸易公司要求木箱包装，内衬硫酸纸。我方考虑C贸易公司要求并未违反你我双方合同(合同规定，木箱包装，内衬硫酸纸，或者胶合板箱装，内衬蜡纸)，故我方即修改了信用证条款。你方当时未提出反对意见或不接受该信用证的修改，因此我当时已答应将以木箱包装内衬硫酸纸条件S贸易公司交货。

按一般惯例做法，卖方接到修改书后在3天内未提出不接受意见，应认为是默认接受。但你方既不提出反对意见，又仍以胶合板箱装、内衬蜡纸的货物装运，只是在装运后议付单据时通过通知行提出不接受修改，已为时太晚，应认为你方所提出不接受修改不生效。因此，你方应赔偿我方所引起的损失。"

因多次交涉对方都拒不接单提货，最终以H公司赔偿对方客户损失而结案。

分析：该案中，因开证申请人要求修改信用证而导致拒付。根据《UCP600》第十条的规定，"在受益人向通知修改的银行表示接受该修改内容之前，原信用证的条款和条件对受益人仍然有效。受益人应发出接受或拒绝接受修改的通知。如果受益人未通知，当其提交至被指定银行或开证行的单据与信用证以及尚未表示接受的修改的要求一致时，即视为受益人已作出接受修改的通知，并从此时起，该信用证已被修改。"又规定"修改书中作出的除非受益人在某一时间内拒绝接受修改，否则修改将开始生效的条款将被不予置理。"根据此规定，开证申请人电文中"按一般惯例做法，卖方接到修改书后在3天内未提出不接受意见，应认为是默认接受"的说法不符合《UCP600》规定，H公司应据理反驳，而不应接受赔偿对方损失的判决。

第六章 其他国际贸易结算方式

 **学习目标**

通过本章的学习,了解银行保函的定义、特点、分类和做法;掌握保理的特点、种类、流程以及风险的规避;学会福费廷的操作流程。

第一节 银 行 保 函

在国际经济交往中,当一方当事人对另一方当事人的信用不甚了解时,往往要求另一方通过银行开具银行保函或备用信用证,以保证其履行合同义务。从性质上讲,银行保函属于银行信用。

保函(letter of guarantee,简称 L/G)是银行、保险公司、担保公司或个人应申请人的请求,向第三方受益人开立的一种书面信用担保凭证,保证人对申请人的债务或应履行的义务承担赔偿责任。保函一般分两种,即见索即付保函和有条件保函。所谓见索即付保函(demand guarantees)是指应申请人的委托由一家银行、保险公司或其他实体或个人以书面形式向受益人出具的,在受益人向其提示符合其承诺条款的付款书面要求或保函中规定的其他单据(如建筑师或工程师出具的证明书、法院的判决书或仲裁庭的裁决书)时,给予支付款项的任何担保函、保证函或不管是如何命名或描述的其他付款承诺。简言之,见索即付保函就是指独立保证人凭在保函有效期内,提交的符合保函条件的索赔要求以及保函规定的任何其他单据,支付某一规定的或最大限额的付款承诺。在见索即付保函中,担保行承担第一位的付款责任,只要受益人交来符合保函所要求的文件;而有条件保函(conditional L/G)是指保证人向受益人付款是有条件的,只有在符合保函规定的条件下,保证人才予付款。可见有条件保函的担保人承担的是第二位、附属的付款责任,担保人的付款必须符合保函中限定的某项条件。银行保函一般是见索即付保函。由于在国际贸易中常常用到银行保函,下面主要就银行保函进行介绍。

一、银行保函的定义、特点及作用

(一)银行保函的定义

银行保函(banker's letter of guarantee)是指银行应委托人的申请,以银行的信誉开立

的,保证一旦委托人未按其与受益人签订的合同的约定偿还债务或履行约定义务时,由其向受益人承担一定的支付或赔偿责任的书面承诺文件。

知识拓展

国际贸易中,跟单信用证为买方向卖方提供了银行信用作为付款保证,但不适用于需要为卖方向买方作担保的场合,也不适用于国际经济合作中货物买卖以外的其他各种交易方式。然而,在国际经济交易中,合同当事人为了维护自己的经济利益,往往需要对可能发生的风险采取相应的保障措施,银行保函和备用信用证,就是以银行信用的形式所提供的保障措施。

(二) 银行保函有以下特点

1. 银行保函是独立性的付款文件

银行保函虽然是银行依据委托人和受益人之间签订的合同而开立,但又不受基础合同的约束,具有独立的法律效力。只要受益人提交了符合保函要求的单据,担保行即承担付款责任。银行付款的依据是单据,而不是某一事实,也不论委托人同意付款与否。

2. 银行保函的独立性是相对的

因为保函对单据的规定比较简单,因此在保函情况下比跟单信用证更易发生欺诈行为。[1] 但如果保函当事人之间发生纠纷,则应受担保人所在地国家的有关法律的制约。而各国的有关担保的法律均规定,若对受益人的欺诈行为有确凿的证据,受益人无权取得保函下的索偿。

3. 银行保函是在委托人违约的情况下才使用的

如果有关各方严格按照合同规定履行义务,银行保函就不必使用,这也是银行保函区别于信用证交易的特点之一。

(三) 银行保函的作用

银行保函作为经济交易的备用书面担保凭证,其主要作用是以银行信用为手段来保护受益人的经济利益,促使交易活动顺利进行。具体表现如下。

1. 保证合同价款的支付

保函作为第三者的信用凭证,其出具的目的是为了使受益者能够得到一种保证,以消除他对申请人是否具有履行某种合同义务的能力的怀疑,从而促使交易顺利进行,保证货款和货物的正常交换,这是保函的基本功能之一。

2. 发生合同违约时,对受害方进行补偿并对违约责任人进行惩罚

保函除了保证合同价款支付的功能外,还通常被用来保证合约的正常履行、预付款项的

---

① 应诚敏,刁德霖. 国际结算[M]. 上海:立信会计出版社,1999:109.

归还、贷款及利息的偿还、合同标的物的质量完好、被扣财务的保释等。在一般经济合同中，当一方不履行合同义务时，另一方可要求其赔偿经济损失。

二、银行保函的主要当事人

银行保函涉及的主要当事人有委托人、受益人和担保银行。此外，还有通知行、转开行、保兑行及反担保行等。

（一）委托人

委托人（principal）又称申请人（applicant），指向银行提出申请要求开立保函的人。其主要责任是履行合同有关义务，并在其违约担保人履行担保责任后，向担保人赔偿。此外，委托人还必须承担保函下的手续费、利息及其他费用。如果担保行认为需要，须为之提供反担保人、押金或质押。

（二）受益人

受益人（beneficiary）是指有权按保函规定的条款凭以向担保行银行提出索赔的人。受益人通常为债权人，在保函项下他的主要权利和义务有：在保函有效期和规定的金额内提出索偿或索赔；如果保函规定有索赔或索偿时所必须提供的单据，甚至基础合约履行情况的凭证，受益人有按要求提供的义务。

（三）担保行

担保行（guarantor）又称担保人，是指开立保函的银行。它有权要求申请人提供反担保人或一定的押金或质押品，也有权拒绝担保。但是，它一旦接受担保申请，则必须按照保函申请书的要求开立保函。保函一旦开立，则其在收到受益人的符合保函规定的单据后，有义务向受益人赔偿。如果发生保函项下的赔偿，担保行有权向委托人、反担保人索偿。如果委托人或反担保人不能按照约定按时偿还索偿，则担保行有权就押金或质押品进行处置，并享有优先受偿权。当然，担保行还享有就担保事项收取费用的权利。

（四）反担保行

反担保行（counter guarantor bank）又叫反担保人，是指应委托人的申请，向担保银行开出书面反担保函的银行。它通常为与委托人有经济往来的其他银行。在申请人向其提出反担保要求后，它有权拒绝或接受申请，也有权要求申请人提供押金或质押品。它一旦接受申请人的申请，就有义务按照其承诺的条件受理担保行的索偿。一旦反担保函下的索偿发生，则有权向委托人追偿。如委托人不能在规定的时间内偿还应付款项，则有权处置押金或质押品。

（五）通知行

通知行（advising bank）又称转递行（transmitting bank），是指接受担保行的委托，将保函通知给受益人的银行。它通常为受益人所在地的银行。它通过核对保函的印鉴或密押，以保证保函表面的真实性。但通知行对保函内容正确与否，对保函邮递过程中可能出现的延误、遗失等均不负责任。它有权按保的规定向受益人或担保行收取通知费，有责任按担保人的指示及时将保函转递给受益人，若因故无法转递，则应及时通知担保行。

（六）保兑行

保兑行（confirming bank）又称第二担保行，是指根据担保行的要求在保函上加以保兑的银行。保兑行通常为受益人所在地的银行。如担保行未按保函规定履行赔偿义务，保兑行应代其履行付款义务。这种保函实际上属于双重担保保函。

（七）转开行

转开行（re-issuing bank）是指接受担保行的请求，向受益人开出保函的银行。转开行通常是受益人所在地银行。保函一经开出，转开行即变成担保行，而原担保行就变成反担保人。

三、银行保函的种类

在国际经济交往中，银行保函的种类很多，银行保函主要有以下几种。

（一）投标保函

投标保函（tender guarantee or bid bond）是指银行应投标人（委托人）申请，向招标人（受益人）开出的，如果投标人未履行由于参加投标而应承担的各项义务，银行将按照保函的规定向招标人做一定赔偿的承诺文件。

投标保函的金额一般为合同金额的 2％～5％，目的是阻止投标人轻率投标。投标保函自开立之日起生效，若投标人中标，则保函有效期自动延长至投标人与招标人签订合同并提交规定的履约保函为止。若投标人既未中标，也未违约，则招标人应退还招标保函。

（二）履约保函

履约保函（performance guarantee）是指银行应卖方或服务的提供方的请求，向买方或服务接受方作出的一种履约保证承诺文件。履约保函主要是保证委托人忠实地履行义务，按时、按质、按量地交付货物或完成所承包的项目。如果发生委托人违约，担保行将按保函规定负赔偿责任。

履约保函的金额通常为合同总值的 10％左右，也可能会更高，目的是保证卖方或服务的提供方按合同的要求提供货物或服务。

（三）预付款保函

预付款保函（advanced payment guarantee）又称还款保函（repayment guarantee），是指银行应申请人的申请向受益人开立的，如申请人未能履约或未能全部按合同规定使用预付款时，则银行负责返还保函规定金额的预付款的书面承诺文件。

在国际经济交往中，如果是交易额较大的业务，交易的一方往往需要在合同签订后向另一方支付一定比例的预付款以供其备货或购买设备用，但这一预付款会因对方违约而受损。为了避免这种情况发生，买方或业主方会要求对方提供银行保函。

预付款保函的有效期取决于交货期或施工期的长短。在交货期或施工完毕时，预付款则转化为货款或营业收入，保函自动失效。

（四）借款保函

借款保函（bank guarantee for loan or loan guarantee）是指银行应借款人要求，向贷款

行保证借款人到期还本付息,否则担保行将承担付款责任的书面承诺文件。借款保函的金额可以是全部本息,也可以是部分本息。

(五) 补偿贸易保函

补偿贸易保函(compensation guarantee)是指在补偿贸易合同项下,银行应设备或技术的引进方申请,向设备或技术的提供方所作出的一种旨在保证引进方在引进设备或技术后的一定时期内,以其所生产的成品或以成品外销所得款项,来抵偿所引进之设备和技术的价款及利息的保证承诺。

(六) 付款保函

付款保函(payment guarantee)是指在国际贸易中,在凭单付款的条件下,进口方依约向出口方提供的,由银行出具的保证,当出口方依约发运货物并交单后,进口方一定付款的信用保函。在这种保函条件下,进口方必须付款,否则,将由担保银行代为支付。

(七) 质量保函

质量保函(quality guarantee)是指合同按期完成以后,对于有关项目的质量由出口方银行出具的一种担保。当进口方或者业主发现所交付的货物、设备或者工程的质量在合同规定的质保期内出现问题,而出口方或者承包商又不愿意按合同进行赔偿时,担保银行将按照保函金额给予受损方赔偿。

(八) 提单保函

提单保函(B/L guarantee)是指在国际贸易中,当货物早于单据到达进口地,或单据在邮寄途中丢失,进口商为了能及时提取货物,而向承运人或其代理人提供的由银行出具的保函。

 知识拓展

> 个人出国留学保函是指自费出国留学人员在银行存入一定金额的美元或其他可自由兑换外币,在以外币存单全额质押的前提下提交开立担保的申请书,由银行对外正式开立的保函。

四、银行保函的业务流程

保函的开立方式很多,主要有三种方式,即将保函直接开立给受益人、通过通知行通知受益人和通过转开行交付受益人。他们的业务流程是大同小异的:第一种没有通知行,由担保行直接将保函开给受益人;第二种是担保行开立保函后,通过通知行通知受益人,这种保函是最为常用的一种保函;第三种为当受益人只接受本地银行为担保行的情况下,由原担保行要求受益人所在地的一家银行为转开行,转开给受益人的情况。在这三种保函中,最常见的为第二种保函。下面主要介绍一下通过通知行通知受益人保函的流程。

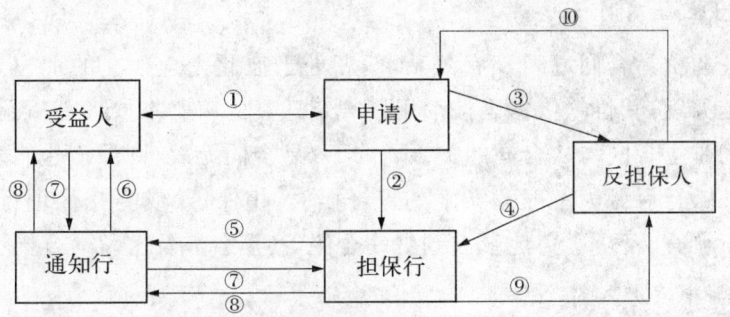

图示说明：
① 申请人与受益人签订合同或协议；
② 申请人向担保行提出开立保函的申请；
③ 申请人向反担保人申请开立反担保函；
④ 反担保人向担保行开立不可撤销反担保函；
⑤ 担保行开出保函后，将保函交给通知行通知受益人；
⑥ 通知行将保函通知受益人；
⑦ 受益人在申请人违约后通过通知行向担保行索偿；
⑧ 担保行赔付；
⑨ 担保行赔付后向反担保人索偿，反担保人赔偿担保行损失；
⑩ 反担保人赔付后向申请人索赔，申请人赔付。

图 6-1　银行保函流程图

五、银行保函和备用信用证的区别

在实务中有的地区用银行保函，而有的地区用备用信用证。两者在法律适用、单据要求和当事人的称呼等方面有些区别，但两者作用有些类似，故在有些著作中也把备用信用证当作保函的一个种类。事实上，两者还是有区别的，其区别如下。

1. 两者的法律属性不同

在备用信用证条件下开证银行处于付款人地位，只要受益人提交了符合信用证及其惯例的单据，开证银行就必须按信用证规定承担起第一位的付款责任；而在银行保函中，银行在开出保函后，担保行并不是必须付款，委托人只要履行了义务，则担保行就不必付款，只有在委托人不履行义务的条件下，担保行才承担向受益人付款的责任。

2. 法律责任不同

在备用信用证中，开证行承担第一位的付款责任，在信用证有效期内，当开证申请人未履行约定的义务，受益人有权开具汇票（也可不开具汇票），随附关于开证申请人不履约的书面声明或证件向开证行或议付行要求付款；而在银行保函中，担保行则承担第一位或第二位这两种付款责任。在不可撤销连带责任担保条件下，担保行承担的是第一位的付款责任，受益人有权凭自己或第三者签发的，证明委托人未履行约定义务的声明书或证明书或仅凭汇票向担保行索偿；在一般担保条件下，担保行承担的是第二位付款责任，担保行有权就委托人是否履约情况展开调查，在证实委托人确未履约后才予以偿付。

3. 两者的独立性不同

备用信用证与贸易合同之间没有关系，两者处于彼此完全独立的地位。开证行有权根据信用证的规定办理，其付款依据是按信用证规定开具的声明书或证件；而银行保函与设立的贸易合同之间是主合同与从合同的关系，如果贸易合同无效，则保函也自然丧失法律约束力。特别是当该银行保函为一般意义上的保证函时，担保行（或委托代理行）还要对委托人的履约情况进行调查，不可避免地牵涉到贸易合同，甚至会涉及由贸易合同引起的讼争。

4. 两者的法律依据不同

备用信用证适用国际商会制定的《跟单信用证统一惯例》；而银行保函则适用国际商会制定的《见索即付保函统一规则》。

 知识拓展

备用信用证最早流行于美国、日本。因为这两个国家的法律不允许银行开立保函，故银行采用备用信用证来代替保函。备用信用证一般用在投标、还款或履约保证、预付货款和赊销等业务中。近年来，美国等一些国家已开始把备用信用证用于买卖合同项下的货款支付。

第二节　国际保理

国际保付代理（international factoring）（以下简称国际保理）是在承兑交单（D/A）或赊销（O/A）方式下，保理公司对出口商应收账款进行核准或购买，从而使出口商获得出口后收回货款的保证的一种融资结算方式。它源于 19 世纪 60 年代的美国。自 16 世纪美国成为英国殖民地后，欧洲国家对美国的消费性商品出口持续增长，但由于运输条件和通讯技术的限制和出口商对美国市场和客户资信不了解，出口商往往雇佣代理商以委托人的身份以寄售方式代为销售货物，这些商务代理被称为保理商。随着业务发展，这些保理商甚至开始向其委托人提供寄售商品的预付款融资，这种融资的前提是保理商可以在货物售出后扣下属于自己的融资和佣金。19 世纪末，运输和通讯的迅速发展使制造商和批发商不必再依赖于保理商，货物的销售方式也不必通过寄售方式经营，市场的开发和销售也不必完全依赖保理商。尽管如此，资金融通和风险规避仍然是他们的重要需求，因此他们仍然需要享受保理商提供的融资和坏账担保。这样，保理商从负责销售商品的商业代理变成了接受卖方转让应收账款的债权受让人，现代保理由此产生。保理这种融资方式现已被推广到欧亚北美的许多国家和地区，目前世界上已经有数百家保理公司，并设有国际保理协会 FCI。目前该协会已经有 200 多家成员，遍布世界 60 多个国家和地区。[1]

---

[1]　舒红，徐丰，等.国际贸易结算实务[M].北京：中国商务出版社，2004：297.

一、国际保理的概念

由于世界各个国家和各地区的商业习惯和法律规定不尽相同,因此对保理的定义也不尽相同。

1985年,美国的《金融和投资辞典》对保理下的定义是:公司将其应收账款以无追索权地销售或转让债权予保理公司,由其作为主债权人而非代理的一种金融服务方式。应收账款以无追索权的方式出售,意为保理商在不能收回账款时不能向出卖方追索。

国际统一私法协会《国际保理公约》对保理下了如下定义:

保理是指卖方/供应商/出口商与保理商之间存在一种契约关系。根据该契约,卖方/供应商/出口商将其现在或将来的基于其与买方(债务人)订立的货物销售/服务合同所产生的应收账款转让给保理商,由保理商为其提供下列服务中的至少两项:

(1)贸易融资。

(2)销售分户账管理:在卖方续做保理业务后,保理商会根据卖方的要求定期/不定期向其提供关于应收账款的回收情况、逾期账款情况、信用额度变化情况、对账单等各种财务和统计报表,协助卖方进行销售管理。

(3)应收账款的催收:保理商一般有专业人员和专职律师进行账款追收。保理商会根据应收账款逾期的时间采取信函通知、打电话、上门催款直至采取法律手段。

(4)信用风险控制与坏账担保:卖方与保理商签订保理协议后,保理商会为债务人核定一个信用额度,并且在协议执行过程中,根据债务人资信情况的变化对信用额度进行调整。对于卖方在核准信用额度内的发货所产生的应收账款,保理商提供100%的坏账担保。[①]

我国外汇管理局对出口保理下的定义是:本通知所称出口保付代理业务(以下简称"出口保理")系指外汇指定银行(出口保理商)为出口单位(出口商)的短期信用销售提供应收账款管理与信用风险控制、收账服务与坏账担保以及贸易融资等至少两项的综合性结算、融资服务的业务。

总之,出口保理业务的定义可以作如下概括:国际保理业务又称保付代理业务,是指出口商以赊账、承兑交单方式销售货物时,保理商买进进口商的应收账款,并向其提供资金融通、进口商资信评估、销售账户管理、信用风险担保、账款催收等一系列综合性金融服务方式。[②]

二、国际保理的分类

(一)根据保理经营机制的不同,保理可分为单保理和双保理

1. 单保理

单保理(single factoring system)是指只涉及一方保理商的国际保理,通常适用于进出口双方中有一方没有保理商的情况。通常情况下是在进口国所在地有保理商,而出口国所

---

① 胡涵均.国际经贸实务[M].上海:复旦大学出版社,2004:145.
② 徐莉芳,王晓博.国际结算与信贷[M].上海:立信会计出版社,2006:258.

在地没有保理商。

在单保理模式下,有的时候也存在两个保理商,即进口保理商和出口保理商,虽然办理过程也是由两个保理商来合作完成,但是,进口保理商不承担向进口商收取债款任务,但仍然负责提供坏账担保、催收严重逾期账款以及协助处理贸易纠纷服务;而出口保理商也只负责提供业务监督、转账及融资。从某种程度上,这种单保理机制类似于双保理机制,只不过在一定程度上限制了进口保理商的服务功能。因此,有人亦称为一个半保理。这种理解是与保理实践有差异的,目前实践中的单保理多为只有一个保理商的情况。①

根据保理商是在出口国还是在进口国,单保理商模式又可以分为直接进口保理模式(direct import factoring system)和直接出口保理模式(direct export factoring system)。

在直接进口保理模式下,通常是出口商直接与进口保理商签订保理协议,由其收取账款和提供坏账担保。这种保理模式较为简单和直接,保理费用较低,但是,如果出口商与进口保理商在语言沟通上有困难,出口商的融资要求就难以被满足。

在直接出口保理模式下,通常是出口商直接与出口保理商签订保理协议,由其收取账款和提供坏账担保。这种保理模式较为简单和直接,保理费用较低,出口商与出口保理商在语言沟通、法律运用、商业习惯上没有障碍,出口商的融资要求也易于被满足,但是出口保理商面临的风险比较大,它将面临着两国债权转让方面的法律冲突,以及进口国外汇管制和了解进口商资信等方面的困难。

2. 双保理

双保理(double factoring system)就是涉及进出口双方保理商的保理业务模式。在这种模式下,出口商和出口保理商签订保理协议,将其在国外的应收账款转让给出口保理商,而由出口保理商与进口保理商签订代理协议,向进口保理商转让有关的应收账款,并且委托进口保理商直接与进口商联系收款,同时由进口保理商提供坏账担保、债款催收和销售额度核定等服务。

双保理模式是世界上目前最为流行的保理模式,它之所以颇受出口商的青睐,是因为此种业务有其独特的优越性。对出口商而言,他只需要针对当地的出口保理商即可,他不需要了解债务人的资信,也不需要了解债务人所在国的法律制度和商业习惯,他只依靠出口保理商,就可以得到融资和坏账担保,就可以规避国际贸易风险,必要的时候也可以通过出口保理商来协调解决一些贸易纠纷。但是,双保理模式也有成本高、资金转移环节多、货款转移速度慢的缺点。

(二)根据保理业务中保理商是否向出口商提供融资,保理可分为融资保理与非融资保理

1. 融资保理

融资保理(financial factoring)又叫预支保理,是一种预支应收账款业务,是指保理商凭供应商发货后提交证明债权转让的发票副本及其他有关文件,给出口商提供发票金额60%～80%的融资便利。货款到期时,保理商扣除垫款及有关费用后,余款付给出口商,这是一种

---

① 黄斌.国际保理——金融创新与法律实务[M].北京:法律出版社,2007:47.

比较典型的保理方式。

2. 非融资保理

非融资保理(non-financial factoring)又叫到期保理(Maturity Factor),是指出口商在发运货物并向保理商提交商业发票、提单等单据副本后,并不向出口商提供融资,而是在款项到期日从债务人处收回应收账款或在债务人由于信用风险不能支付的情况下,保理商再向出口商作出付款的一种保理。保理商有权就其提供的服务收取手续费用,但不提供预付货款的融资便利。

(三)根据供货商是否将保理业务通知给进口方,保理可分为明保理和暗保理

1. 明保理

明保理(disclosed factoring)又叫公开型保理,是指债权转让一经发生,出口方须以书面形式将保理商的参与情况通知进口方,并指示进口方将货款直接付给保理商的保理。许多国家的法律都规定,债权让与必须通知债务人才能对债务人产生约束力。根据《中华人民共和国合同法》第五章第七十七条至第八十三条规定:供应商对自有的应收账款可以转让,但须在购销合同中约定可以转让,且其必须通知买方;债权转让后,保理商同时取得与债权有关的从权利,买方对供应商的抗辩可以向保理商主张。由此可见,公开型保理在世界各个国家的应用是比较广泛的。

2. 暗保理

暗保理(undisclosed factoring)又叫隐蔽型保理,是指出口方不将债权转让以及保理商参与情况通知进口方,进口方仍将货款付给出口方,出口方收到货款后转付给保理商,以偿还保理商的预付融资款的一种保理。在隐蔽型保理下,保理业务的整个操作过程只在出口方与保理商之间悄悄进行。在隐蔽型保理中,在出口方未收到进口方货款的情况下,保理商只能作为一般债权人主张权利,承担的风险比较大。由于隐蔽型保理手续费用较高,有些银行目前不愿意从事此种保理。

(四)根据保理商是否享有追索权,保理可分为有追索权保理和无追索权保理

1. 有追索权保理

有追索权保理(recourse factoring)是指保理商凭债权转让向供应商融资后,如果进口方拒绝付款或无力支付,保理商有权向出口方要求偿还资金。在有追索权保理方式下,保理商不负责为进口方核定信用额度或提供坏账担保,仅提供包括融资在内的其他服务。保理商向出口方提供融资后,无论出于何种原因使有关款项到期未能收回,保理商都有权向出口方追索。

2. 无追索权保理

无追索权保理(non-recourse factoring)是指保理商凭债权转让向供应商融通资金后,即放弃对供应商追索的权利,保理商独立承担买方拒绝付款或无力付款的风险。保理商之所

以愿意提供无追索权保理,主要是因为保理商对进口方进行资信调查,并根据供应商的要求对进口方核定了相应的信用额度。

值得注意的是,在无追索权保理情况下,保理商并非在任何情况下都没有追索权,保理商放弃的是由于进口商信用方面的风险,而对基础合同纠纷导致的应收账款不能收回的风险并没有放弃。如果交易双方由于买卖合同纠纷导致货款不能收回,保理商对出口商仍享有追索权。

**知识拓展**

国际保理商联合会 FCI 2010 年度国际保理统计数据:

会员总数:2 437 家;

国内保理总金额:14 023.31 亿欧元;

国际保理总金额:2 458.98 亿欧元;

总金额:16 482.29 亿欧元。

(五)根据保理商提供的保理服务的范围,保理可分为完全保理和部分保理

1. 完全保理

完全保理(full service factoring)是指全部提供贸易融资、销售分户账管理、应收账款的催收和信用风险控制与坏账担保服务的保理。

2. 部分保理

部分保理(partial service factoring)是指保理商向出口商仅提供贸易融资、销售分户账管理、应收账款的催收和信用风险控制与坏账中部分服务的保理。

三、国际保理业务的当事人

在国际保理业务中,双保理和公开保理方式是最为常见的保理形式,它的当事人也最多,常常涉及四方当事人,现以双保理和公开保理为例对其主要当事人进行介绍。国际保理业务的当事人有四个:

(1)出口商。出口商(exporter)又称供货商(supplier),是指提供货物或劳务,并出具商业发票,向保理商委托其应收账款,申请续做保理的人。

(2)进口商。进口商(importer)又称买方(buyer)或债务人(debtor),是指对提供的货物或劳务所产生的应收账款负有付款责任的当事人。

(3)出口保理商。出口保理商(exporter factor)又称出口保理公司,是指对出口商的应收账款续做保理的当事人。

(4)进口保理商。进口保理商(importer factor)又称进口保理公司,是指同意代收出口商开具的发票表示的转让给出口保理商的应收账款,对已接受的应收账款进行追收,并承担应收账款责任的当事人。

四、保理业务当事人之间的法律关系

1. 供应商(出口商)和进口商(债务人)之间的法律关系

在国际保理中,供应商和进口商之间的法律关系主要通过货物买卖合同或服务合同约定而产生。在国际保理项下,出口商以信用方式向进口商销售货物或提供劳务产生应收账款,形成进出口商之间的债权、债务关系,该债权、债务关系是国际保理业务其他关系存在的基础。根据有关的国际公约和惯例的规定,并非任何应收账款都可以进行保理业务,保理的应收账款应限定在一定的范围内。信用证结算方式由于是银行信用,没有办理保理的必要;各种现金结算避免了银行结算,从而不具备债权转让的特征,不具备办理保理的基础;至于托收中的付款交单(D/P)已经被国际保理商联合会(FCI)看作凭单付现的一种结算方式,因此也应排除在保理适用的范围之外;由于承兑交单(D/A)和赊销(O/A)既不具备银行信用的特点,又不具备现金结算的特征,因此,最适合保理业务方式。事实上,从国际保理商所办理的保理业务来看,主要是赊销和承兑交单方式。并且从惯例上来讲,办理保理的应收账款一般不超过180天(半年)。

在国际保理中,供应商根据基础贸易合同发货后,应当将交易产生的应收债权转让给保理商,因此,他就有将债权转让通知债务人的义务。而债务人在收到债权转让通知后,就应当按照贸易合同规定的时间和金额向保理商履行付款义务。也就是说,债务人对保理商的付款,正是基础交易下买方付款义务的体现。①

2. 出口商和出口保理商的法律关系

出口商和出口保理商在国际保理业务中法律关系的基础是双方签订的出口保理协议。此协议和国际贸易合同是相互独立的两份协议,但是两者也有一定的联系。保理合同基于基础合同产生,而出口合同中的一些事项在一定程度上也影响着保理商应收债权的实现。

具体而言,出口商和出口保理商的关系从表面看来是委托代理关系,但实质上是债权转让关系。在保理业务下,出口商和出口保理商有如下的权利和义务:

对出口商而言,在保理中,供应商的主要权利是根据《出口保理协议》,获得不超过发票金额80%款项的融资以及全部应收账款的坏账担保;出口商的主要义务则是在申请出口保理商对买方进行信用额度核准时,应如实地提供必要的买方信息,根据保理协议转让合格的应收账款,并提供转让债权所需要的必要单据,并承担转让债权合法性的瑕疵责任。此外,出口商还有支付保理费的义务。

对出口保理商而言,其主要权利是在催收账款的过程中,有权要求供应商提供必要的商业单据,在交易双方就基础合同的履行发生争议时,有权中止担保付款责任;其主要义务是根据保理协议对买方进行信用额度核准,在接受受让债权后,有义务进行销售债务管理,在应收债权到期90天届满后,如果进口商不履行付款责任,出口保理商有履行坏账担保的责任。此外,如果债务人就某项应收债权提出贸易争议,出口保理商还有及时通知供应商的义务。

① 黄斌.国际保理——金融创新与法律实务[M].北京:法律出版社,2007:58-60.

3. 进口保理商和出口保理商之间的法律关系

进口保理商和出口保理商之间是相互保理关系,其本质仍然是一种债权转让,即出口保理商将自己从出口商处收购的债权再转让给进口保理商。

对出口保理商而言,出口保理商有权根据进口保理商对债务人核定的信用风险额度,要求进口保理商对出现信用风险的坏账进行担保,有权要求进口保理商告知债权转让形式的有效性。同时,出口保理商应采取一切方式保障进口保理商的权益,协助进口保理商获得有助于其履行义务或保护自身利益的文件,有权向进口保理商提交包含债务人必要信息的债务人信用核准申请,一旦特定债务人的信用额度得以核准,出口保理商应毫无延误地将转让债权所需的单据提交给进口保理商,以转让信用额度内的应收债权。出口保理商还应当对应收账款的真实性和无争议性作出承诺和保证,以确保债权转让手续的有效性。当然,在办理完催收账款业务后,出口保理商还应根据《相互保理协议》的规定向进口保理商支付保理佣金。

 **知识拓展**

> 截至2010年年底,FCI的中国大陆会员达到23家,大陆保理业务总量居全球第二位,仅次于英国。2010年大陆保理业务总量达2 053.51亿美元,比2000年增长1 041倍。其中,国内保理增长951倍,国际保理增长1 543倍。

对进口保理商而言,有权要求出口保理商在限定的时间内①提交转让债权的发票副本、贷项清单及相关单据,如果出口保理商在规定的时间内未能提交货款相关的单据,进口保理商有权反转让债权并拒绝承担有关债权担保义务。在催收账款时,进口保理商有权以自己的名义向供应商催收账款,并对账款下的货物享有留置权。如果销售合同有债权禁止转让条款,则只有在债务人正式破产或作出破产声明时,进口保理商才履行担保付款责任且不早于账款到期第90天。同时,如果出口保理商实质违反保付代理规则导致严重影响进口保理商对信用风险评估或收取账款能力的,进口保理商有权拒绝作出担保付款。在保理业务下,进口保理商应采取一切方式以保障进口保理商的利益,在收到出口保理商信用额度核准申请及相关材料后,应在接到申请后最迟10天内将核准决定通知出口保理商。一旦核准信用风险后,进口保理商对于由于债务人信用风险原因造成的账款不能及时回收,应于账款到期后第90天承担担保付款责任。为了债权转让的顺利进行,进口保理商还有义务将债务人所在国的债权转让法律要求通知出口保理商,在收回账款后,进口保理商应立即通过SWIFT系统向出口保理商支付相应的金额。如果交易双方就基础合同的履行发生争议,进口保理商有义务和出口保理商一道协助争议的解决。

4. 进口保理商和出口商之间的法律关系

债务人与进口保理商之间无合同关系,进口保理商收取债款的权利基础是从出口供应

---

① 在进口保理商的要求下,出口保理商需在收到请求后10天内,向进口保理商提交发票副本;在收到请求后的30天内,向进口保理商提交装船证明及履行销售合同的其他单据。

商处接收了应收账款,其实质是债权的转让。除非供应商与债务人之间的买卖合同之间有禁止转让该合同项下的应收账款的约定,进口保理商可以通过债权转让获得绝对的到期收款的权利,而无须事先得到债务人的同意。若应收款项逾期,进口保理商可以催收,并在必要时采取法律手段解决。[①]

五、国际保理一般业务程序

国际保理业务流程如图 6-2 所示。

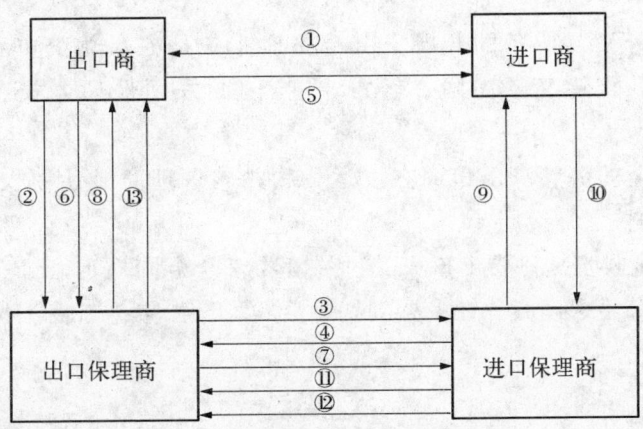

图示说明:
① 出口商和进口商在做托收和寄售时,决定采用国际保理支付方式。
② 出口商填写《信用额度申请表》,请求出口保理商对进口商进行资信调查。
③ 出口保理商在收到申请后,向进口保理商发送"出口商信息表"和"初步信用额度申请",请求进口保理商对进口商的信用进行评估。
④ 进口保理商在评估进口商信用额度后,将进口商的信用额度通知出口保理商。
⑤ 出口商得到通知,与出口保理商签订保理协议后,在信用额度内向出口商发货,并在发货后将全套单据正本寄交进口商。
⑥ 出口商将单据副本送交出口保理商。
⑦ 出口保理商通知进口保理商有关单据的详情,表示将应收账款转让进口保理商。
⑧ 如出口商有融资要求时,出口保理商在拿到全套单据副本并审查无误后,给出口商以不超过发票金额的 60%～80% 的融资。
⑨ 进口保理商在发票到期日后如仍未收到进口商的付款,有义务向进口商索取应收账款。
⑩ 进口商向进口保理商付款。
⑪ 进口保理商按照进出口保理商的约定方式将款项拨付给出口保理商;
⑫ 如在到期日后 90 天进口商仍未能付款,且在这 90 天内债务人不提出贸易纠纷,进口保理商负付款责任。
⑬ 出口保理商扣除融资本息(如有)及费用,将货款余额付给出口商。

图 6-2 国际保理流程图[②]

① 黄斌.国际保理——金融创新与法律实务[M].北京:法律出版社,2007:61-77.
② 徐莉芳,王晓博.国际结算与信贷[M].上海:立信会计出版社,2005:265.

六、选择国际保理方式的利弊

在国际贸易中采用保理方式,对买卖双方当事人来说各有利弊。

(一) 对出口商而言

1. 有利之处

(1) 通过保理商对进口商的资信状况调查,可以了解进口方的资信状况,从而克服一些因进口商资信不良带来的商业风险。

(2) 有利于对外贸易业务的开展。由于保理业务是在承兑交单和寄售的基础上进行的,而承兑交单和寄售又颇为国外客户欢迎,因此采用保理方式有利于外贸业务的拓展。

(3) 有利于资金的流转。出口商在发运货物并向保理商转让债权后,可获得 60%~80% 的融资,从而加快了资金周转。

(4) 有利于安全收汇。只要出口商交付的货物符合合同规定,出口商即可将进口商破产或拒付的风险转移给保理商。在发票到期日后 90 天,如果进口商不付款,进口保理商担保付款。

2. 不利之处

保理业务是在卖方严格执行合同的前提下保理商才承担付款责任,如果由于货物品质、数量、交货期等方面的纠纷而导致进口商不付款,保理商不承担付款的责任,故进口商在经营状况严重恶化时,容易以各种理由挑起贸易纠纷。

(二) 对进口商而言

1. 有利之处

(1) 有利于资金周转,扩大贸易规模。进口商以承兑交单和赊销方式与出口商进行交易,可以在收货时或收货后一定期限内付款,有利于进口商资金的周转和对外贸易规模的扩大。

(2) 有利于运营成本的降低。由于采用保理方式,进口商不必向开证行交开证押金和有关的银行费用,从而降低了进口成本。

(3) 有利于获得符合合同规定的货物。保理商担保付款的前提是出口商严格履行买卖合同,以买方不提出贸易纠纷为前提。因此,出口商为顺利收回货款会严格履行合同,交付的货物与合同规定的相符,装运期也会严格按合同规定。

(4) 由于保理业务通过保理组织进行结算,可以省去买方高昂的开证费用及押金等支出,降低了买方的交易成本。

2. 不利之处

国际保理佣金手续费较高,一般是货款价值的 1%~3%,如出口商要求融资,则融资利息更高,这些费用最终必将转嫁在商品价格之上,导致商品价格较高,这对进口商品的销售和进口商的利润会有一定的影响。

七、保理业务的发展状况

1. 保理业务在世界上的发展状况

保付代理业务在资本主义国家已有较长的历史。这种古老的商业行为甚至可以追溯到 5000 年前巴比伦王朝,但真正的保理业务却起源于 19 世纪。现代保理最初由美国近代商务代理活动发展演变而形成。1968 年在荷兰成立的国际保理商联合会(Factoring Chain International,简称 FCI)制定的《国际保付代理公约》标志着现代保理业务在全世界范围内走向统一化。到 2005 年年底,已有 59 个国家和地区的 206 个保理商成为保理商联合会的会员。

近 20 年来,国际保理业务在全世界飞速发展。据 FCI 统计,在国际贸易结算中,信用证的使用率已降至 17% 左右,在发达国家已降到 10% 以下,保理业务大有取代信用证之势,占据了越来越重要的地位。目前世界上有 40 多个国家和地区开展了这项业务。据统计,在 1976 年,国际保理在全球贸易结算中的份额还仅占 23%,到 2001 年,国际保理在全球贸易结算中的份额已达到 44%,超过信用证的业务量。到 2003 年全球的国际保理业务量已经达到了 7 603.92 亿欧元,比 5 年前增长了近 2 倍。到 2005 年,全球的保理业务量达 10 165.47 亿欧元。保理业务虽然在近年来发展迅速,但是在全球发展极不平衡,两极分化严重。在西欧和亚太地区的经济发达国家和地区,该项业务发展尤为迅猛。欧洲作为保理业务的发源地之一,其业务量占全球保理业的 70.38%;亚洲以蓬勃发展之势占据第二位,其业务量占全球保理业的 13.36%;美洲地区的保理业务量占据第三位,其业务量占全球保理业的 13.34%;大洋洲的保理业务量占据第四位,其业务量占全球保理业的 2.30%;非洲的保理业务量最少,仅占全球保理业务量的 0.61%。就国际而言,英国、意大利、美国、法国、日本、西班牙、德国、我国台湾地区、荷兰和爱尔兰在 2005 年全球保理业务中排在前十位,这 10 个国家的保理业务量占全球保理交易量的 80%。

2. 保理业务在中国的发展状况

国际保理最初引入中国始于 19 世纪 80 年代,1992 年中国银行北京分行与美国国民保理公司及与英国鹰狮保理公司之间签署的相互保理协议,标志着国际保理业真正走向中国。

继 1992 年中国银行在中国率先推出国际保理业务后,于 1994 年北京博升通管理咨询公司(原东方国际保理公司)在人民大会堂成立,成为中国第一家保理和信用专业咨询机构。迄今为止,中国已有中国银行、光大银行、交通银行等 11 家银行加入国际保理商联合会。

根据国际保理商联合会公布的资料,1994 年,中国出口保理业务总额为 4 000 万美元;1996 年为 1 500 万美元;1998 年和 1999 年均为 2 000 万美元;2004 年为 97.25 亿美元;2005 年中国的国际保理业务为 58.30 亿欧元,而同年日本的国际保理业务量达到 772.20 亿欧元,相当于中国的 13 倍,中国台湾地区也达到 360.00 亿欧元,这种状况与中国作为世界贸易大国的身份是极其不相符的。

上述状况的出现是与中国的现实情况分不开的。信用交易在中国尚未普遍建立,出口

企业满足于用信用证等传统结算方式进行交易,忽视保理业务的应用;中国的国际贸易目前主要仍以服装、手工艺品等劳动密集型产品为主,这些产品主观检测性强,易引起合同纠纷;保理业务法规建设滞后,不能适应保理业务发展要求;缺乏一支训练有素的专业国际保理人才队伍。要改变这种状况,中国还有很长的路要走。

 **知识拓展**

> 经营日用纺织品的英国 Tex UK 公司主要从中国、土耳其、葡萄牙、西班牙和埃及进口有关商品。几年前,当该公司首次从中国进口商品时,采用的是信用证结算方式。最初采用这种结算方式对初次合作的公司是有利的,但随着进口量的增长,他们越来越感到这种方式的繁琐与不灵活,而且必须向开证行提供足够的抵押。为了继续保持业务增长,该公司开始谋求至少 60 天的赊销付款方式。虽然他们与中国出口商已建立了良好的合作关系,但是考虑到这种方式下的收汇风险过大,因此中国供货商没有同意这一条件。之后,该公司转向国内保理商 Alex Lawrie 公司寻求解决方案。英国的进口保理商为该公司核定了一定的信用额度,并通过中国银行通知了中国出口商。通过双保理制,进口商得到了赊销的优惠付款条件,而出口商也得到了 100% 的风险保障以及发票金额 80% 的贸易融资。目前 Tex UK 公司已将保理业务推广到了 5 家中国的供货商以及土耳其的出口商。公司董事 Jeremy Smith 先生称,双保理业务为进口商提供了极好的无担保延期付款条件,使其拥有了额外的银行工具,帮助其扩大了从中国的进口量,而中国的供货商对此也十分高兴。

八、国际保理的风险及防范

由于国际保理涉及多方当事人,同时也跨越不同的法域,因此,每个当事人在不同程度上都面临着一定的风险,这就要求当事人熟悉国际保理的有关惯例,积极采取有效的防范措施。

(一) 出口保理商面临的主要风险及防范对策

1.《国际保理业务通用规则》适用的风险及防范

《国际保理业务通用规则》(General Rules for International Factoring,简称 GRIF,以下称《规则》)作为国际保理商联合会制定的规范保理业务的规则,它在法律性质上属于银行惯例,并非国际公约,当事人对其适用有选择权。作为国际保理商联合会的会员,《规则》在进口保理商和出口保理商之间适用不存在问题。但是,出口商并非国际保理商联合会的会员,出口商与出口保理商之间签订的是《出口保理业务协议》,此协议为国内合同,《规则》并不当然地适用于出口商与出口保理商之间,一旦因履行基础合同的纠纷引起进口保理商拒绝承担付款责任,出口商就可能提出抗辩,从而导致出口保理商无法追回融资款项。

为此,出口保理商应正确适用国际保理规则以规避风险,在与出口商签订的《出口保理

业务协议》中应明确规定,此协议的有关条款是按照《规则》而制定,出口商的业务行为应遵循《规则》的有关规定,以达到《出口保理业务协议》与进出口保理商之间的《相互保理协议》的一致性,以规避融资风险。

2. 债权合法性的风险及防范

如前所述,国际保理在性质上属于债权转让,出口保理商承购的是债权,这就要求承购的债权具有合法性。如果债权本身的合法性存在疑问,也必将影响着债权转让的合法性。为此,出口保理商应对出口商的主体资格进行审查,审查其是否为合法的具有进出口经营权的主体。同时,也要审查出口商出口的标的物的合法性,以确保所受让的应收账款的合法性。

3. 出口商履约风险及防范

保理业务不同于以单证相符为付款依据的信用证业务,保理商承担付款责任的前提是商品和合同相符。如果由于货物品质、数量、交货期等方面的纠纷而导致进口商不付款,进口保理商则不承担付款责任。也就是说,当出口商履约有瑕疵时,债务人对债务享有抗辩权。在实际业务中,一旦出现了债务人的抗辩,出口保理商往往由于难以判断债务人所提理由是否真实,从而陷入买卖双方的争议中,影响到应收账款的回收。

为了防止出口商履约风险的发生,出口保理商首先应对进出口交易合同的真实性和合法性进行调查;其次要对出口商的履约信用进行调查,例如审查其履约记录等;再次要审查商务合同、商业发票、货运单据等单据的真实性,防止欺诈发生;最后在《出口保理业务协议》中应明确规定,如果由于出口商履行合同出现瑕疵,对已经发生的融资,出口保理商有权向出口商进行追索。如果未发生融资,出口保理商不再承担保证付款责任。

4. 基础合同限制转让的风险及防范

基础合同不对债权转让进行限制是保理存在的前提。如果交易双方在合同中对债权转让进行限制,保理商在向买方催收应收账款时就会引起买方的抗辩。特别是在买卖双方为关联公司的情况下,这种情况更是防不胜防。关联双方往往签订两个合同,一个是贸易背景的无限制转让条款的基础合同,一个是关联方私下签订限制债权转让的合同,待保理商追索买方时,就会遇到抗辩。

对此,出口保理商一方面应尽力审查基础合同的真实性与合法性,另一方面应在出口保理合同中明确要求出口商承诺贸易合同债权的可转让性。否则,则视出口商为违约,保理商有追索和回购已转让的应收账款的权利。

5. 采用隐蔽型保理时的风险及防范

在隐蔽型保理中,出口商在将应收账款转让给出口保理商时,并不将债权转让和保理商的参与情况通知进口商,进口商仍然向出口商支付,出口商在收到货款以后再转付给出口保理商,整个保理的操作过程只在出口商和保理商之间进行。由于隐蔽型保理缺乏及时将债权转让通知债务人的手续,保理商的受让债权就会受到一定的影响。假若债务人到期并不向出口商支付货款,这时出口商才会向债务人透露保理商,这实际上属于"迟到的通知"。当保理商向债务人催要货款时,债务人就会以通知迟到为由对债权的转让提出抗辩。

由于隐蔽型保理风险极大,因此很多出口保理商不愿意办理此项业务。但是,隐蔽型保理毕竟是保理的一种,一味地躲避并不是解决问题的根本办法。保理商在承办隐蔽性保理时,可以在与出口商签订的出口保理协议中加入授权性条款,或要求出口商出具一份《应收账款转让授权书》,授权保理商在账款逾期后有权通知进口商账款转让事宜;也可以在与出口商签订的合同中作出一些特殊约定,如加入信托条款,明确要求出口商设立回款账户为信托账户,账款回收后有关账户为出口保理商的财产,出口商作为受托人应将有关款项用于清偿其所欠的保理融资。[①]

6. 信用风险界定范围的风险及防范

国际保理业务的融资一般是无追索权的,即当进口商出现"信用风险"时,出口保理商对出口商的融资是不能索回的。这里就需要确定"信用风险"的范围,如果其范围不能确定,势必会给出口商与出口保理商的争端埋下隐患。为此,出口保理商在与出口商签订的协议中应明确规定信用风险的范围,以避免纠纷发生。可以对信用风险做如下界定:信用风险是指债务人由于自身财务状况、支付能力和信用缺失等原因,拒绝付款、拖延付款或无力偿付合同债务,使应收账款不能完全或部分实现的风险。

(二) 进口保理商面临的主要风险及防范对策

1. 债务人信用风险及防范

根据《规则》的规定,债务人由于争议以外的原因,在应收账款到期后 90 天内未能全额付款的风险将由出口保理商承担。因此,对进口保理商而言,他最大的风险就是债务人的信用风险。

为了防范债务人信用风险,进口保理商应对进口商的信用进行客观和全面性的审查,主要审查进口商有无资信状况、金融状况或财务状况恶化的情况,有无重大的债权、债务纠纷,有无与别人交易的不良记录等,以客观全面评估债务人的资信状况,避免风险的发生。同时,也可以利用《规则》的规定,在进口商出现商业信用状况恶化的情况下,适当地缩减或取消进口商的信用额度,并及时通知出口商,以对通知后的出口商所发运货物产生的应收账款视情况在缩减的信用额度内承担责任或不承担坏账担保责任。[②]

2. 债务人间接付款的风险及防范

在保理业务下,除隐蔽型保理外,一般情况下,债务人并不把账款直接付给出口商或出口保理商,而是直接付给进口保理商。如果债务人把账款直接付给出口商或出口保理商,就是间接付款。在间接付款的情况下,如果进口保理商不知情就可能错误地作出担保付款。

为预防此种情况发生,进口保理商应当在与出口保理商签订的协议中明确规定,倘若债务人把账款直接付给出口保理商,出口保理商应及时向进口保理商发出间接付款通知。同时还应建议出口保理商在与出口商的合同中,加入相应的条款,以防在发生间接付款时,出现保理商不知情的情况。

---

① 黄斌.国际保理——金融创新与法律实务[M].北京:法律出版社,2007:108 - 117.
② 徐莉芳,王晓博.国际结算与信贷[M].上海:立信会计出版社,2005:267 - 271.

3. 隐蔽型保理时的风险及防范

由于国际保理中承担坏账担保责任的最终是进口保理商,加之在隐蔽保理中出口商并不事先通知进口商有关债权转让事宜,因此,在进口保理商向到期未承担付款责任的进口商追索货款时,往往会遭到进口商的抗辩,进口保理商面临的风险会比出口保理商更大。

为了保护自身的权益,进口保理商需与出口保理商签订一份协议,并在协议中规定,在一般情况下进口保理商不得对债务人进行通知,但如果应收账款超过一定期限,则进口保理商有权通知债务人。此外,进口保理商也可以要求出口保理商与出口商签订一份协议,要求出口商在与进口商的合同中加入相应的条款,以避免进口商可能对进口保理商提出有关的抗辩。

4. 债务人延迟付款的风险及防范

在保理中还会出现进口商以事实上不存在的"争议"为由拖延付款的情况,而这种情况一般出现在进口商资金周转遇到困难的时候。在这种情况下,进口保理商首先应对进口商提出的"争议"进行辨别,对于进口商提出的事实上不存在的争议,应指出其不成立的理由,并及时联系出口保理商,催促进出口双方尽快协商解决纠纷。同时,还应密切注意买方的资信状况,一旦买方出现信用恶化的状况,应及时调整其信用额度。

(三) 供应商面临的主要风险及防范对策

1. 保理商的信用风险及防范

保理商的风险主要来自保理商的经营状况恶化,丧失清偿能力;保理商的资信评估能力不强,不能准确对债务人作出客观的信用评估;保理商在合同中设立"陷阱"条款,故意设法摆脱担保付款责任等。

针对以上风险,供应商应当在选择保理商上持谨慎态度,遴选资质较好的保理商进行合作;在与保理商签订协议时,应认真阅读保理商提供的格式合同,对其中的"陷阱"条款要做相应的修改,以此保护自己的权益。

2. 信用额度取消或缩减的风险

信用额度取消或缩减是《规则》赋予进口保理商酌情行使的一种权利,但也是出口商最难以接受的条件之一。进出口之间的贸易合同的签订是基于进口保理商对进口商信用额度的评估,如果在接到进口保理商转来的缩减或取消信用额度的通知后再发货,这些债权将得不到保理商的担保,进出口双方的贸易合同将面临着落空的危险。

对此,供应商首先要注意对进口商资信的调查,在接到进口保理商转来的缩减或取消信用额度的通知后,应注意控制合同下货物的物权,暂停或相应削减合同下发货的数量。此外,在与出口保理商的洽谈中,应规劝出口保理商在与进口保理商签订合同时加入缩减或取消信用额度的明确条件,以防进口保理商滥用此权利。

3. 款项被索回的风险和防范

根据《规则》的规定,在应收账款到期后的 90 天内债务人或其代理人不支付货款的,进口保理商应于第 90 天对出口保理商付款。同时,《规则》还规定,在进口保理商担保付款后,如在发票到期日的 180 天内进口保理商收到债务人提出的争议,则进口保理商有权索回因

争议而被债务人拒付的金额。这就意味着一旦争议发生,即使出口商得到了进口保理商的担保付款也要被索回。

针对此种情形,出口商应严格合同的履行,确保货物的品质、数量及装运期等符合合同的规定,同时,应严格合同的商品检验条款,明确品质的检验机构和检验方法,以防止进口方虚假争议和抗辩的发生。

(四) 债务人面临的主要风险及防范对策

1. 付款后发现履约瑕疵风险及防范

债务人在作出支付后如果再发现供应商履约存在问题,则债务人要想追回货款存在着困难。如果出现此种情况,债务人将处于尴尬的地位。

针对此种情况,债务人应在与出口商的合同中明确规定商品检验条款,力争在检验商品确认质量无误后再予以付款。

2. 重复付款的风险及防范

保理商在接受保理后,应该将接受应收账款的情况通知债务人,债务人如对此不予理会,仍向供应商付款的话,则保理商仍然有权要求其再次支付。则债务人面临着应收账款重复支付的法律风险。

为了避免此类风险发生,只要债务人严格应付账款管理,对于接收到转让通知的账款,安排对受让人作出支付,而不再对供应商予以付款即可。①

九、《国际保理业务通用规则》和《国际保理公约》

(一)《国际保理业务通用规则》

《国际保理业务通用规则》(General Rules for International Factoring)又称《国际保理规则》(以下简称《规则》),是国际保理联合会于 1968 年制定的。1968 年来自世界 15 个国家的 30 多家银行和保理公司的负责人在斯德哥尔摩召开大会,宣布成立国际保理商联合会(Factors Chain International,FCI)。该会是世界上提供保理服务的最大的国际机构。为了使国际保付代理有章可循,该会制定了《国际保付代理规则》(Code of International Factoring Customs,IFC;又被译为《国际保理惯例规则》),同时又制定了相应的《仲裁规则》,规定国际保理联合会的成员之间相互安排的保理业务如产生争议,在友好协商的基础上仍不能达成一致意见,应提交联合会进行仲裁。1990 年,该会对《国际保理业务惯例规则》进行了修改,颁布了《国际保理业务惯例规则》修订本。2002 年 7 月,国际保理商联合会为了适应国际保理业务实践的发展和新情况的需要,促进国际保理的发展,保证保理的生命力和实用性,又对《国际保理业务惯例规则》进行了修改,将其更名为《国际保理业务通用规则》(以下简称《通则》)。2005 年 7 月,国际保理商联合会又对《规则》进行了修改,目前实施的《通则》就是 2005 年的修订本。

《规则》共有 32 条八节。

---

① 黄斌.国际保理——金融创新与法律实务[M].北京:法律出版社,2007:131-142.

《规则》的第一条至第十一条为第一节总则部分。

主要规定了保理合同的定义;参与国际保理的当事人;进出口商之间的通讯语言;书面要求;代码系统;保理商之间纠纷的处理;保理商之间的善意与互助原则等。

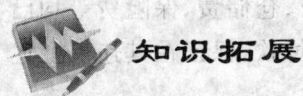
知识拓展

　　保理的账款仅限于与供应商以信用方式向债务人销售货物或提供服务所产生的应收账款;进出口保理商之间的通讯语言为英语。

《规则》的第十二条至第十五条为第二节应收账款的转让。

该节规定了应收账款的转让必须采取书面形式;出口保理商应负责账款转让的有效性;应保证应收账款的有效性;出口保理商应按照进口保理商的要求提供单据,否则,会导致进口保理商已经受让的账款再次让回出口保理商。

《规则》的第十六条至第十九条为第三节信用风险。

该节对信用风险的定义、信用额度的申请与核准、进口保理商缩减或撤销信用额度及其后果、出口保理商的转让义务作了具体的规定。规定信用额度是对某一供应商对某一债务人的账款的循环核准(以不超过额度最高金额为限)。

《规则》的第二十条至第二十二条为第四节应收账款的催收。

该节规定进口保理商对转让给他的所有账款负有催收的责任;进口保理商有权以自己的名义与出口保理商或供应商联名采取诉讼和其他措施强制收款;对于买卖双方之间的账款因合同司法管辖条款引起的账款不能收回,进口保理商可以反转让该账款并向出口保理商索回已作的担保付款;进口保理商催收账款所产生的费用和开支应由出口保理商承担。

知识拓展

　　如果在30天内出口保理商不答复进口保理商是否同意承担费用的请求,此时或此后的任何时间进口保理商有权反转让有关账款。

《规则》的第二十三条至第二十六条为第五节国际保理资金的划拨。

该节规定当债务人就已转让给进口保理商的账款向进口保理商付款时,进口保理商应立即按照发票币种向出口保理商支付;在付款到期日后90天内如果债务人不支付账款,进口保理商应于第90天对出口保理商担保付款;对于已经核准的任何账款,如果销售或服务合同载有禁止转让条款,只有债务人正式破产或作出破产的一般声明或承认其破产时,进口保理商才履行担保付款责任。

《规则》的第二十七条为第六节争议。

该节界定了争议的概念;争议处理的规则和程序及对担保付款责任等的影响。

《规则》的第二十八条为第七节陈述、保证与承诺。

该节规定了出口保理商应代表自己及其供应商陈述、保证与承诺。保证与陈述每笔业务出口商是善意与意思表述真实的,保证账款的转让通知采用的是出口保理商规定的格式,保证转让的是全部账款,保证合同下应由供应商所承担的税款、运费、仓储费、保险费等均已支付;保证他将通知进口保理商或出口商收到已经转让账款的任何付款,保证在其违反上述陈述与承诺义务时,出口保理商向其有追讨权。

《规则》的第二十九条至第三十二条为第八节杂项。

该节规定的保理电子数据交换通讯系统、账务管理和报告、出口保理商与进口保理商的特定情形下的赔偿责任以及出口保理商违反规则的后果及责任。①

(二)《国际保理公约》

由于保理业务的当事人位于不同的国家和地区,因此,不同国家贸易商之间、进口保理商和出口保理商之间以及进出口保理商与贸易商之间的法律关系,单靠一国的法律根本无法调整。同时,各国国内法对于国际保理的规定也形式各异、分歧颇大。因此,各国保理机构往往不愿意承办国际保理业务,国际保理发展极其缓慢。为了平衡国际贸易中不同当事人的利益,促使国际保理在国际贸易中发挥更大作用,国际统一私法会经过十余年的研究和协调,于1988年5月在渥太华国际成员会议上通过了《国际保理公约》(The Convention on International Factoring,简称《公约》),根据公约的约定:"本公约自第三份认可、接受、批准或加入文件交存之日起6个月后的第一个月的第一天生效。"在尼日利亚继法国、意大利后成为第三个缔约国后,该公约已于1995年5月1日生效。现在该公约的缔约国包括法国、意大利、尼日利亚、匈牙利、德国和拉托维亚等国。由于中国尚未加入该公约,因此我国当事人和其他国家当事人之间的国际保理业务不能直接适用公约的规定。

《公约》共四章二十三条,第一章规定了保理的定义、公约的适用范围和总则;第二章规定了当事人各方的权利和义务;第三章规定了应收账款再转让的法律适用;第四章为最后条款,规定了公约的接受、批准、加入、生效、保留等事项。

《公约》是第一部也是唯一的一部调整国际保理法律关系的国际公约,它为国际保理业务制定了基本的法律框架,对于解决国际保理中的法律问题具有重大指导意义。虽然我国在1998年5月派代表参加了渥太华举行的由55个国家参加的国际统一私法协会外交会议,在最后《公约》文件上签了字,但至今该公约未经我国人民代表大会批准。

第三节 福 费 廷

福费廷业务是指在延期付款的大型贸易中,出口商把经进口商承兑的,或经第三方担保的(一般为进口地的银行或金融公司),期限在6个月至10年的远期汇票,无追索权地售予出口商所在地的银行或大的金融公司,提前取得现款的一种资金融通方式,在国内也将这种方式称为包买票据业务或票据买断。

---

① 《国际保理通则》(2005年7月修订本)。

> 福费廷是包买商（银行或其他金融机构）从本国出口商那里无追索权地买断经过外国进口商银行承兑或担保的中长期汇票、本票或其他应收账款债权凭证的金融交易。

一、福费廷的起源

"福费廷"（forfeiting）一词源于法语"Forfait"和德语"Forfaiterung"，含"放弃权利"之意。福费廷产生于 20 世纪 40 年代。第二次世界大战以后，为了医治战争创伤，重建家园，欧洲各国需要进口大量建设性物资和日用品，为解决当时欧洲国家进口美国谷物却又外汇资金不足的问题，瑞士苏黎世银行协会首先开创了福费廷融资业务。

20 世纪 50 年代以后，随着国际上资本性货物的卖方市场逐步转为买方市场，进口商不再满足于传统的 90～180 天的融资期限，而要求延长付款期限。这种不断延长的信贷期限，大大超出了卖方本身的承受限度，卖方不得不向银行提出越来越长的融资要求，当时的银行无法提供出口商所希望的金融服务，于是福费廷业务进一步活跃起来。

进入 20 世纪 70 年代，经济全球化趋势明显，竞争日趋激烈，出口商为了拓展业务，通常会给予买方远期付款优惠条件，但同时也将面临资金流动性和收汇风险。为了让自己在出口业务上最大限度地避免风险，同时最快速度地收回资金，越来越多的出口企业开始参与福费廷业务中。特别是 20 世纪 80 年代以来，第三世界受债务危机困扰，官方支持的出口信贷越来越少，正常的银行信贷受到抑制，而发展中国家不得不寻求可替代的资金来支持本国货物出口，因此，包买票据业务持续增长。

目前，西欧的福费廷业务发展最快，伦敦、苏黎世和法兰克福已经形成了世界上最大的包买票据市场。包买票据的业务也发展到世界各地。据统计，全世界年均包买票据交易量大约占全世界贸易额的 2%。

二、福费廷的特点与业务流程

（一）特点

福费廷和其他融资方式相比，具有以下特点：

（1）福费廷一般是以国际正常贸易为背景的，其运用多限于期限较长的资本性产品[①]。因为办理包买票据后出口商就解除了经济责任，因此，只有对质量可靠并且对银行业务有特殊用途的商品，银行才愿意去包买票据。目前，由于技术改造、市场发展和竞争的加剧，一些有实力的包买商也开始对非资本性的商品交易提供包买票据服务。福费廷最短的期限为 180 天以上，最长的可达 10 年，一般以 1～5 年期限为多。包买票据业务的融资期限与资本

[①]　资本品是对银行正常经营和业务发展具有特殊用途的经济资源。资本品主要涉及钢铁、石化、有色金属、成套设备、船舶建造等行业。该类行业受消费、投资需求以及宏观经济调控影响较大，并往往呈现出较强的周期性。

性物资交易的付款期限基本上是一致的。

 **知识拓展**

> 福费廷一般多限于期限较长的资本性产品;出口商必须放弃对所出售债权凭证的一切权益,包买银行也必须放弃对出口商的追索权;福费廷适合于100万美元以上的大中型出口合同;进口方银行多为债权凭证担保人;包买票据还存在二级市场。

(2) 在福费廷中,出口商必须放弃对所出售债权凭证的一切权益,包买银行也必须放弃对出口商的追索权。包买票据业务中,出口商从银行取得包买商资金时,即在票据上写明"无追索权"字样,表明他把收款的权利和义务一次性地转嫁给包买商,随之进口商的信用风险、担保风险、进口国国家风险、利率风险和汇率风险等也一并转移给包买商。同时,只要交易正当、票据有效和担保有效,[1]包买商也放弃对出口商融资的追索权。

(3) 福费廷适合于100万美元以上的大中型出口合同,对金额小的项目而言,由于收费较高,故其优越性不明显。近年来福费廷机构也办理一些小额交易,但费用仍然较高。福费廷可融资的货币多为自由可兑换的币种,如美元、欧元、瑞士法郎和日元等。

(4) 进口方银行多为债权凭证担保人。由于包买商对出口商的融资为无追索权的融资,所以除非信誉卓著的政府机构或跨国公司,包买商都需要进口方银行或其他机构对票据做无条件、不可撤销的担保。[2]

(5) 福费廷不仅有初级市场,而且还存在二级市场。包买商买下出口商的债权凭证后,为了使资金不积压,便在二级市场上将一些票据转卖给其他包买商。他可以出售某笔交易的全套票据,也可以只出售其中的一期或几期票据。

（二）业务流程

按照福费廷下的结算工具不同,福费廷包括两种运作模式:一种是信用证项下的福费廷业务;另一种是普通票据项下的福费廷业务。

1. 信用证项下福费廷操作流程

信用证项下福费廷业务操作流程如图6-3所示。

值得说明的是,出口商在询价时应该向包买商提供下列有关信息或资料:出口商、进口商的名称;出口商品的名称、数量、交货期;预计合同金额;出口商和进口商的详细情况,包括注册地点、财务状况、支付能力等;延期支付的期限;开证行或担保行的名称和票据种类等。包买商在报价时,报价的主要内容包括:

(1) 贴现率(discount rate),进口商可以选择固定利率,也可以采用 LIBOR(london

---

① 交易正当是指交易双方的合同符合有关国家的法律规定;票据有效是指出口商签发的汇票或本票符合本国票据法的规定;有效担保是指对票据的担保应符合担保人所在国的担保法和外汇法的规定。

② 担保方式主要有两种:一种是保付签字,即担保银行在已承兑的汇票或本票上加注"Per Aval"字样,并签上担保银行的名字,从而构成担保银行不可撤销的保付责任;另外一种是由担保银行出具单独的保函。

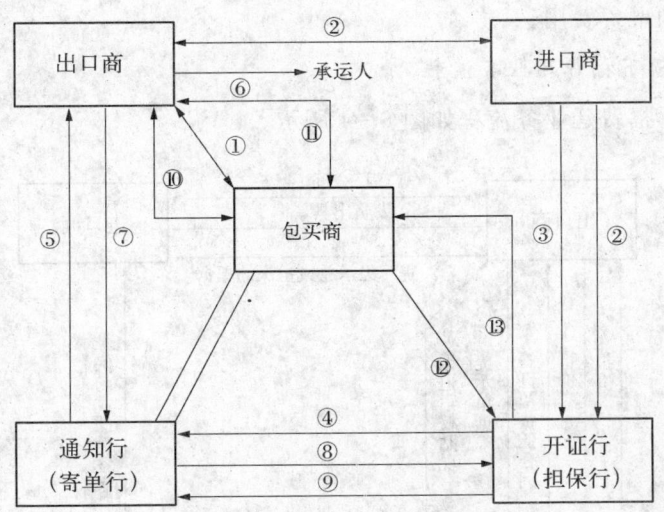

图示说明：

① 出口商向福费廷商询价；银行接到出口商的询价后，根据国际福费廷市场情况作出报价。

② 出口商接到报价后，将价格报给进口商，如进口商同意报价，应及时向其所在地的银行申请担保，出口商将担保行的情况通知包买商，如包买商同意，进出口商签订贸易合同。

③ 进口商（申请人）向所在银行（开证银行）申请，向受益人（出口商）开立远期信用证。

④ 开证行开出信用证并指定进口地业务往来银行作为通知行，通知行收到远期信用证后通知信用证受益人。

⑤ 通知行通知信用证。

⑥ 受益人根据信用证和合同的规定安排货物出运。

⑦ 受益人严格按照合同和信用证的规定发运，取得并备齐信用证规定的单据，向通知行（寄单行、议付行）提供所有信用证规定的文件（注意：在远期信用证业务下，通知行往往是包买商）。

⑧ 通知行审单后将单据寄往开证银行。

⑨ 开证行经审查，如果发现单据合格，就向寄单行发出承兑、承付电。

⑩ 进口商接到承付通知后，按照预先约定好的条件与包买商签订包买票据合同。

⑪ 受益人按照包买商的要求向其提供全套副本单据以及出口商对其出口单据真实性的证明材料和保证书，经审核无误后，包买商按包买合同规定支付折现的款项给出口商，并向其提供一项贴现清单。

⑫ 在开证行的承兑到期前，包买商把开证行的承兑电交给开证银行，收取相关款项。

⑬ 开证行（承兑行）按照包买商的付款指示将款项汇到包买商指定的账户上。

图 6-3　信用证项下福费廷流程图

inter-bank offered rate，伦敦银行同业拆借利率）加上利差的方式计算。

（2）承担费（commitment fee），视贴现票据面值及承诺期实际天数乘以承担费率，其计算公式为：

$$承担费＝票据面值×承担费率×实际天数/360[①]$$

（3）宽限期贴息（grace days' discount），是指根据从票据到期日到实际收款日的估计延

———————

① 《中国进出口银行福费廷业务试行办法》。

期天数计算出来的融资费用。

2. 普通票据项下福费廷业务流程

普通票据项下福费廷业务流程如图6-4所示。

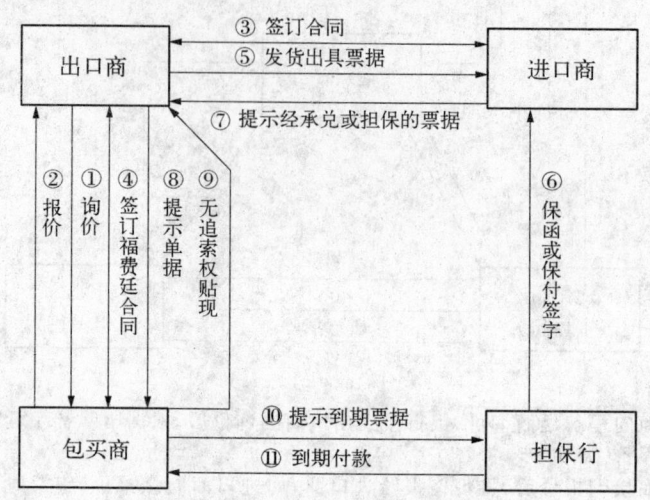

图6-4 普通票据项下福费廷流程图①

三、福费廷业务与保理及一般贴现的比较

（一）福费廷与保理业务

由于保理和福费廷业务中都有某一中间机构对出口商的票据及其债权无追索权地贴现买断，使出口商及早获得货款、转移风险。因此，这两种业务实质上都是出口商为获得融资而对出口债权的卖断，但是，两者之间是有区别的：

（1）福费廷业务成交的商品为大型设备，交易金额大，付款期限长，并在较大的企业间进行，包买商为付款期限6个月至10年的资本货物交易提供中长期信贷融资服务；而保付代理业务一般多在中小企业之间进行，成交的货物多为一般进出口商品，交易金额不大，保理商只提供付款期限为180天以内的融资服务。

（2）福费廷业务需出口商提交经由进口商所在地的担保人（多为银行等金融机构）担保的票据；而保付代理业务不须进口商所在地的担保人对票据进行担保。

（3）在福费廷业务中，是否采用福费廷需要进出口双方事先协商，取得一致意见；而保付代理业务，出口商不须事先与进口商协商。

（4）福费廷业务的内容则比较单一，包买商只提供远期汇票下的资金融通，包买商通常按承兑付款金额，扣除融资利息后，向出口商提供全额融资；而保付代理业务的内容比较综合，它是一种集应收账款管理、信用风险担保及贸易融资于一体的综合性金融服务方式，一般情况下，保理商只向出口商提供应收账款的80%左右的融资。

（5）就办理融资的基础而言，包买商一般以其对承兑人评估的信用额度为依据，来决定

---

① 徐进亮.国际结算惯例与案例[M].北京：对外经济贸易大学出版社，2007：278.

是否接受出口商办理福费廷的申请;而在保理业务中,出口保理商办理保理业务的基础是进口保理商对进口商的信用评估,如果进口保理商认为进口商资信情况不佳,或对其评估的信用额度太低,出口保理商则会拒绝保理。

(6)在福费廷业务中,除非出现出口商存在欺诈行为,福费廷项下承兑行必须到期付款,包买商对票据的买入是无追索权的;而在保理业务中,由于保理商受让的债权是无瑕疵的账权,因此,一旦出口商存在违约行为,导致进口商提出索赔或其他异议,则保理业务中止,保理商有权就其融资进行追索。

（二）福费廷与一般贴现

福费廷业务属于票据贴现的范围,包买商作为贴现人贴入出口商提交的票据,从贴现金额中扣除利息及手续费后,将票据的净额支付给出口商,包买商从而作为正当的持票人,于到期日要求付款人付款,他也可以将票据转售他人。但是,福费廷与一般的贴现又有所不同,其区别主要在于:

(1)就贴现人对票据是否有追索权而言,一般票据贴现,如票据到期遭到拒付,贴现人(银行)对出票人有追索权,贴现人可以要求汇票的出票人就其提供的融资进行付款;而福费廷商就其贴现的票据,不能对出票人行使追索权,包买商在贴现这项票据时是一种买断,出口商将票据拒付的风险完全转嫁给贴现票据的包买商。

(2)就票据是否需要担保而言,一般的票据贴现不需要担保人(银行)对票据进行担保;而福费廷项下的票据,必须由进口商所在地的担保人对其进行担保。

(3)就手续而言,办理贴现的手续比较简单,而贴现福费廷业务下票据的手续比较复杂。

(4)就费用而言,一般票据贴现的费用负担仅按当时市场利率收取贴现息,而办理福费廷业务的费用负担则较高,除按市场利率收取利息外,一般还收取选择费、承担费和罚金(如出口商未能履行贸易合同,以至于福费廷业务未能实现,包买商将向出口商收取罚款)等。

(5)就融资对象而言,包买票据的贴现对象多为大型资本货物交易,通常使用有固定间隔期的多张等值票据;而一般的票据贴现多适用于普通商品交易,一次交易只涉及一张体现交易金额的票据。

四、福费廷业务的利弊分析

（一）对出口商而言

1. 有利之处

(1)资金周转快。福费廷将远期收款变为现期收款,有利于出口商改善财务状况和清偿能力,从而避免资金占压,进一步提高筹资能力。同时,由于福费廷收款比较快,办理福费廷业务后,出口商可立即办理外汇核销及出口退税手续。

(2)出口商不再承担资产管理和应收账款回收的工作及费用,从而大大降低管理费用。

(3)可以得到终局性融资便利。福费廷是一种无追索权的贸易融资便利,出口商一旦取得融资款项,就不必再对债务人偿债与否负责,同时不占用在银行的授信额度。

(4)有利于规避各种风险。福费廷是无追索权方式的一种贴现,出口商一旦将手中的远期票据卖断给银行,同时也就卖断了一切风险,包括政治、金融和商业风险。

（5）增加贸易机会。由于出口商可以在票据得到承兑后提前将票据卖断给包买商，因此，出口商可以在对外贸易中更多地采用延期付款，从而提高了自身出口的竞争力，增加了贸易机会。

（6）规避融资成本。在商务谈判初期，出口商可以提前了解包买商的报价并将相应的成本转移到价格中去，从而规避了融资成本。

（7）手续简单。福费廷操作简便、融资迅速，不需要办理复杂的手续和提供过多的文件，可以节省时间，提高融资效率。

2．不利之处

（1）必须在进口商同意并能找到资信较高的担保人时，交易双方才能叙做福费廷。

（2）出口商必须确保债权凭证和银行担保的有效性，才能真正免除包买商的追索权。

（二）对进口商而言

1．有利之处

在福费廷业务下，进口商可获得贸易项下 100％的延期付款融资便利；还款计划和利率的确定较灵活，既可以根据进口方的有关规定而定，也可按现金流量需要而定；进口商可以获得固定利率的贸易融资，免受普通商业贷款的利率风险；所需文件及担保简便易行。

2．不利之处

因为在福费廷业务下，进口商必须申请银行为其担保，因而长期占用银行对其授信的较大部分，并且要支付银行的担保费用；由于包买商在福费廷业务下要收取承担费、选择费和罚金等费用，导致福费廷融资成本较高，进口商偿还负担加重；进口商委托担保人承兑的汇票和本票是一种独立的不可撤销的付款凭证。包买商无追索权地从出口商处买入票据，放弃了对出口商的追索权，但作为正当持票人，他仍然可以凭票据强制要求进口商和担保人付款，进口商不能以贸易纠纷为由拒绝或拖延付款。

（三）对包买商而言

1．有利之处

福费廷同一般贸易项下融资相比，单笔金额大，银行获得的收益高，且进口商可分期还款，银行可以有稳定的现金流入；福费廷流动性强，是贷款证券化的一种形式，包买银行对进口商贴现后可以在市场上进行再贴现；福费廷安全性强，它有来自另一家银行的还款担保，比一般商业性担保可信赖程度高。

2．不利之处

鉴于无追索条款的限制，包买商承担的风险较大，包买商不仅要承担进口商和担保人的信用风险，还要承担进口商所在国的政治和利率风险。

（四）对担保人而言

1．有利之处

由于福费廷交易金额比较大，担保人对福费廷业务担保的担保费收入较可观；此外，由于福费廷业务文件都比较简单，所以在福费廷下，担保人的责任比较明确。

2. 不利之处

在福费廷业务中,对担保人而言,他的风险主要在于他对所担保的票据负有无条件的付款责任,任何与货物有关的贸易纠纷都不能解除或延缓担保人的付款责任。

五、福费廷业务在我国的开展情况

福费廷是一项新型的结算业务,国际贸易融资业务领域中最重要的国际组织国际福费廷协会(International Forfaiting Association,IFA)于 1999 年才成立。

我国的福费廷业务起始于 20 世纪 90 年代初期,当时的一些海外银行在对我国银行从业人员进行培训的过程中,将福费廷业务引入中国。随着我国金融体制改革的深入发展,1994 年我国专门成立以支持机电产品出口为主的政策性银行中国进出口银行,在积极办理出口卖方信贷及买方信贷业务的同时,中国进出口银行还积极拓展福费廷业务。从 2001 年起,国内商业银行基本都开展了福费廷业务。随着业务经验的不断积累和客户基础的不断扩大,我国商业银行的福费廷业务取得了比较快的发展,2004 年商业银行办理的福费廷业务的交易额约 20 亿美元。2005 年 6 月 8 日,国际福费廷协会北亚和东亚委员会在中国正式成立,这标志着中国商业银行的福费廷业务进入了一个新的发展时期。各银行的福费廷业务量都取得了飞速发展。以中行为例,该行福费廷业务量由 2001 年的 1 000 多万美元增长到 2005 年的近 12 亿美元。随着出口商风险规避和优化财务报表意识不断提高,福费廷业务在中国仍有着广阔的发展前景。

本章小结

银行保函是指向受益人开立的,保证被保证人一定向受益人尽到某项义务,否则将由担保人负责赔偿受益人损失的保证文件。银行保函具有独立性的特点,其主要作用在于保证合同价款的支付,发生合同违约时,对受害方进行补偿并对违约责任人进行惩罚。其主要当事人有委托人、受益人和担保银行等。在国际经济交往中,银行保函的种类很多,主要有投标保函、履约保函、预付款保函、借款保函等。适用规则不同是备用信用证和银行保函的主要区别。而国际保理既是一种可供选择的结算方式,又是一种短期融资方式,它集会计结算、财务管理、信用担保和贸易融资为一体,是一项综合性的贸易融资方式。福费廷是一种长期融资方式,一般多限于期限较长的资本性产品,属于包买票据业务。

拓展阅读

1. 中国国际商会等编著:《信用证 600 实务全书》,中国民主法制出版社 2009 年版。

2. http://www.cacs.gov.cn/

此网站为"中国贸易救济网"。内容丰富,有 1 000 多万字,有许多中外贸易方面的法律、法规;有著名的外贸案例;还有外贸理论园地。是一个非常实用的网站。

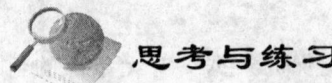 思考与练习

1. 什么是银行保函？在实践中银行保函有什么作用？
2. 保理的业务运作机理是什么？保理有哪些主要分类？
3. 在保理业务下,各有关当事人的权利和义务主要有哪些？
4. 什么是福费廷？福费廷的运作机理是什么？
5. 保理方式有哪些优势？在作保理时应注意什么问题？
6. 如何控制保理业务风险？
7. 采用福费廷方式,对出口方来讲有哪些利弊？

 案例分析

B公司为汽车零配件生产厂商,主要为我国几大汽车生产厂家供货,由于行业特性以及买家的强势地位,买家向B公司提出的付款周期为3～6个月,付款周期较长,公司必须补充流动资金。随着销售收入的增加,营运资金在生产各环节中占比随之增加,造成B公司流动资金紧张。为保证公司的正常生产经营周转,满足市场需求,该公司希望以融资来满足买家的采购需求。但由于B公司成立时间较短,受自身的积累和融资担保影响,融资较为困难。

基于客户的情况和需求,民生银行向客户提出了国内保理解决方案。具体操作为,B公司发货后,向民生银行提交产生的所有应收账款文件,并转让给民生银行,民生银行确认账款后,向B公司提供融资。之后,民生银行负责应收账款的管理和催收。同时,由于买家资质良好,民生银行还对这部分买家的应收账款提供信用风险担保服务,如果到期买方无力付款,民生银行将做担保付款。

分析：民生银行的国内保理业务给B公司带来如下好处：

1. 有效缓解了B公司的营运资金压力,加快资金周转,缩短资金回收期,增强竞争力；
2. 买方的信用风险转由银行承担,收款得到保障；
3. B公司将未到期的应收账款立即转换为销售收入,优化了财务报表结构；
4. 资信调查、账务管理和账款追收等由民生银行负责,节约B公司的管理成本。
5. 手续简便,成本较低,B公司可随时根据买方需要和运输情况发货,把握商机。

第七章　国际贸易结算单据

 **学习目标**

　　通过本章的学习，了解单据的作用及单据的制作标准。重点掌握提单的缮制方法，全面了解运输单据、商业发票、保险单等的制作要求，掌握海关发票、报关单、装箱单的制作要领，把握出口委托书、装船通知、受益人证明、产地证的制作技巧。

　　在国际贸易中，不论何种结算方式，都会发生单据的交换。例如，在跟单信用证业务中，各有关方处理的是单据，而不是与信用证有关的货物，国际商会制定的《跟单信用证统一惯例》（《UCP600》）中有关单据的条款几乎占了一半；在托收业务中，特别是在付款交单中，交易各方坚持的也是单据买卖原则；汇付业务也与单据有关。因此，单据在国际贸易结算中占有十分重要的地位。

第一节　单据概述

一、单据的概念

　　单据（documents）有广义和狭义之分。

　　广义的单据是指所有国际贸易结算中使用的商业凭证和公务证明，包括金融单据（financial documents）和商业单据（commercial documents）。金融单据是指汇票、本票、支票或其他类似的可用于货款收付的支付凭证。商业单据是指国际贸易结算中使用的代表货物、履约及公务证明等方面的商业凭证，既包括商业发票、各种运输单据、保险单、装箱单等证明或说明有关商品情况的单据，也包括由政府机构、社会团体签发的各种证明文件，如出口许可证、商检证书等公务证明。

　　狭义的单据仅指商业单据。人们也通常将商业单据简称单据，本章所讲单据指狭义单据。

二、单据的作用

　　单据在国际贸易结算中主要有以下三个方面的作用。

　　1. 单据是国际贸易结算的基本依据

　　在国际贸易结算中，单据是国际交易的基础和依据。特别是单据中的货运单据代表了

物权,谁持有货运单据就如同持有货物,单据的转移就代表了物权的转移。

2. 单据是履行合同的证明

在国际贸易中,单据是卖方用于说明其是否履行了合约义务的证明。卖方只有全面认真地履行其合同义务后,才能得到单据。例如海运提单、空运单、商检证明、产地证等。并且,卖方也只有在有按照交易双方合同规定提交了相关单据后才能得到货款。特别是在信用证业务中,作为卖方的受益人,只有依据信用证条款的规定履行发货、检验、办理保险等义务,并按照信用证条款提交相符单据后,才能得到信用证下的款项。同样,买方和银行也是凭卖方提交的单据来判断卖方是否履行了合同义务并进行支付的。

3. 单据是一种融资手段

在跟单信用证和跟单托收方式下,如果采用远期付款方式,出口方为了提前占有资金,可以将代表货物所有权的全套单据质押给银行,向银行押汇、议付或贴现,以提前获得资金融通。而对于办理融资的银行而言,因为有了一定的质押物,风险也相对减小,其融资的积极性也会提高。

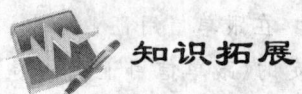 **知识拓展**

> 结算依据、履约证明和融资手段是单据在国际贸易结算中的主要作用;而对于进口商来说,单据具有两大重要作用:物权凭证和履约证明。

三、单据的分类

(一) 按照单据在国际贸易结算中的重要性,单据可分为基本单据和附属单据。

1. 基本单据

基本单据(basic documents)是指国际贸易结算中必不可少的最基本的单据,通常指基本商业发票、基本运输单据和基本保险单据三种。

2. 附属单据

附属单据(additional documents)是指进口商或进口国官方要求出口商在结算中特别提供的除基本单据以外的其他单据。如装箱单、重量单、检验证、产地证、海关发票、领事发票等。

(二) 按照出单人不同,单据可分为出口商单据、运输单据、保险单据和政府及第三方单据。

1. 出口商单据

出口商单据(exporter's documents)是指由国际贸易中出口商出具的单据。它主要包括商业发票(commercial invoice)、装箱单(packing list)、重量单(weight list/certificate)、没有

规定由独立第三方出具的产地证明书(certificate of origin)、数量单(quantity certificate)、受益人证明(beneficiary's certificate)和质量证明书(certificate of quality)等。实务中,人们又将出口商出具的单据称为商业单据,此为更狭义的商业单据概念。

2. 运输单据

运输单据(transport documents)是指出口商将货物交给承运人办理装运时,由承运人签发给出口商的证明文件。其中包括由海洋运输承运人或其代理人签发的海运提单(bill of lading),由多式联运经营人签发的多式联运单据(multi-modal transport B/L),由铁道部门签发的国际货协运单(railway bill)、由航空公司或其代理人签发的航空运单(airway bill),由邮政部门签发的邮包收据(post receipt)等。此外,运输部门出具的证明也属于运输单据,例如船公司证明(shipping company's certificate)等。

3. 保险单据

保险单据(insurance documents)是指由保险公司出具的单据,包括保险单(insurance policy)、保险证明(insurance certificate)和暂保单(cover note)等。

4. 政府及第三方单据

政府及第三方单据(government's or the third party's documents)是指由一国政府有关机构或具有独立地位的第三方出具的单据。它主要包括海关发票(customs invoice)、领事发票(consular invoice)、进出口许可证(export and import license)、商检证书(inspection certificate)和由政府部门出具的产地证明(certificate of origin)等。

四、单据制作的基本要求

(1) 正确(correctness)。"正确"主要指制作的单据既能反映货物的真实情况,与所代表的货物一致,又要符合合同的要求。在信用证项下,要做到"单单相符、单证一致",同时,符合国际贸易惯例和规则即《跟单信用证统一惯例 600》(《UCP600》)的要求,符合《关于审核跟单信用证项下单据的国际标准银行实务》(《ISBP2007》)的要求。

(2) 完整(completeness)。"完整"主要指一笔业务所涉及的单据的完整性,包括内容完整、份数完整和种类的完整。无论是托收支付方式,还是信用证支付方式,在"单据要求(documents requirements)"中,都会明确出口方需提交哪些单据、提交几份、有无正副本要求、是否需要背书及应在单据上标明的内容,所有这些都必须得到满足。

(3) 及时(punctuality)。"及时"主要指制单及时和交单及时。制作单据是一个比较复杂的过程,需要花费时日,但是为了早日结汇,制单人员应抓紧时间缮制单据,应当在合同规定的期限内提交单据,这是国际惯例的要求。在信用证项下交单必须掌握装运期、交单期和信用证有效期。

(4) 简明(conciseness)。"简明"是指单据文字内容力求简单、明了。在信用证业务中要求制单人在单据的制作中不应加入过多细节,但必须符合信用证、信用证惯例和国际标准银行实务对于单据的规定和要求。

(5) 整洁(cleanness)。"整洁"是指单据表面应干净、清楚、美观、大方,单据的格式设计合理、内容排列主次分明、重点事项醒目突出。

第二节　发票及其制作

发票(invoice)是国际贸易中出口商向进口商或进口国官方开立的各种关于交易商品的履约说明情况的文件。在国际贸易实务中,不同的发票名称表示不同的发票种类,它们各有不同的用途。总的来看,发票可分为商业发票(commercial invoice)和非商业发票(non-commercial invoice)两大类。前者是指出口商向进口商开立的发票;后者是指出口商向进口国政府开立的发票,又叫官方发票。商业发票又可分为基本商业发票(或正式商业发票)和附属性商业发票(非正式商业发票)两种。

基本商业发票,简称商业发票或正式发票或发票,用于国际贸易结算中,是最重要的发票。附属性商业发票是国际贸易中要求出口商特别出具的各种非正式发票,主要有形式发票(proforma invoice)、寄售发票(consignment invoice)、样品发票(sample invoice)、厂商发票(manufacturer's invoice)等。而官方发票主要有海关发票(customs invoice)、领事发票(consular invoice)等。在国际贸易中,常用的发票主要有商业发票、形式发票、海关发票和领事发票。

一、商业发票及其制作

(一) 商业发票的定义

商业发票,常简称发票,是出口商向进口商开立的发货价目清单,是装运货物的总说明,也是卖方凭以向买方索取所提供的货物或服务的价款的依据,商业发票是全套单据的中心。

(二) 商业发票的作用

1. 履约证明

商业发票是由卖方向买方提供的说明其履约情况的单据,买方据此单据可以查明卖方所交货物是否属于某笔交易,是否按照合同规定的内容和要求装运所售货物。进口商可以按照出口商提供的发票逐条与合同核对,了解对方履约的情况。

2. 全部单据的中心

在国际结算业务中有许多单据,其他单据都是围绕商业发票而开立的。发票反映了合同内容,虽然它不是物权凭证,但若单据中缺少了发票,就不能了解一笔业务的全貌。

3. 进出口商记账的依据

出口商可以通过发票了解收支,核算盈亏。进口商可以根据发票逐笔记账,按时结算货款,履行合同义务。

4. 进出口地报关纳税的计算依据

为了有效地对进出口货物进行监管,各国海关大多对进出口货物征收从价税,而商业发票是买卖双方办理报关、清纳关税的依据。

5. 替代汇票作为付款的依据

在不需要汇票的业务下,买方付款是以商业发票为依据的。

6．办理保险的依据

各国保险公司办理保险、计算保险金额，往往以商业发票所载金额为依据，在商业发票的基础上加成投保。因此，商业发票是企业办理保险的依据。[①]

(三) 商业发票的制作

1．商业发票样本

中纺针棉毛织品进出口公司

CHINA KNIYWEAR AND MANUFACTURE GOODS IMP&EXP CORPORATION

Add：82，DONG An Men Street，Beijing，China

Tel：550551，5124743　　　　　Telex：210024 CNTEX CN

Fax：5124743

商 业 发 票

COMMERCIAL INVOICE

To：＿＿＿＿＿＿＿＿＿＿＿＿　　　　Invoice No. ＿＿＿＿＿＿＿

＿＿＿＿＿＿＿＿＿＿＿＿＿＿　　　　Date ＿＿＿＿＿＿＿＿

From ＿＿＿＿＿ To ＿＿＿＿　　　　L/C No. ＿＿＿＿＿＿

　　　　　　　　　　　　　　　　S/C No. ＿＿＿＿＿＿＿

Marks & Numbers	Quantities and Descriptions	Amount

Signed

2．商业发票的制作

(1) 发票开立人名称和地址。发票开立人即出具商业发票的人，在信用证业务下，开立商业发票的人为受益人，其名称和地址必须为最新的名称和地址，必须和其海关注册的名称和地址一致。在托收业务下，商业发票的开立人应该为卖方。

(2) 发票抬头人名称和地址。发票抬头人即收货人的名称和地址，应严格按照信用证的规定填写，除少数信用证另有规定外，商业发票应制成以开证申请人为抬头。开证申请人的称谓在信用证中有多种，除 Applicant 外，For account of…，Accountee …，By order of …，Opener …，At the request of … 都表示申请人，申请人 of、Accountee、Opener 后的公司，按照 ISBP 规定，公司的地址中不需要提供电传或传真号码，如需提供也不必和信用证

---

① 庄乐梅．国际结算实务精要[M]．北京：中国纺织出版社，2004：194－195．

规定统一。但是,为了安全收汇,对申请人的描述还是应该和信用证的描述相一致。

(3) 发票号码。商业发票号码是一个重要的参考号码,此号码由出口方自行设置。一般而言,此号码要体现交易的双方和交易的批次,因此,往往可以用有关代号加序列号组成。

(4) 发票日期。发票日期指发票签发日,该日期不得晚于提单、保险单、产地证等单据的日期,不得迟于汇票日期、信用证规定的交单日期和信用证的有效期。日期按月、日、年顺序表示。

(5) 有关信用证的号码、开证行和开证日期。信用证下的发票,必须在收到信用证后即时填写。从证明履约与单证相符角度看,发票上打出这些内容并不是绝对必要,因为出口商是用整套单据来做证明的。但所有有关内容在一张单据上打出,便于核查。

(6) 有关交易合同的号码。发票是卖方证明履行合同义务情况的文件,合同号必须打出。

(7) 有关运输方面的信息。在"From ＿＿＿"和"To ＿＿＿"处要填写有关运输方面的信息。注意,其船名、装运港和目的港的记载要和提单记载一致,如有转运港,应注明"with transshipment at …",不要用"via"表达"转运"之意,如"海运从新港到洛杉矶,经中国香港转船",可以写成"By vessel, from Xingang to Los Angeles, with transshipment at Hong Kong"。

(8) 货物唛头。唛头是出口方在商品的外包装上刷制的一种货物识别标志。一般情况下,唛头由买方指定。唛头是承运人交付货物时的一种识别货物的手段,也是申请人提货时据以寻找核对自己货物的标志。如果信用证中规定了唛头,则商业发票的唛头应与信用证规定一致;如果信用证没有规定唛头,则商业发票中的唛头栏填制上"N/M"即可。

(9) 货名与规格。货名与规格即对货物名称与具体规格的描述,又叫货物描述,货物描述是发票的核心内容。《UCP600》第十八条 c 款规定:"商业发票中的货物、服务或履约行为的描述必须与信用证中的描述一致。"第十四条 e 款又规定:"除商业发票外,其他单据中的货物、服务或履约行为的描述,如果有的话,可使用与信用证中的描述不矛盾的概括性用语。"因此,在信用证项下的发票,这一记载必须与信用证中的记载严格一致。

(10) 货物数量。根据《UCP600》第三十条 a 款的规定,当"约"或"大约"用于信用证金额或信用证规定的数量或单价时,应解释为允许有关金额或数量或单价有不超过 10% 的增减幅度。b 款又规定,在信用证未以包装单位件数或货物自身件数的方式规定货物数量时,货物数量允许有 5% 的增减幅度,只要总支出金额不超过信用证金额。信用证项下的发票,货物数量应注意合同和信用证的规定。

(11) 货物包装与重量。包装性质(如箱、袋)、包装件数、货物的毛净重,一般在发票中也应该打出,这些内容都是货物描述的一部分。信用证项下发票,包装记载必须符合信用证要求,同时还要注意与提单、包装单、重量单等相一致。

(12) 货物价格。商业发票的价格包括"单价(unit price)"和"总价(total amount)"两部分。

单价须显示计价货币、计量单位、单位金额。它由四个部分组成:计价货币、计量单位、单位数额和价格术语。如果信用证对单价有规定,发票的描述应与信用证保持一致;若信用证没有规定,则应与合同保持一致。贸易术语(以适合海运的 FOB、CFR 和 CIF 为例)最常见的填写格式为:FOB 后接"起运港"＋计价货币＋成交单价＋计量单位;CFR 或 CIF 接

"目的港"＋计价货币＋成交单价＋计量单位。

　　除非信用证上另有规定,发票的总值一般不能超过信用证规定的最高金额。但是信用证总值前有"约"、"大概"、"大约"或类似词语的,允许有10％的增减幅度;若信用证对总额没有规定,发票总金额应与合同保持一致。实际制单时,若来证要求在发票中扣除佣金,则必须扣除。折扣与佣金的处理方法相同。有时证内无扣除佣金规定,但金额正好是减佣后的金额,发票应显示减佣,否则发票金额超证。有时合同规定佣金,但来证金额内未扣除,而且证内也未提及佣金事宜,则发票不宜显示,待货款收回后另行汇给买方。注意,发票的总金额通常以大小写表示,大写必须与数字表示的货物总金额一致。大写描述体现在上述样本空白处,如总金额为 USD 89 600.00,则其描述应为"SAY U.S. DOLLARS EIGHTY NINE THOUSAND SIX HUNDRED ONLY"。

　　(13) 签字和盖章。根据《UCP600》规定,商业发票无须签署。但在实务中,大部分商业发票要求签署,在这种情况下由受益人在商业发票上签字盖章即可,一般是在商业发票的"单价"和"总金额"下方的空白处,先盖上受益人中英文对照的条形章,然后在此章下方再签上公司法定代表人的签章。信用证要求其他签字方式的,如果能做到,也应该接受。

二、形式发票及其制作

(一) 形式发票的定义及使用

　　形式发票又称预开发票,是卖方应买方要求,在成交前开立的非正式参考性发票。主要用于供买方接受报价时作参考,或签约后向本国贸易管理当局或外汇管理当局申请进口许可证或批汇时使用。其中的价格仅为估计价,不能作为结算单据,且对交易双方无最终约束力。正式交易还需另开正式商业发票。

 **知识拓展**

　　形式发票不是合同,只是进口方申请许可或外汇的依据;它也不是正规的商业发票,一旦交易双方成交,出口方还需要缮制正规的商业发票。

(二) 形式发票样本

ORIENTAL IMPORT & EXPORT CO. ,LTD.

东方进出口有限公司

ADD：60,NONGJU RD QUTANG NANTONG JIANGSU CHINA

TEL：86－513－8603269　　　　　　FAX：86－513－8603144

形 式 发 票

PROFORMA INVOICE

To：＿＿＿＿＿＿＿＿＿＿＿　　　　　　NO：PRO－01－22

＿＿＿＿＿＿＿＿＿＿＿　　　　　　　　TO：Antwerp,Belgium

　　　　　　　　　　　　　　　　　　　DATE：November 16，2010

Note：This proforma invoice is valid up to Jan. 20,2011.

Marks	Commodities & Specifications	Quantity	Unit Price	Amount

Payment：L/C at sight.

Packing：Each packed in color box，then in cartons.

Port of Loading：Qingdao, China.

Port of Destination：Antwerp.

Delivery：On/Before March 15，2011.

Other Remarks：

形式发票的内容与一般商业发票类似，但主要用于进口商申请进口许可证、外汇或申请开证，故其制作方法基本与商业发票相同。（请参考商业发票的制作方法）

三、海关发票及其制作

（一）海关发票的定义及使用

海关发票是进口国海关当局规定的进口报关必须提供的特定格式的发票，主要是作为估价完税、确定原产地、征收差别待遇关税或征收反倾销税的依据，因此又被称为 Combined Certificate of Value and Origin（估价和原产地联合证明书，简称 C. C. V. O.）。

海关发票是根据某些进口国海关的规定，由出口商填制的一种特定格式的发票，它的作用是供进口商凭以向海关办理进口报关、纳税等手续。进口国海关根据海关发票查核进口商品的价值和产地，来确定该商品是否可以进口、是否可以享受优惠税率，查核货物在出口国市场的销售价格，以确定出口国是否以低价倾售而征收反倾销税，并据以计算进口商应纳的进口税款。因此，对进口商来说，海关发票是一种很重要的单据。

目前，要求提供海关发票的主要国家（地区）有：美国、加拿大、澳大利亚、新西兰、牙买加、加勒比共同市场国家、非洲的一些国家等。

 知识拓展

根据某些国家海关的规定，由出口商填制的供进口商凭以报关用的特定格式的发票，要求国外出口商填写，供本国商人（进口商）随附商业发票和其他有关单据，凭以办理进口报关手续。

（二）海关发票的制作

1. 海关发票样本

各国海关发票的格式不尽相同,但是包括的项目基本一致,下面为通用样本。在实际业务中,如需要海关发票,出口商还需要在网上具体查找一下各国海关发票的具体样式和要求。

CUSTOMS　INVOICE						
1. SELLER		3. DOCUMENT NO		4. INVOICE NO & DATE		
		5. REFERRENCE				
2. CONSIGNEE		6. BUYER				
		7. TERMS OF SALE AND PAYMENT				
8. NOTIFY PARTY		9. ORIGIN OF GOODS				
10. TRANSPORTATION INFORMATION		11. CURRENCY	12. EXCH RATE	13. DATE ORDER ACCEPTED		
14. MARKS	15. NOS OF PACKAGES	16. DESCRIPTION OF GOODS	17. QUANITY	UNIT PRICE		20. INVOICE VALUE
				18. HOME MARKET	19. INVOICE	

21. ☐ If the production of these goods involved furnishing goods or services to the seller and the value is not included in the invoice price, check box and explain below.	22. PCKING COSTS
	23. OCEAN ON INTERNATIONAL FREIGHT
27. DECLARATIONOF SELLER/SHIPPER (OR AGENT)	24. DOMESTICFREIGHT CHARGES
I declare： 　☐ (A) If there are any rebates, drawbacks or bounties allowed upon the exportation of goods, I have checked box (A) and itemized separately below (28). I further declared that there is no other invoice differing from this one and that all statements contained in this invoice and declaration are true and correct. 　☐ (B) If the goods were not sold or agreed to be sold, I, I have checked box (b) and indicated in column 19 the price I would be willing to receive. 　☐(C) SIGANATUREOF SELLER/SHIPPER (OR AGENT)	25. INSURANCE COSTS
	26. OTHER COSTS
	28. THIS SPACE FOR CONTINUING ANSWERS.

2. 海关发票的制作

(1) 卖方的名称与地址。填写出口商的名称及地址,包括城市和国家名称。在信用证支付条件下此栏填写受益人名称和地址。

(2) 收货人名称和地址。填写收货人的名称与详细地址,信用证项下一般为信用证的申请人。

(3) 提交海关发票时需提供的有关单据。

(4) 海关发票出票的日期和号码。

(5) 参考事项。此项填写有关合同、订单或商业发票号码。

(6) 买方。填写实际购货人的名称及地址。如此栏与收货人相同,则此栏可打上"same as consignee"。

(7) 贸易条件和付款方式。贸易条件指价格术语,付款方式指信用证等,按商业发票的价格术语及支付方式填写此项内容。

(8) 目的港货物通知方。

(9) 货物原产地。货物原产地名称应与原产地证书所盖印章的名称相同,表明货物产在某国即可。

(10) 装运信息。填运输工具名称,由何地开往何地,注意只要货物不在国外加工,不论是否转船,均填写起运地和目的地名称以及所用运载工具。

(11) 货币。货币指的是成交货币种类,是卖方要求买方支付货币的名称。此项中的货币币种应与信用证或合同中的币种相同,与商业发票使用的货币相一致。

(12) 汇率。由于汇率一直处于变动状态,因此,此项可不填。

(13) 成交日期。成交日期指签字日期,此项填写买卖双方合同的签字成交日期即可。

(14) 唛头。根据合同或信用证的规定填写,如没有规定唛头,填写 N/M 即可。

(15) 件数。填写该批商品的总包装件数。如:300 Cartons(300)箱。

(16) 商品详细描述。商品详细描述应按商业发票同项目描述填写,并将包装种类、商品的等级及品质等情况填写在此栏内。

(17) 数量。应填写商品的具体数量,而不是包装的件数。

(18) 国内价格。国内价格是指出口国所使用货币的国内批发价。

(19) 单价。单价是指买卖双方成交的以外币表示的商品的价格。此项应按商业发票记载的每项单价填写,使用的货币应与信用证和商业发票一致。

(20) 总值。总值应按商业发票的总金额填写。

(21) 附属设备价格不包含在价格时声明。如果货物包含附属设备,且附属设备的价格没有包含在商业发票的价值中,则在方框内填一个"√"记号,并在(28)栏表明。

(22) 包装费用。包装费指内销包装费和外销包装费。此栏可按实际情况将包装费用金额打上,如无,则填"N/A"。

(23) 海运费。如果货物为海洋运输,此栏要表明海运费,海运费按实际发生的海运费用填写。

(24) 国内运费。此栏可以免填,如填写可以将国内运费按实际情况填入。

(25) 保险费用。如果卖方需要为货物进行保险,此栏要表明保险费用。

(26) 其他费用。此栏可以空白。

(27) 卖方声明。于申报时,如有退税、弹性关税、免税及佣金等须在选项前方框内填一个"√"记号。

(28) 其他说明事项。凡在(22)、(23)、(25)、(26)、(27)内须陈述事项都需在此栏说明。

四、领事发票及其制作

(一) 领事发票的定义及使用

领事发票是出口方根据进口国驻出口国领事馆制定的固定格式填写并经领事馆签章的发票。

 **知识拓展**

　　领事发票证明出口货物的详细情况,用于防止进口国外国商品的低价倾销,同时可用作进口税计算的依据,有助于货物顺利通过进口国海关。出具领事发票时,领事馆一般要根据进口货物价值收取一定费用。这种发票主要为拉美国家所采用。

在某些中东、南美或非洲国家为了控制进口贸易,规定必须凭领事发票进口。通过领事发票,进口当局用于确定货物的原产地,凭以明确差别待遇关税;或凭以核定发票售价是否合理,确认是否存在倾销问题。领事发票属官方单证,格式一般相对固定,但有些国家仅要求卖方出具的商业发票上须由该国领事签署,这种发票称为领事签证发票(consular legalized invoice)。由于领事签证的费用比较高(大概 CIF 价值的 1.5% 左右),花费的时间比较长,因此,在进出口贸易中,我国的企业应考虑这些问题。

(二) 领事发票的制作

1. 领事发票样本

CONSULAR　INVOICE

Shipper (name/address/phone)＿＿＿＿　　　Date ＿＿＿＿

Consignee (name/address)＿＿＿＿　　　Order No. ＿＿＿＿

Shipment per ＿＿＿＿＿＿＿＿　　　Invoice No. ＿＿＿＿
　　　　　(aircraft or vessel)

Port of shipment ＿＿＿＿　　　Payment terms ＿＿＿＿

Destination ＿＿＿＿

Partial Shipment ＿＿＿＿　　　License No. ＿＿＿＿

（yes or no）

Marks & NOS	Description of Merchandise	Quantity	Unit Price	Value
				Total：

Merchandise，Origin _____

Manufactured by _____

Tran-shipped/Re-exported at _____

The undersigned swear that the contents and value of this Invoice are true and correct in every respect.

_____
（Signature & chop of shipper）

For Consul general

_____

（Signature and place）

2. 领事发票制作应注意事项

（1）领事发票和商业发票是平等的单据。领事发票是一份官方的单证,有些国家规定了领事发票的固定格式,这种格式可以从领事馆获得;

（2）在实际工作中,比较多的情况是有些国家来证规定由其领事在商业发票上认证,认证的目的是证实商品的确实产地,收取认证费;

（3）内容与商业发票内容相同;

（4）必须注明货物系中国制造;

（5）日期不应该迟于汇票和提单日期;

（6）我国除北京外,一般不接受签署领事发票要求,如国外要求领事签证,应按我国商务部要求以贸促会或商检局签证代替。黎巴嫩、墨西哥、秘鲁来证规定领事签证,如受益人在北京可接受,叙利亚、埃及、摩洛哥、伊拉克四国已经同意接受我国贸促会证明来代替。其他国家来证要求领事签证不予接受,应要求修改。

第三节　运输单据及其制作

运输单据是国际贸易中用于证明货物运输情况的书面文件,是承运人向托运人签发的证明货物已接管或已装上运输工具的证明。其中,以承运人或其代理人、多式联运经营人（联合运输商）或其代理人身份签发的运输单据是国际贸易结算中可接受的运输单据;以代

办托运人身份签发的运输单据以及与托运人先期签订的托运单在结算中不被接受。理论上,我们将前者称为基本运输单据,而将后者称为非基本运输单据。

在出口商提供的全套单据中,运输单据是最重要的单据,因为具有物权凭证的运输单据代表着货物。我们常说"见单如见货",这里的"单",指的即是运输单据。在国际贸易的货物运输中,运输方式多种多样,其中包括海洋运输、铁路运输、航空运输、公路运输、联合运输以及邮包运输等。运输单据因不同贸易方式而异,有海洋运输提单、海运单、铁路运单、航空运单、货物承运收据、多式联运单据和邮包收据等。我国对外贸易运输方式以海运为主,本节主要介绍海运提单和多式联运单据的制作方法。

一、海洋运输提单

(一) 海洋运输提单的定义

海洋运输提单(marine bill of lading),简称海运提单或提单,又叫做"港至港运输提单(port to port B/L)",是海洋运输承运人或其代理人应托运人的要求,在收到货物或将货物装船后签发给托运人的,用于证明海洋运输合同和货物已由其接管或装运并据以交付货物的一种货物所有权凭证。

 **知识拓展**

> 当前已经生效、在统一各国有关提单的法规方面起着重要作用或有关国际货物运输的国际公约有三个:一、《海牙规则(Hague Rules)》。其全称是《统一提单若干法律规定的国际公约》,1924 年 8 月 25 日由 26 个国家在布鲁塞尔签订,1931 年 6 月 2 日生效。二、《维斯比规则(Visby Rules)》。其全称是《关于修订统一提单若干法律规定的国际公约的议订书》,1968 年 2 月 23 日在布鲁塞尔通过,于 1977 年 6 月生效。三、《汉堡规则(Hamburg Rules)》。其全称是《1978 年联合国海上货物运输公约》,1976 年由联合国贸易法律委员会草拟,1978 年经联合国在汉堡主持召开的有 71 个国家参加的全权代表会议上审议通过。

(二) 海运提单的作用

海运提单具有以下三个作用。

(1) 海运提单是承运人或其代理人向托运人出具的货物收据。海运承运人或其代理人收到货物或将货物装船后,即签发提单以证明已收到或接管提单所列货物。

(2) 海运提单是承运人和托运人之间订立的运输契约的证明。依照双方的约定,托运人按时向承运人提交货物,承运人向托运人出具海运提单,这份提单就成为双方运输契约的证据。提单背面印就的条款即视为双方共同接受的运输合约条款,承运人和托运人应分别对此承担合约规定的责任。

（3）海运提单是物权凭证。提单是所载货物的物权凭证。货物的所有权随提单的转移而变更。即谁持有提单，谁就掌握了物权。

（三）海运提单的基本当事人

提单的基本当事人有承运人、托运人、收货人。此外，还会涉及受让人、持单人，以及被通知人。

1. 承运人

承运人（carrier）是与托运人签订运输合同并负责运输货物的当事人，习惯上称为"船方"。

责任（义务）：① 对运送的货物负责；② 对运送过程中货物的损坏与遗失负责；③ 应按约定将货物运抵目的地交予货主。

权利：① 合理收取运费；② 如货方违约，可行使留置权；③ 对凭单善意交货所产生的错误交货免责。

2. 托运人

托运人（shipper/consignor）是指与承运人订立海上运输契约的当事人，根据不同情况，可能是发货人，也可能是收货人。托运人属"货方"之一。

权利：① 托运人有权指定收货人；② 有权转让提单（记名提单除外）；③ 若提单未经托运人授权而转让，托运人可以对抗凭提单主张物权的受让人（包括善意受让人）；④ 即使提单由托运人授权转让，只要买方还没有占有货物，托运人向承运人证明未收货款或买方不可能付款，托运人就可以行使停运权（stoppage in transit），如货已到达，则可指示不得交货。

责任（义务）：如是"运费预付"，按约定支付运费。

3. 收货人

收货人（consignee）是有权领取货物的当事人。通常是货物买卖合同的买方，亦属"货方"之一。提单的收货人通常也称为提单的抬头。像票据的收款人抬头做法决定其可否转让一样，提单的收货人抬头做法也决定了提单可否转让。实务中提单收货人栏很少打出实际收货人。

权利：① 有权凭提单提取货物；② 有权转让提单。

责任（义务）：① 如是"运费到付"，按约定支付运费；② 及时提货。

（四）海运提单的分类

1. 装船提单和备运提单

按照货物是否已装船划分，提单有装船提单（on board B/L/shipped B/L）和备运提单（received for shipment B/L）两种。装船提单是货物装上船后由承运人或其代理人或船长签发给托运人的提单，提单上批注有"on board"字样或者以事先印好的货物已装上指定船只的契约文句表示。备运提单是承运人或其代理人已收到货物在装船之前签发给托运人的提

单。承运人只对装船提单上的描述的货物负责。因此,除非信用证另有规定,银行只接受装船提单而不接受备运提单。

2. 清洁提单和不清洁提单

按照提单上有无承运人或其代理人关于货物或包装不良情况的批注,提单有清洁提单(clean B/L)和不清洁提单(unclean B/L)两种。清洁提单是指无此类特别批注的提单;不清洁提单是指有此类特别批注的提单。除非信用证另有规定,银行只接受装船提单。

3. 直运提单和联运提单

按照提单上有无货物在中途装运的记载,提单分为直运提单(direct B/L)和联运提单(through B/L)。直运提单是指由一个承运人负责将货物直接运抵目的港而不在中途转运的提单;联运提单是指由两个或两个以上承运人分段负责运送货物且需在中途转运的提单。如果信用证中规定不允许转运,则银行不接受转运提单。

4. 班轮提单和租船提单

按照货物由班轮运输还是租船运输,提单分为班轮提单(liner B/L)和租船提单(charter party B/L)。班轮提单是指货物由班轮运输而签发的提单;租船提单是指货物由专门包租的船舶来运输而签发的提单。租船提单的一切条款要受租船合同规定约束,提单本身不记载承运人的责任条款。提单上注明"一切条件、条款和免责事项均按×月×日第××号合同办理。"除非信用证另有规定,银行一般不接受租船合同提单。

5. 全式提单和简式提单

按照提单上有无事先印就的承运人全部责任条款,提单分为全式提单(long form B/L)和简式提单(short form B/L)。全式提单是指提单背面印有完整的运输契约条款的提单;简式提单是指提单背面没有或有不完整的运输契约条款的提单。除非信用证另有规定,银行一般都接受简式提单。

6. 运费预付提单和运费到付提单

按照提单上运费支付情况的记载,提单分为运费预付提单(freight prepaid B/L)和运费到付提单(freight to collect B/L)。运费预付提单是指注明"运费已预付(freight prepaid)"字样的提单;运费到付提单是指注明"运费到付或运费可在目的港支付(freight prepaid)(Freight to Collect or Payable at Destination)"字样的提单。一张提单必须注明运费预付还是运费到付,否则,银行将不予接受。

7. 非成组化货物提单和成组化货物提单

按照托运货物是否成组化,提单分为非成组化货物提单(non-unitized goods B/L)和成组化货物提单(unitized goods B/L)。后者又分为托盘、拖车和集装箱提单。非成组化货物提单是指货物没有按托盘、拖车和集装箱等成组化单位来运送货物的提单;成组化货物提单是指货物按托盘、拖车和集装箱等成组化单位来运送货物的提单。近年来,集装箱运输发展迅速。

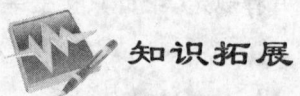知识拓展

> 集装箱是一种容器,是具有一定规格强度的专为周转使用的货箱,也称货柜。集装箱运输有如下优势:① 安全性:发货人直接装箱施封到收货人验收箱封号的方式避免了货物的货损,货差,被盗,渗水。② 经济性:门到门运价比铁路、公路低25%~30%。③ 稳定性:船期准时而稳定,保证客户旺季货物准时安全出运。④ 多样性:提供多元化的服务与运输方式:堆场到堆场,门到门,门到堆场,堆场到门等。⑤ 密集性:船期班期多,密度大,平均两三天一班。⑥ 方便性:货物的适应力较强,便于机械作业,便于成组作业。
>
> 常用集装箱规格:① 20英尺钢制干货货柜:内径5.90 m×2.35 m×2.39 m,限重23吨,32立方。② 40英尺钢制干货货柜:内径12.03 m×2.35 m×2.38 m,限重26吨,66立方。③ 40英尺超高钢制干货货柜:内径12.03 m×2.35 m×2.69 m,限重26吨,75立方。

(五) 海运提单的基本内容

提单的内容包括提单正面的记载事项和提单背面的有关当事人权利和义务的条款。

1. 提单正面内容

(1) 货物描述(description of goods)、唛头(marks and numbers)、件数(number of package or piece)、毛重(gross weight)、尺码(measurement),以及运输危险货物时对危险货物性质的说明;

(2) 承运人名称(name of carrier)和主要营业地址;

(3) 托运人的名称(name of shipper)、收货人名称(consignee)以及被通知人的名称(name of notify party);

(4) 船舶名称(name of the vessel)和航次(voyage no);

(5) 装货港(port of loading);

(6) 卸货港(port of discharge);

(7) 运费的支付(payment of freight);

(8) 签发提单的地点、日期(place and date of issuance of the bill of lading)及份数(number of original bill of lading);

(9) 船公司或其代理人的签章(signature of carrier or of a person acting on his behalf)。

2. 提单背面条款

提单背面条款是确定承运人与托运人之间、承运人与收货人及提单持有人之间权利和义务的主要依据。这些条款是根据一些国际公约制定的。这些公约包括:1924年签署的《海牙规则》(The Hague Rules);1968年的《威斯比规则》和1978年的《汉堡规则》。

（六）海运提单的制作

1. 提单样本

BILL OF LADING

B/L No：_____

(DIRECT OR WITH TRANSHIPMENT)　　　　ORIGINAL

SHIPPER _____

CONSIGNEE _____　　　　**ORIENTAL OCEAN SHIPPING COMPANY**

NOTIFY _____　　　　TLX：56789 ORENT CN

VESEL _____ VOY NO _____　　FAX：86(021)9545 8986

B/L NO _____　　　　18 Ocean Road，Shanghai. China

PLACE OF RECEIPT _____

PORT OF LOADING _____

PORT O F DISCHARGE _____

NATIONALITY _____

FREIGHT PAYABLE AT _____

NUMBER OF ORIGINAL B/L _____

MARKS & NOS	NOS OF PACKAGE	DISCRIPTION OF GOODS	GOSS WEIGHT	MEASUREMENT
IN WORDS				

Shipped on board the vessel named above in apparent goods order and condition（unless otherwise indicated）the goods or packages specified herein and to be discharged at the above mentioned port of discharge or as near thereto as the vessel may safely get and be always afloat. The weight, measurement, marks, number, quality, contents and value, being particulars furnished by the Shipper，are not checked by the Carriers on loading. The Shipper, Consignee and the Holder of this Bill of Lading hereby expressly accept and agree to all printed，written or stamped provisions，exceptions and conditions of the Bill of Lading.

Freight and Charges	In witness whereof, the Carrier or his agents has signed Bill of Lading all of this tenor and date, one of Which being accomplished, the others to stand void.
	Place and date of issue：
	As the carrier：

2. 提单的制作

（1）托运人（shipper）。在实际业务中，托运人通常是买卖合同的卖方，承运人称其为货主。在信用证支付方式下，一般以受益人为托运人；在托收方式下，通常以托收的委托人为托运人。如果信用证没有特殊规定，则以买卖双方之外的一方作为托运人的第三者提单也可以接受。

（2）收货人（consignee）。提单的抬头有以下三种：① 记名抬头：在收货人一栏直接填写上指定的公司或企业名称。该种提单不能由托运人通过背书转让给第三方，只能由该特定收货人提货。其描述为"consignee to ×××（指定收货人）"。② 不记名抬头：又称来人抬头，即在收货人栏留空不表明具体收货人姓名，只填写，或填"to bearer（货交提单持有人）"。来人提单无须背书即可转让，由于其风险较大，在国际贸易中较少使用此种抬头。③ 指示抬头：即提单的收货人栏内填写"to order（凭指示）"或"to order of ×××（凭某人指示）"。该种提单，必须经发货人在提单背面背书后才能转让。在国际贸易中，常见的收货人栏缮制有两种：

第一种是作成"空白指示性抬头（to order 或 to shipper's order）"，俗称"空白抬头"。该种提单，由发货人在提单背面背书。此种提单的收货人可以转让，被转让方可以凭正本提单提货。在托收方式下一般采用这种做法，以便代收行在付款人付款或承兑后直接将提单交给付款人。

第二种是作成"凭某某指示抬头"，常见的表示法为"to order of shipper（凭托运人指示）"，"to order of buyer（凭收货人指示）"，"to order of ×× bank（凭某某银行指示）"。在制作单据时，应在"to order of"后面分别写上托运人、收货人和银行的名称。此种抬头的提单如果被要求寄给信用证下的申请人，申请人要提货必须经托运人、收货人或指定银行的背书。

在托收方式下，如果代收行同意，可以作成"to order of 代收行"，如果付款人满足了交单条件，代收行将提单背书转让给付款人。

（3）被通知人（notify party）。被通知人即收货人的代理人或提货人。被通知人不是提单关系人，而是货到目的港后被通知的对象。提单的被通知人一般要有被通知人的详细的名称和地址，供承运人在目的港及时通知其提货。被通知人一般为收货人的代理人，他受收货人的委托代理收货人报关提货。

在信用证方式下，若信用证中规定被通知人，则应当按照信用证的规定填写被通知人的名称、地址等详情；如果信用证对被通知人未作规定，则此栏目在正本提单中一般不需要填写，但在交给承运人随船的副本提单中应当填写申请人的名称、地址以及电话传真等。

在托收方式下，如果合同没有另作规定，被通知栏应该填写买方的名称、地址以及电话传真等。

（4）船名及航次（vessel name & voyage number）。船名及航次即由承运人配载的装货的船名以及班轮运输的航次。装船的船名须按照实际情况填写。在信用证结算方式下，通常要求"已装船清洁提单"，如果提单的船名前有"预期"（intended, pre-）字样，则提单必须重新加注批注，说明货物实际装运的日期和载货的船名。

（5）装运港（port of loading）。装运港必须填写实际装运货物的港口名称。如果 L/C 规定"装运港"为"中国港口（China port）"，则此时不能照抄，要表明具体的装运港的名称。在集装箱

运输的情况下,在提单上还要记载"收货地","收货地"有时与"装运港"并不一致,应如实填写。如果提单的装货港标有"intended(预期)"字样,则提单必须重新批注表明实际装运港。

(6) 卸货港(port of discharge)。卸货港又被称为目的港。如果信用证规定了具体卸货港,提单应按照信用证的规定注明;如果信用证规定两个以上卸货港,或笼统写"××主要港口""European main ports(欧洲主要港口)"时,只能选择其中之一或填明具体卸货港名称;如果 L/C 规定的卸货港名后有"in transit to ×××(转运港)",只能在提单上托运人声明栏或唛头下方空白处加列,以说明卖方只负责到卸货港,以后再转运到何地由买方负责;如果货物要在某港口转运,并且所用提单不是"转船提单",则可以用"Via ×××(中转港)"填写在提单货名栏空白处;如果对美国和加拿大出口的货物,在信用证中规定"×××(卸货港)O. C. P. ×××(内陆公共点)",该卸货港应填写在卸货港栏,并在货名空白处填写"O. C. P. ×××(内陆公共点)"。

(7) 分批装运(partial shipments)和转运(transshipment)。除非信用证另有规定,允许分批装运,也允许转运。

在分批时,应注意装运的时间。如果信用证没有规定具体的批次装运时间,则在信用证规定的装运期内装运规定的批次即可。如果信用证要求在规定的期限内分批装运,则各批必须在规定的期限内分批运出。

(8) 提单签发的份数(no. of original's B/L)

信用证一般对提单正本签发份数都有明确规定,因此,一定要按信用证的规定出具要求的份数。例如信用证规定:"full set 3/3 original clean on board ocean bill of lading …",这就表明提单签发的正本三份,在提交给银行议付时必须是三份正本;如信用证规定:"full set of clean on board bill of lading issued …",或规定提单为"in duplicate"、"in two folds"、"in two copies",此种规定表明要求提交多份单据,则至少应提交一份正本提单,其余为副本则可满足要求。根据《UCP600》规定,提单必须表明其正本的份数,除非信用证另有规定,受益人必须向银行提交全套正本提单。

(9) 提单号码(B/L No.)。提单号码一般位于提单的右上角,是承运人对发货人所发货物承运的编号。一般情况下提单号和承运人签发的装货单号是一致的。

(10) 唛头(shipping marks)。唛头又称运输标志,它通常是由一个简单的几何图形和一些字母、数字及简单的文字组成,其作用在于使货物在装卸、运输、保管过程中便于识别,以防错发错运。

提单上的唛头应当按照信用证规定缮制,也必须和其他单据及实际外包装唛头一致。如果信用证没有规定,则在提单上不需要显示唛头,可以在唛头一栏中注明"No Marks"或"N/M"。散装货不需要唛头,但在提单上应注明"no marks"或"N/M",也可以用"IN BULK"表示。

(11) 商品描述(description of goods)。提单上的商品描述应按信用证规定填写,并与发票等其他单据相一致。一般而言,在提单中不应反映商品的价格及其技术规格。货物的表面状况一般在提单上不予说明,但当货物表面有瑕疵时,承运人必须在提单上说明,因为承运人必须在目的地向收货人提交表面状况与提单描述相同的货物。在信用证方式下,有货物描述一项内容,一般而言,把此项内容搬到此处即可。

知识拓展

> 　　提单,是指用于证明海上货物运输合同和货物已经由承运人接收或者装船,以及承运人保证据以交付货物的单证。提单中载明的向记名人交付货物,或者按照指示人的指示交付货物,或者向提单持有人交付货物的条款,构成承运人据以交付货物的保证。

　　(12) 包装与件数(nos of packages)。一般散装货物在该栏只填"In Bulk",大写件数栏可留空不填。在非散装货物下,单位件数与包装都要与实际货物相符,并在大写合计数内填写英文大写文字数目。如总件数为 350 CASES,应填写在该栏项下,然后在总件数大写栏填写:Three Hundred And Fifty Cases Only。

　　(13) 毛重和体积(gross weight & measurement)。除非信用证有特别规定,提单上一般只填货物的总毛重和总体积,而不表明净重和单位体积。提单上的毛重习惯用"公斤"表示,取整数;体积用立方米表示,保留三位小数。提单上的毛重和净重应当和装箱单上的描述相符。

　　(14) 运费支付(freight & charges)。除非信用证有特别规定,提单一般不需要填写详细的运费及费用。但是在提单上必须注明"运费预付"(freight prepaid)和"运费到付"(freight collect)。如果信用证规定"Freight to be prepaid and insurance to be effected by the shipper",则提单不能原样注明"Freight to be paid",如果这样注明的话,正好和信用证的原意相反。

　　至于提单加注附加费的情况,要视信用证的规定而定。如果信用证不禁止,银行可以接受以印戳或其他方式批注的附加费用;如果信用证明确规定"Transport documents bearing any reference to the costs additional to the freight charges shall not be acceptable",则表明提单不得表明运费之外的其他费用。

　　(15) 签发地点与日期(place of issuance and date of issuance)。提单的签发地点一般在货物运港所在地,日期则按信用证的装运期要求,一般要早于或与装运期为同一天。已装船提单的签单日就是装运日,但如果此种提单盖有装船批注,批注上的日期才视为装运日。

　　(16) 承运人签章(signed for the carrier)。提单必须由承运人或其代理人签字才能生效。若信用证要求手签的也要照办。对于海运提单其签署人可以是承运人或作为承运人的具名代理人或代表,或船长或作为船长的具名代理人或代表。

二、多式联运单据

(一) 多式联运的定义

　　国际多式联运(multimodal transport)是指按照国际多式联运合同,以至少两种不同的运输方式,由多式联运经营人将货物从一国境内接管货物的地点运至另一国境内指定交货的地点。

(二) 多式联运的特征

　　(1) 必须使用全程提单;

　　(2) 联运经营人对托运人承担全程的运输责任;

（3）联运经营人以单一费率向托运人收取全程运费；

（4）必须是国际间的货物运输，而这种运输也必须是采用两种以上不同运输方式衔接组成一个连贯的运输以完成国际间的货物运输。

（三）多式联运单据的定义

多式联运单据（multimodal transport document）是由承运人或其代理人签发的证明多式运输合同以及证明多式联运经营人接管货物并据以交付货物的单据。

（四）多式联运单据的特征

（1）多式联运单据至少包含两种不同的运输方式，同一种运输方式不同工具的联结不能视为多式联运；

（2）多式联运单据能否转让，依据于其抬头的制作。如果多式联运单据是限制性抬头，则多式联运单据不能转让；如果是指示性抬头，通过背书可以转让；如果抬头作成持有人抬头，则不经过背书也可以转让。

知识拓展

> 多式联运经营人对全程负责，各区段实际承运人对自己的区段负责。多式联运经营人根据实际发生区段按统一限额进行赔付，但是，区段不同，赔付以及免责的标准也不同，往往造成多式联运经营人亏本，因为有的区段有免责条款。

（五）多式联运单据的制作

多式联运单据的记载内容基本和海运提单相似，所以其缮制的方法可以参考海运提单的制作方法。在缮制多式联运单据时应注意以下问题：

（1）多式联运单据要涵盖至少两种运输方式。根据《UCP600》规定，多式联运单据无论其名称如何应表明涵盖至少两种不同运输方式。一般情况下，在多式联运单据中要使用"Multimodal Transport Document"或"Combined Transport Document"字样，如果没有这样的字样，也不影响其多式联运单据的性质，但是要通过一定的方式表明其包括至少两种运输方式，如可以通过表明装运港（地）或目的港（地）的方法。例如运输单据显示装运港为天津新港，装运船名为"新龙"，卸货港为"汉堡"，最终目的地为"布达佩斯"。通过这种记载证明单据足以表明涵盖了至少两种运输方式，因为从汉堡到布达佩斯在实际中一般是通过公路运输完成的。应注意的是即使信用证要求提交的运输全程包含海运方式，也绝不能用海运提单代替多式联运单据。

（2）托运人、收货人和到货被通知人。托运人、收货人和到货被通知人同海运提单的制作方法。

（3）注明信用证规定的货物接管地和最终目的地。在多式联运情况下，多式联运经营人可能会在受益人所在地接受货物，然后装上轮船、飞机或火车等运输工具，所以货物的接管地可能和起运地（起运港、装货机场、装货站等）不同，货物的最终目的地可能与卸货地（卸货港、卸货机场等）不同，在多式联运单据中应表明货物接管地和最终目的地。如果信用证

给出了接管地、发运地、装货地和目的地的地理区域,则多式联运单据必须注明实际的接管地、发运地、装货地和目的地。

(4) 注明货物已发运、接受监管或已装船,船名、装货港和卸货港前可加"预期"字样。注明货物已发运、接受监管或已装船可以采用事先印就的文字、印戳或批注的方式。在多式联运单据中,可以用"dispatch"、"taking in charge"或"loading on board"等来批注,其中"loading on board"应理解为"已装载"。

在多式联运方式下,收货人关心的是受益人能否在目的地将货物交给他,而不介意船名、装货港和卸货港前是否有"intended"(预期)字样,因此,《UCP600》规定,在多式联运单据中可以载有"预期的"或类似的关于船只、装货港或卸货港的限定语。

(5) 货物描述、重量、体积,单据的份数描述和海运提单相同。

(6) 承运人或其代理人签字。多式联运经营人或多式联运承运人的名称必须出现在多式联运单据的正面,并表明其作为多式承运人或多式联运经营人的身份。多式联运单据可以由多式联运承运人或多式联运经营人签署,也可由其代理人签署。代理人签署时,必须表明其名称和作为代理人的身份,同时必须表明被代理的多式联运承运人或多式联运经营人的身份。多式联运提单还可以由船长或船长的代理人签署。

(7) 多式联运单据的出具日期应视为发运、接管或装载日期,除非单据上另有批注。如有批注,该批注日期被视为装运日期。

(8) 除非信用证另有规定,简式多式联运单据、舱面单据、发货人为第三方的单据可以接受。

(9) 除非信用证另有规定,不接受不清洁多式运输单据、租船单据、以风帆为动力的单据和运输行未以承运人/多式联运经营人或承运人/多式联运经营人的具名代理签发的多式运输单据。

第四节 保险单据及其制作

一、保险单据的定义

保险单据(insurance documents)是保险人与被保险人之间订立的保险合同的凭证,是当事人索赔和理赔的依据。

二、保险单据的种类

在国际贸易中,保险单的种类很多,主要有保险单、保险凭证、预约保险单和暂保单等。

(一) 保险单

保险单(insurance policy)俗称"大保单"或"正式保险单",是保险人与投保人订立的正式的保险合同的书面凭证,是一种正规的完整的独立的保险文件。保险单正面内容主要有:被保险人的名称,保险货物的名称、数量和标志,载货的船名,投保的种类,保险的起止地点等;保单背面印有货物运输保险合同条款,包括保险人与被保险人各自的权利、义务等方面的条款。在进出口贸易中,保险单是最常见、使用最广泛的一种保险单据。

 知识拓展

现代海上保险是由古代巴比伦和腓尼基的船货抵押借款思想逐渐演化而来的。意大利是现代海上保险的发源地。1347 年，一个名叫乔治·勒克维伦的热那亚商人同"圣·克勒拉"商船船东达成一项协议：船东先将一笔钱存入乔治那里，"圣·克勒拉"开始其从热那亚至马乔卡的航程，如果航程一切顺利，船舶安全抵达的话，船东不收回那笔钱；相反，如果船在半道上出事，发生损失，就由乔治根据船东的损失进行赔偿。从这张协议上可以看出，它已具有现代保单的基本内容。因此，被认为是世界上第一张保单。

15 世纪以后，新航线的开辟使大部分西欧商品不再经过地中海，而是取道大西洋。16 世纪时，英国商人从外国商人手里夺回了海外贸易权，积极发展贸易及保险业务。1688 年，劳埃德先生在伦敦塔街附近开设了一家以自己名字命名的咖啡馆；为在竞争中取胜，劳埃德发现可以利用国外归来的船员经常在咖啡馆歇脚的机会，打听最新的海外新闻，进而将咖啡馆办成一个发布航讯消息的中心。由于这家咖啡馆消息十分灵通，因此每天富商满座，保险经纪人就利用这一时机，将承保便条递给每个饮咖啡的保险商，让他们在便条上按顺序签上自己的姓名及承保金额。1871 年，英国议会通过法案，承认劳埃德承保团为一个正式的社团组织。由于"劳合社"是从劳埃德咖啡馆演变而来的，故又称"劳埃德保险社"。"劳合社"对保险业的发展，特别是对海上保险和再保险作出的杰出贡献是世界公认的。

（二）保险凭证

保险凭证（insurance certificate）是表示保险人已经接受保险的一种证明文件，是一种简化了的保险单据。它包括了保险单的基本内容，但其背面没有印就保险条款。这种保险凭证与保险单有同等的法律效力。

（三）预约保险单

预约保险单（open policy 或 open cover）是保险人承保被保险人一定时期内所有进出口货物使用的保险单。凡属于其承保范围内的货物一开始运输即自动按照预约保险单的内容条件承保。一般被保险人要将货物的名称、数量、保险金额、运输工具名称种类、航程起点和终点、起航日期等信息以书面形式通知保险人。预约保险单大多在以 FOB 或 CFR 进口时所用。预约保险单上事先载明保险货物的名称、金额、险别、起讫港口等必要条件，一经货物起运，凭卖方装船通知生效。

（四）暂保单

暂保单（cover note）是由保险经纪人（insurance broker）即投保人的代理人出具的非正式保单，它是一种非正式的保险单据。除非信用证特别要求，银行不接受暂保单。

三、投保单的填制

投保单是进口方或出口方向保险公司对运输货物进行投保的申请书,也是保险公司据以出立保险单的凭证,保险公司在收到投保单后即缮制保险单。

　　保险经纪人是指基于投保人的利益,为投保人与保险人订立保险合同提供中介服务,并依法收取佣金的单位。在经济发达国家,保险经纪人在保险市场中占有重要的位置。保险经纪人具有如下特点:① 保险经纪人是投保人或被保险人利益的代表者。② 从事保险经纪业务的人经过一定的专业训练,可以根据客户的具体情况,与保险公司进行诸如条款、费率方面的谈判和磋商,以期使客户花费最少的保费获取最大的保障。③ 作为独立的专业机构和投保人的代理人,法律规定因保险经纪人在办理保险业务中的过错,给投保人、被保险人造成损失的,由保险经纪人承担赔偿责任,所以保险经纪人承担的风险较大。④ 各国对保险经纪人的监管都比较严格。

投保单的主要内容有:被保险人的名称和地址;保险标的的名称和存放地点;投保的险别;保险责任的起讫;保险价值及保险金额等。

(一)投保单样本

中国人民保险公司上海分公司

国外货物运输投保单

编号:

　　兹将我处下列货物拟向你处投保国外货物运输保险

被保险人	（中文） （英文）			
标记或发票号码	件数	保险货物名称		保险金额
运输工具 （及转载工具）	约 于	年　月　日　起 运	赔付地点	
运输路程	自上海至			
投保险别:				

（二）投保单填制要求

1. 被保险人

到底以谁为被保险人，一般要看买卖双方合同的价格术语，如果以 CIF 条件成交，由卖方办理保险，一般均以卖方本人为被保险人。如果以 FOB 成交，应当由买方办理保险，一般应以买方为被保险人。在信用证方式下，如果信用证未指定被保险人，本栏一般填受益人，并且在交单前由受益人背书（如果信用证未要求背书，则做空白背书）；如果信用证指定了被保险人，则应该按照要求填写。

2. 发票号码

此项以确定保险保障的贸易货物的具体批号，以便发生索赔时进行核对。若为出口货物，只需填写该批货物的发票号码，若为进口货物，则填写贸易合同号码。

3. 标记

此项应填写商品的运输标志，或写明按发票规定。

4. 件数

此项填写包装方式以及包装数量。如果一次投保有数种不同包装，可以"件"（packages）为单位。散装货应填写散装重量。如果采用集装箱运输，应予注明（in container）。

5. 保险货物

此项应填写保险货物的名称，按发票或信用证填写，一般填写货物的统称。

6. 保险金额

此项填写按照贸易合同或信用证规定的加成计算得出的保险金额数值。计算时一般按发票的金额加成，辅币通常应进位取整。

7. 运输工具

海运时应写明具体的船名。如果中途需转船，已知第二程船时应打上船名；如果第二程船名未知，则只需打上转船字样。集装箱运输应标明用集装箱。

8. 开航日期

此项一般应注明"按照提单"或注明船舶的大致开航日期。

9. 运输路线

填写起始地和目的地名称。中途如需转船，则应注明转船地。若到目的地后，需转运内陆，应注明内陆地名称。

10. 承保险别

此项应具体写明险别以及按什么保险条款执行。

11. 赔款地

通常在目的地支付赔款，如果被保险人要求在目的地以外的地方赔款，应予注明。

四、保险单的内容及缮制

虽然不同保险的保险机构出具的保险单据格式不同，但大多数国家的保险单都是以英

国劳合社船货保险单(S.G. Policy)为蓝本,其内容大同小异。中国人民保险公司有自己的保险单范本,其出具的保险单为我国大多数公司在进出口贸易中使用。这里主要介绍中国人民保险公司出具的海洋货物运输保险单的填制办法。

（一）保险单样本

中国人民保险公司　上海分公司

（总公司设于北京　一九四九年创立）

海洋货物运输保险单

发票号码 ＿＿＿＿＿＿＿＿＿＿＿　保险单号次

合同号

信用证号

中国人民保险公司(以下简称本公司)根据<u>　　(以下简称为被保险人)</u>的要求,由被保险人向本公司缴付约定的保险费,按照本保险单承保险别和背后所载条款与下列条款承保下述货物运输保险,特立本保险单。

标　记	包装及数量	保险货物项目	保险金额

总保险金额：＿＿＿＿＿＿＿＿＿＿＿＿＿＿＿＿＿＿＿

保　费＿＿＿＿＿　费　率＿＿＿＿＿　装载工具＿＿＿＿＿＿

开航日期＿＿＿＿＿＿＿＿＿　自＿＿＿＿＿＿＿　至＿＿＿＿＿＿＿

承保险别：

所保货物,如遇风险,本公司凭本保险单及其有关证件给付赔款。所保货物,如发生保险单项下负责赔偿的损失或事故,应立即通知本公司下述代理人查勘。

赔款偿付地点＿＿＿＿＿＿＿＿＿＿＿　　　　　中国人民保险公司

出　单　日　期＿＿＿＿＿＿＿＿＿＿＿　　　　　＿＿＿＿＿＿＿＿＿＿＿

（二）保险单的内容及填制

1. 保险人

保险单据的保险人(insurer)的名称和地址一般在保险单上印就。按照 ISBP 要求,保险单必须由保险公司、保险商或他们的代理人出具,在信用证无特别规定的情况下,保险经纪人出具的暂保单不能接受,但是保险经纪人可以作为具名保险公司或具名保险商的代理人签署保险单据。

2. 被保险人

被保险人(insured)即保险单的抬头,正常情况下应是 L/C 的受益人,但如 L/C 规定保单以特定方指示为抬头"issued (made out) to the order of ×××（特定方）",应填写受益人名称后跟"held to order of ×××（特定方）"、"unto the order of ×××（特定方）",该保险单不需要背书;如果信用证规定由特定方为受益人,如"issued in favor of ×××（特定

方)",则保险单的被保险人应填写受益人加上"held in favor of ×××（特定方）",该保险单不需要背书;如 L/C 要求所有单据以××为抬头人,保单中应照录,信用证受益人不需要背书;如 L/C 要求中性抬头"third party"或"in neutral form",则被保险人栏应填写"to whom it may concern",这种保险单不能背书,也不需要背书;如 L/C 要求保单"made out to order and endorsed in blank",则被保险人栏应填写"（受益人名称）held to order",信用证受益人需要背书;如果 L/C 对保单无特殊规定或只要求"endorsed in blank"或"in assignable/negotiable form",则被保险人填受益人名称,受益人应该在单据背面填写受益人名称并签章,以完成空白背书;如果 L/C 要求单据背书给特定方,"endorsed to the order of ×××",则被保险人应填写受益人名称,然后记名背书,在保险单背面填写"Claims, if any payable to the order of ×××",并由受益人签章;如果 L/C 规定保险单作成来人抬头"issued（made out）to bearer",则被保险人处填写"bearer"即可,这种保险单据不需要背书。[①]

3. 保险货物项目

保险货物项目（description of goods）包括货物描述、唛头（shipping marks）、包装（package）及数量（quantity）等货物规定应与提单保持一致。

4. 保险金额

保险金额（amount insured）是所投保的货物发生损失时保险公司给予的最高赔偿限额,一般按 CIF 或 CIP 发票金额的 110% 投保,加成如超出 10%,超过部分的保险费由买方承担。L/C 项下的保单必须符合 L/C 规定,如发票价包含佣金和折扣,应先扣除折扣再加成投保,被保险人不可能获得超过实际损失的赔付。保险金额的大小写应一致,保额尾数通常要"进位取整"或"进一取整",即:不管小数部分数字是多少,一律舍去并在整数部分加"1"。

5. 保费和费率

保费（premium）和费率（rate）通常事先印就"As Arranged"字样,除非 L/C 有特殊规定,两者在保单上可以不具体显示。

6. 运输方面的要求

开航日期通常填提单上的装运日,也可填"As per B/L"或"As per transportation documents";起运地、目的地、装载工具（per conveyance）的填写与提单上的相同,按照实际情况填写。

7. 承保险别

承保险别（coverage）是保险单的核心内容,填写时应与 L/C 规定的条款、险别等要求严格一致;如果 L/C 没有规定或只规定"marine/fire/loss risk"、"usual risk"或"transport risk"等,可根据情况投保三种基本险中的任何一种;如 L/C 中规定使用伦敦协会货物条款（ICC）,也可以接受,值得注意的是它的 A、B、C 三险分别相当于我国的一切险、水渍险、平安险。

8. 赔付地点

此栏按合同或 L/C 要求填制。如 L/C 中并未明确,本栏只需要填写目的港,将其作为

---

① 李一平,梁柏谦,张然翔. 跟单信用证项下出口审单实务[M].北京:中国商务出版社,2004:135-136.

赔付地点(claim payable at)。

9. 日期

日期(date)指保单的签发日期。由于保险公司提供仓至仓(W/W)服务,所以出口方应在货物离开本国仓库前办结手续,保单的出单时间应是货物离开出口方仓库前的日期或船舶开航前或运输工具开航前。除另有规定,保单的签发日期必须在运输单据的签发日期之前。

10. 签章

由保险公司签字(authorized signature)或盖章以示保险单正式生效,单据的签发人必须是保险公司、承保人或他们的代理人。

(三) 保单的背书与份数

保单的背书(endorsement)分为空白背书和记名背书。保单作成空白背书意味着被保险人或任何保单持有人在被保货物出险后,享有向保险公司或其代理人索赔的权利;作成记名背书则意味着保单的受让人在被保货物出险后,享有向保险公司或其代理人索赔的权利。

保险单应当注明保险单的份数(numbers of insurance policy),当 L/C 没有特别说明保单份数时,出口公司一般应提交一套完整的正本保险单。

第五节 其他单据及其制作

一、包装单据

(一) 包装单据的定义

包装单据(packing documents)是指一切记载或描述商品包装情况及数量等的单据。它是商业发票的补充单据,也是需要提交的一项重要单据。

除散装货物外,包装单据是进出口业务中必不可少的文件。进口地海关验货,公正行检验,进口商对货物校对都是以包装单据结合商业发票作为依据,用于了解商品包装及数量等具体内容。因此,包装单据在国际贸易和结算中非常重要。

(二) 包装单据的种类

根据不同商品和不同客户的要求,包装单据有不同的种类,有装箱单(packing list 或 packing slip)、重量单(weight list 或 weight note)、尺码单(measurement list)、详细装箱单(detailed packing list)、包装明细单(packing specification)、包装提要(packing summary)、磅码单(weight memo)、规格单(specification list)、花色搭配单(assortment list)等。其中,装箱单和重量单最为重要。

1. 装箱单

装箱单(packing list)是由出口商签发,详细记载销售货物数量及包装情况的说明文件,它是根据已装进集装箱或船上的货物详细情况制作的,主要用于集装箱运输上。装箱单内容记载准确与否,与保证集装箱货物的安全运输有着密切的关系。在实践中,装箱单主要有以下作用:

(1) 在装货地点作为向海关申报货物出口的代用单据;

（2）作为发货人、集装箱货运站与集装箱码头堆场之间货物的交接单；

（3）作为向承运人通知集装箱内所装货物的明细表；

（4）在进口国、途经国家作为办理保税运输手续的单据之一；

（5）单据上所记载的货物与集装箱的总重量是计算船舶吃水差、稳性的基本数据。

2．重量单

重量单（weight list）是用于说明每个包装单位中重量情况的单据，它是在装箱单的基础上，强调每件包装的毛重和净重。重量单的签发人可以是出口商、商检机构、公正行，也可以是重量鉴定人。

实务中，如果信用证没特殊要求，通常把重量单和装箱单合并为装箱/重量单（packing/weight list）。

（三）装箱单/重量单的缮制

装箱单/重量单是出口商向进口商或其指定人出具的表明货物包装细节和重量情况用于补充发票内容不足的一种普通单据。装箱单/重量单一般应包括以下内容：① 出单日期；② 货名；③ 合同号；④ 目的地；⑤ 收货人；⑥ 运输方式；⑦ 唛头；⑧ 数量及重量；⑨ 包装细节；⑩ 出口商签署。因为，装箱单/重量单是信用证方式下常要求的一种单据，因此，对以上每一项的填制都应该细心，以防拒付的出现。下面以装箱单为例说明它们的缮制方法。

1．装箱单样本

中国深圳经济特区对外贸易公司

CHINA SHENZHEN FOREIGN TRADE GROUP

地址：中国深圳市中兴路2号　　　　　电挂：6319

Add：Zhongxing Road，Shenzhen，China

电话：223086　　　传真：223769　　　电传：42021 CN

装 箱 单
PACKING LIST

To Messrs _____　　　From _____ to _____

Invoice No. _____　　　Date：_____

Contract No：_____　　　L/C No. _____

Container No _____

Shipping Marks	Specification of Goods	Measurement	Gross Weight	Net Weight
Package:				

2. 装箱单/重量单的制作

（1）单据名称。单据的名称应按信用证的要求来命名，如要求 Detailed Packing List，可通过在单据中详细显示单件货物的毛、净重和体积加以实现；如要求 Neutral Packing List，只要单据上不显示受益人名称和不签章就可满足要求；如信用证 Weight List，则在单据上不能显示 Weight Memo；反之亦然。

（2）收货人或申请人。在制作收货人或申请人一栏时，应认真审查信用证要求，避免打错收货人名称；如信用证规定在单据上不显示收货人名称和地址，则装箱单一栏不显示任何信息；当信用证要求提交中性单据时，不可显示受益人名称，受益人也不可在单据上签署。

 **知识拓展**

> 收货人的地址不应该和信用证的规定相矛盾，但可以有所不同，只要位于同一个国家。这也和《UCP600》规定相符，但为了避免结汇麻烦，无论受益人的名称和地址，还是申请人的名称和地址，都应当和信用证的规定一致。

（3）起始地。包装单据一定应与其他单据一致，必须严格按照信用证准确缮制，以免因此遭拒付。

（4）合同号。在制包装单据时，应严格按照信用证，如信用证规定"装运单据必须显示合同号"，则一定在合同号栏中按规定显示出"合同号"。

（5）集装箱号。如货物用集装箱装运，则此栏显示集装箱号，包括铅封号。

（6）日期。此栏设计的是"商业发票"的开立日期。如信用证要求显示"信用证开立日期"，则要在单据中有所显示，或者单独设立一栏，或者在单据的空白处标明。

（7）唛头。在装箱单上必须缮制上货名，并按信用证要求准确显示唛头；同时，注意与提单保持一致。

（8）货物规格。此栏必须准确无误地将货物规格、包装内容及其细节显示出来，注意一定不可照抄照搬信用证规定，装运单据一定要"显示其功能"，把包装详情地在此栏中显示出来。

（9）毛重、净重和体积。毛重应注明每个包装件的毛重，最后表明所有货物的总毛重；净重应注明每个包装件的净重和所有货物总净重，重量以公斤计；体积则要求注明每个包装件的尺寸和总体积，体积以立方米计。

（10）签单人。包装单最后要由发货人签署，信用证下通常由受益人完成。按照《UCP600》要求，除非信用证特别规定，包装单据不需要签署。但是在实务中发货人还是签署为好，这也是惯常的做法。

此外还应注意，当信用证同时要求装箱单和重量单，则应分别出具；如不要求分别出具，则合二为一即可；包装单据应如实反映信用证关于装箱的规定，不管是笼统规定（seaworthy packing 或 standard export packing）还是具体要求（packed in woven bags 等）均应准确显示在单据上；如信用证规定包装单以"plain paper"、"in plain"或"in white paper"等形式出具，单据上不应显示双方的名称，也不可签章。

二、商检证书

商检证书(inspection certificate)是各种进出口商品检验证书、鉴定证书和其他证明书的统称，是对外贸易有关各方履行契约义务、处理索赔争议和仲裁、诉讼举证，具有法律依据的有效证件，也是海关验放、征收关税和优惠减免关税的必要证明。商检证书有品质检验证书、重量或数量检验证书、兽医检验证、卫生证和熏蒸消毒证等。

（一）商检证书样本

商检证书样本如下：

中华人民共和国进出口商品检验局

BEIJING IMPORT & EXPORT COMMODITY INSPECTION BUREAU OF THE PEOPLE'S REPUBLIC OF CHINA

检 验 证 书   **ORIGINAL**

INSPECTION CERTIFICATE

地址   No.
Address：   日期
电报：   Date：
Cable：
电话：
Tel：
发货人名称及地址：
Name and Address of Consignor _____
收货人名称及地址：
Name and Address of Consignee _____
品名：   标记及号码
Commodity _____   mark & No：_____
报检数量/重量：
Quantity/Weight
Declared _____
检验结果：
RESULTS OF INSPECTION：

签发地点 Place of Issue _____   主任检验员
签发日期 Place of Issue _____   Chief Inspector

（二）商检证书的填制

（1）出具人。一般情况出具人已经印就。如果信用证规定了出具人,则商检证明必须由指定的人出具。

（2）日期。出证日期直接关系到证书是否成立和有效的问题。因此,证书必须表明签发日期。一般而言,证书日期不能迟于装运日期（即提单日）。

（3）发货人的名称和地址。发货人一般为出口人,在信用证方式下填受益人的名称和地址;其他结算方式下填卖方的名称和地址。

（4）收货人的名称和地址。一般为进口人的名称和地址,即信用证开证申请人。也可以只打"To whom it may concern."（"致有关当事人"）。如无要求,也可以不填。

（5）品名。品名应填写商品的统称,应按照信用证填写。

（6）标记及号码。报验商品的唛头应与信用证及其他单据一致。

（7）报检数量/重量。报检数量或重量按商业发票填写。

（8）检验结果。检验结果应该符合信用证或合同的要求。例如：信用证规定："Inspection Certificate certifying that the quality is as per Sample, Seal No. 123",本栏可填"The quality is as per Sample, Seal No. 123"。

信用证规定："Inspection Certificate certifying that the total gross weight, total tare and the actual moisture"（本栏应列出总毛重、总皮重和实际含水率的具体数值）。

如果信用证只要求提交质量检验证书,没有其他规定,本栏可以填写："The quality of the above mentioned goods complies with the stipulations of L/C No . . ."。[①]

（9）签发地点和日期。签发日期一般应迟于商业发票日期,早于运输单据的装运日期;签发地点按照信用证或合同的规定。

三、原产地证明书

原产地证明书（certificate of origin）是证明商品原产地,即货物的生产或制造地的一种证明文件,是商品进入国际贸易领域的"经济国籍",是进口国对货物确定税率待遇,进行贸易统计,实行数量限制（如配额、许可证等）和控制从特定国家进口（如反倾销税、反补贴税）的主要依据之一。原产地证明书一般有三大类：第一类是普惠制原产地证明书;第二类是一般原产地证明书;第三类是出口商或厂商产地证。[②]

（一）普惠制原产地证明书

普惠制产地证（Generalized System of Preference Certificate of Origin, GSP C/O）是由出入境检验检疫机构依据给惠国要求而出具的能证明出口货物原产自受惠国的证明文件,并能使货物在给惠国享受普遍优惠关税待遇,它是发达国家给予发展中国家的一种关税优惠。它采用联合国统一规定的 A 格式,通常把它称为格式 A 产地证、"GSP"产地证或"FORM A"。

---

① 卓乃坚. 国际贸易支付与结算及其单证实务[M]. 上海：东华大学出版社,2005：131 - 133.
② http://www.gov.cn/banshi/2005 - 06/24/content_9359.htm

1. 普惠制产地证样本

ORIGINAL

1. Goods consigned from (Exporter's business name, address, country)	Reference No. 384568
	GNERALIED SYSTEM OF PREFERENCE
	CERTIFICATE OF GRIGIN
	(Combined declaration and certificate)
2. Goods consigned to(Consignee's name, address, country)	**FORM A**
	Issued in THE PEOPLE'S REPUBLIC OF CHINA
	(Country)
	See notes overleaf

3. Means of transport and route(as far as known)	4. For official use

5. Item number	6. Marks and numbers of packages	7. Number and kind of packages; description of goods	8. Origin criterion (see Notes overleaf)	9. Gross weight or other quantity	10. Number and date of invoices

11. Certification It is hereby certified on the basis of control carried out, that the declaration by the exporter is correct.	12. Declaration by the exporter The undersigned hereby declares that the above details and statement are correct, that all the goods are produced in
	(country)
	—————————
	and that they comply with the origin requirements specified in the Generalized System of Preference for goods exported to
	(import country)
	—————————
Place and date, signature and stamp of certifying authority	Place and date, signature and stamp of authorized signatory
—————————	—————————

2. 普惠制产地证填制方法

普惠制原产地证明书 FORM A 共有 12 栏,填写方法如下:

产地证标题栏:填上签证机构所编的证书号,如 384568。

(1) 出口商的业务名称、地址、国别。此栏是带有强制性的,应填明在中国境内的出口商详细地址,包括街道名、门牌号码等,出口商的名称和地址应与海关注册一致。

(2) 收货人的名称、地址、国别。一般应填写给惠国最终收货人名称,如最终收货人不明确,可填发票抬头人,但不要填中间转口商的名称。在特殊情况下,如进口商有要求,将此栏留空也可。

(3) 运输方式及路线。一般应填始发港、目的港及运输方式,如"FROM XINGANG TO HAMBURG BY SEA"。如果需要转运,应加上转运港,如:"VIA HONGKONG"。

（4）供官方使用栏。此栏由签证机构填具，出口公司应将此栏留空。正常情况下，此栏空白。

（5）商品顺序号。商品顺序号在收货人、运输条件相同的情况下，如同批出口货物有不同品种，则可按不同品种、发票号等分列"1"、"2"、"3"、…单项商品，此栏可不填。

（6）唛头及包装号。此栏按发票上唛头填具完整的图案文字标记及包装号即可；如货物无唛头，应填"N/M"；如唛头过多，此栏不够，可填打在第 7、8、9、10 栏的空白处；如还不够，则另加附页，打上原证号，并由检验检疫机构授权签证人手签、加盖签证章。

（7）包装数量及种类，商品说明。此栏填上包装种类及数量，并在包装数量的阿拉伯数字后用括号加上大写的英文数字，如：160(ONE HUNDRED AND SIXTY) CARTONS OF PLUSH TOYS。商品名称应具体填明，其详细程度应能在 HS 的四位数字中准确归类。不能笼统填些商品名称。但商品的商标、牌名、货号也可不填。如信用证要求填具合同、信用证号码等，可加在此栏结束符号下方的空白处。

（8）原产地标准。此栏用字最少，填上英文字母即可，但却是国外海关审证的核心项目。对含有进口成分的商品，因情况复杂，国外要求严格，极易弄错而造成退证，应认真审核。现将一般规定说明如下：如货物为完全原产，无进口成分，此栏填"P"；如货物含进口成分，但符合原产地标准，填写"W"；向加拿大出口商品，含有进口成分（占产品出厂价的 40% 以下）的，填"F"；含有进口成分的商品，发往欧盟国家、瑞士、挪威、日本、波兰时，都填写"W"，并在字母下面标上产品的 HS 税则号；发往加拿大的商品，只填"F"即可；发往澳大利亚、新西兰的商品，此栏可以空白；发往俄罗斯、白俄罗斯、乌克兰、哈萨克斯坦、捷克、斯洛伐克时，都填写"Y"，并在字母下面标上百分比。

（9）毛重或其他数量。此栏应以商品的正常计量单位填，如 3000DOZ.、1500KGS 等。以重量计算的则填毛重；只有净重的，填净重亦可，但要标上 N. W.（NET WEIGHT）。

（10）发票号及日期。此栏必须照正式商业发票填具，如 YW200067126 25，MAR. 2006。此栏不得留空。为避免月份、日期的误解，月份一律用英文缩写字母等表示，发票内容必须与证书所列内容和货物完全相符。

（11）检验检疫机构的签证证明。此栏签证机构只签一份正本，不签署副本。此栏签发日期不得早于发票日期和申报日期，但不要迟于提单日期，如 SHANGHAI, CHINA, MAY7,2009。手签人的字迹必须清楚，手签与签证章在证面上的位置不得重合。

（12）出口商申明。此栏中进口国横线上的国名一定要填正确。进口国一般与最终收货人或目的港的国别一致。如果难以确定，以第 3 栏目的港国别为准。凡货物运往欧盟范围内，进口国不明确时，进口国可填 E. U.；申请单位的手签人员应在此栏签字，加盖中、英文对照的印章，填写申报地点、时间，如 BEIJING CHINA SEPT.9,2006。此栏日期不得早于发票日期，不得迟于签证机构签发日期；在证书正本和所有副本上盖章时避免覆盖进口国名称和手签人姓名；国名应是正式国名和全称国名。

应当注意，此证书的填制要求极高，不能有涂改现象，如有涂改，应向有关机构再行申领，重新填写。

（二）一般产地证

一般产地证（certificate of origin）又称 C. O. 产地证，是原产地证的一种，是用于证明有

关出口货物和制造地的一种证明文件,是货物在国际贸易行为中的"原籍"证书。在特定情况下进口国据此对进口货物给予不同的关税待遇。在国际贸易中,世界各国根据各自的对外贸易政策,普遍实行进口贸易管制,对进口商品实施差别关税和数量限制,并由海关执行统计。进口国要求出口国出具货物的原产地证明,已成为国际惯例。因此 C.O. 产地证是进行国际贸易的一项重要证明文件。在我国,一般产地证由国家质量监督检验检疫局或中国国际贸易促进会签发。其填制方法与普惠制证书基本相同。

(三) 出口商或厂商产地证

普通产地证可由出口商自行签发,也可以由进出口商品检验局签发,或由中国国际贸易促进委员会签发。当产地证由出口商自行签发时,这种产地证就属于出口商或厂商产地证。关于产地证到底由谁出具要看信用证规定,在信用证业务中,如果仅仅规定产地证而没有规定出具产地证的具体人,则可以用出具方便、几乎没有费用的出口商或厂商产地证。

出口商或厂商产地证首先要缮制产地证名称,然后表明发货人和收货人,然后表明货物名称、数量、包装、件数,并注明"We hereby certify that the origin of the above mentioned goods (below mentioned goods) were made in the People's Republic of China"。最后由出口商签署并注明签发日期。如果信用证有其他要求,此要求也应体现在产地证上。

四、受益人证明

受益人证明(beneficiary's certificate/statement/declaration),也称出口商证明(exporter's certificate),顾名思义是由受益人按合同、信用证和有关规定出具的说明其已履行的某义务、完成的某工作或行为符合进口商和进口国的要求的各种证明文件。受益人证明一般无固定格式,内容多种多样,以英文制作,通常签发一份。

受益人证明的单据名称因所证明事项不同而略异,可能是寄单证明、寄样证明(船样、样卡和码样等)、取样证明、货物产地证明等。证明上通常会显示发票号、合同号或信用证号以表明其与其他单据的关系。受益人证明一般记载日期,作成中性抬头,署名必须表明受益人名称。

如信用证规定"BENEFICIARY'S CERTIFICATE EVIDENCING THAT TWO COPIES OF NON-NEGOTIABLE B/L WILL BE DESPATCHED TO APPLICANT WITHIN TWO DAYS AFTER SHIPMENT",则受益人证明应作成如下。

Haiwai Import & Export Corporation

No. 79 Zhenghua Road,Shanghai,China

Beneficiary's Certificate

To whom it may concern,   April 23,2011

Re:L/C No. M346

We hereby certify that two copies of non-negotiable B/L have been dispatched to the applicant within two days after the shipment by DHL.

RGS

Haiwai Import & Export Corporation

五、装船通知

装船通知(shipment advice),也叫装运通知,主要指的是出口商在货物装船后发给进口方的包括货物详细装运情况的通知,其目的在于让进口商做好筹措资金、付款和接货的准备。其英文名称有多种,如 Shipment Advice, Shipping Advice, Advice of shipment, Shipping statement,Shipping declaration 等,到底如何命名,从信用证规定。

 **知识拓展**

> 装船通知的成交条件如果为 FOB/FCA、CFR/CPT 等,还需要向进口国保险公司发出该通知以便其为进口商办理货物保险手续,出口装船通知应按合同或信用证规定的时间发出,该通知副本(copy of telex/fax)常作为向银行交单议付的单据之一。在进口方派船接货的交易条件下,进口商为了使船、货衔接得当也会向出口方发出有关通知。通知以英文制作,无统一格式,内容一定要符合信用证的规定,一般只提供一份。

例如,信用证规定:"SHIPMENT ADVICE WITH FULL DETAILS INCLUDING SHIPPING MARKS,CTN NUMBERS,VESSEL'S NAME,B/L NUMBER,VALUE AND QUANTITY OF GOODS MUST BE SENT ON THE DATE OF SHIPMENT TO US",装船通知可以做成如下。

Haiwai Import & Export Corporation
No. 79 Zhenghua Road,Shanghai,China

Shipping Advice

From:James   April 23,2011
To:Charles
Re:L/C No. M346
Please be informed that 3,000 dozen of bath towels under Invoice No. 3456 to the amount of USD 2340 were shipped per S. S Dongfang. The goods were packed in 20 feet container No. M7890 with B/L No. GH02368. The shipping marks is CHARLES/ORIENTAL/SINGAPORE.
Rgs

We hereby certify that the above contents are true and correct.
Haiwai Import & Export Corporation

 **本章小结**

在国际结算中,单据制作至关重要,它是卖方的基本义务,也是安全收汇的保证。特别

是信用证交易,银行仅凭单据表面是否与信用证相符审单付款,这更给单据制作提出了更高的要求。制作商业发票、提单、汇票、装箱单、商检证明等各种单证的基本要求是"单证相符、单单一致、单证满足其功能"。制作单据的依据是《UCP600》和《ISBP2007》。

 **拓展阅读**

> 　　1. 卓乃坚主编:《国际贸易支付与结算及其单证实务》,东华大学出版社 2005 年版。此书介绍了一些国际结算中的主要单据的制作方法,仔细研究阅读很有益处。
>
> 　　2.《对外经贸实务》杂志,是国内为数不多的外贸实务方面的中文核心期刊,常设栏目有:名家专稿、经贸论坛、名人名企、热点追踪、国际市场、世贸规则、业务探讨、利用外资等,文章选题新颖,分析透彻,专业性强。

 **思考与练习**

1. 什么是单据? 什么是基本单据? 什么是附属单据?

2. 单据的主要作用是什么?

3. 制作单据的基本要求是什么?

4. 什么是商业发票?

5. 基本商业发票有哪些作用?

6. 什么是形式发票?

7. 什么是海关发票? 海关发票有哪些作用?

8. 什么是海运提单? 海运提单的作用是什么?

9. 提单的基本当事人有哪些? 他们分别有哪些责任和权利?

10. 简述提单的分类。

11. 什么是提单的抬头? 如何缮制提单抬头?

12. 什么是多式联运单据?

 **案例分析**

某年 7 月,某国际经济合作集团公司向国外 G 贸易有限公司出口一批货物,信用证对运输单据规定:"Clean shipped on board ocean Bill of Lading in duplicate made out to order and endorsed in blank marked'Freight prepaid' notify buyers"。

8 月 14 日开证行来电提出异议:"第××号信用证项下你方单据 13 日到达我行,经审核我行无法接受单据。我信用证规定提单一式两份,我行所收到你单据中第 11 号提单虽然也是两份,但其中一份盖有'正本'戳记并经承运人签字盖章,而另一份既没有盖'正本'戳记也未经承运人签字盖章。作为物权凭证的正本单据未经承运人签字盖章无法生效,所以我行

无法接受。单据暂在我行留存，听候处理。同时将未签章的该份提单传真给你，以资你方核查。 8月14日"

我国的经济合作集团公司复电："你14日电悉。关于第××号信用证项下单据，你行提出我正本提单未签章事，完全是误解。我提单本来就是提供一份正本，另一份是副本。根据《UCP600》第十七条e款规定：'信用证要求多份单据时，诸如一式两份(duplicate)、两张、两份等，可以(至少)交付一份正本，其余份数用副本单据来满足。'根据该条文规定，你信用证要求提交一式两份，所以我可以提交一份正本提单，另一份以副本来满足。

至于未盖'正本'戳记，未经承运人签字盖章问题，根据《UCP600》规定：'除非信用证另有规定，银行将接受标明副本字样或没有标明正本字样的单据作为副本单据，副本单据毋须签字。'根据上述条文，所以我对该副本单据既未盖正、副本戳记，也未经签字，符合《UCP600》惯例。

综上所述，我单据既符合《UCP600》规定，又符合信用证要求，所以不存在不符点。 8月16日"

18日开证行复电仍不接受单据：

"你16日电悉。关于第××号信用证项下单据不符点事，并非我行误解，而是你方误解了《UCP600》条文的要求：

你前电所引证《UCP600》第十七条e款条文，虽然惯例规定，信用证要求单据一式两份时，可以提交一份正本，另一份可以以副本来满足。但你方没有完全理解整条文亦未全条文引证。该条文整条是这样规定的：'信用证要求多份单据时，诸如一式两份、两张、两份等，可以交付一份正本，其余份数用副本单据来满足，单据本身另有说明者除外'。请注意最后一句"单据本身另有说明者除外"，你提交的提单本身在正面明确表明：'为证明以上各节，本承运人已签署本正本提单一式两份，其中一份经完成提货手续后，其余各份均失效。'承运人已在该提单上标明该提单是签发正本两份，你方怎能解释提单仅签发一份正本？此足以证明提单是签发两份正本，其中一份正本承运人漏签字盖章，而且漏表明'正本'字样。因此，我行无法接受单据，速告处理意见。 8月18日"

分析：该案中，国际经济合作集团公司制作单据出现明显不符点，海运提单漏承运人签字盖章、漏标明"正本"字样。信用证项下提交的单据必须符合国际商会《跟单信用证统一惯例》即《UCP600》的规定，根据《UCP600》第十七条e款规定，承运人签发了几份正本提单，受益人必须提交几份正本，且正本单据又必须符合正本单据的要求。当国际经济合作集团公司意识到自己的错误后，在引用国际惯例时故意断字漏句，不全文引用，意图蒙混过关，但开证行业务人员熟练掌握《UCP600》条文，有力反驳。最终，以国际经济合作集团公司降价25％而结案。

第八章　国际贸易融资实务

 **学习目标**

通过本章学习,掌握国际贸易融资的概念与作用,了解国际贸易短期融资与国际贸易中长期融资的概念、特点及主要业务内容,熟悉出口信用保险的概念、特点、类型及作用。

国际贸易融资是为开展或支持国际贸易而进行的各种资金借贷活动、信用担保或资金融通活动及出口信用保险活动等,包括外汇银行围绕着国际贸易结算的各个环节为进口商和出口商提供的资金便利。在国际贸易逐渐由卖方市场转向买方市场的当今世界,贸易商的融资需求日益增加,特别是在贸易额较大时,贸易商更需要通过适当的融资途径来解决资金困难问题。因此,研究、掌握和有效利用各种融资手段,是贸易商满足资金需求、顺利开展贸易活动的重要途径。

第一节　国际贸易融资概述

一、国际贸易融资的含义

(一) 国际贸易融资的概念

国际贸易融资从总体上来看是泛指一切为开展或支持国际贸易而进行的各种融资活动、信用担保或融通活动及出口信用保险活动,包括进、出口商相互之间为达成贸易而进行的资金或商品信贷活动,银行及其他金融机构、政府机构或国际金融机构为支持国际贸易而进行的资金信贷活动,银行及其他金融机构为支持贸易信贷而进行的信用担保或融通活动,以及各国政府机构或银行等为支持本国出口而进行的出口信用保险活动等。

(二) 国际贸易融资的类型

国际贸易融资的类型很多,归纳起来主要有以下分类。

1. 根据融资的对象不同,国际贸易融资可以分为进口贸易融资和出口贸易融资

(1) 进口贸易融资。进口贸易融资是指银行或其他金融机构直接或间接对进口商的融资,提供融资的主要是进口方银行或其他金融机构。进口贸易融资主要包括开证授信额度、进口押汇、信托收据和担保提货、假远期信用证、银行保函和备用信用证、出口买方信贷等。

（2）出口贸易融资。出口贸易融资是指银行或金融机构直接或间接为出口商提供的融资，提供融资的主要是出口方银行和其他金融机构。出口贸易融资主要有打包放款、出口押汇、票据贴现、银行承兑、保理服务、银行保函和备用信用证、包买票据及出口卖方信贷等。

2. 根据融资期限不同，国际贸易融资可分为短期贸易融资和中长期贸易融资

（1）短期贸易融资。短期贸易融资是指商业银行或金融机构围绕国际贸易结算为进出口双方提供的资金周转和信用融通服务。融资期限一般不超过 6 个月，最长不超过 1 年。传统的贸易融资几乎都是短期贸易融资，目前的贸易融资中，短期贸易融资仍是贸易的主体，主要包括打包贷款、进出口押汇、票据贴现、信用证开证额度、提货担保等融资方式。

（2）中长期贸易融资。中长期贸易融资是指商业银行或金融机构为贸易双方提供的期限在 1 年以上的资金周转和信用融通服务。它主要适用于企业为改善其资本结构，弥补企业资金不足的需求，包括福费廷、出口信贷、远期信用证、项目投资中银行保函和备用信用证等。

3. 根据融资的资金来源不同，国际贸易信贷可分为一般性贸易融资和政策性贸易融资

（1）一般性贸易融资。一般性贸易融资是指资金来源于商业银行，大多与国际贸易结算紧密结合的贸易融资。它的贷款期限有短期、中期、长期三种，利率采用市场上固定或浮动利率。

（2）政策性贸易融资。政策性贸易融资是指各国官方或半官方出口信贷机构利用政府财政预算资金向另一国银行、进口商、政府提供的贷款，或由各国官方或半官方出口信贷机构提供出口信贷担保，由商业银行利用其自有资金向另一国银行、进口商、政府提供的贷款。该贷款通常被限定用于购买贷款国的资本货物，以促进贷款国的出口。

4. 根据融资的表现形式不同，国际贸易融资可分为资金融通和信用融通

（1）资金融通。资金融通是指银行或金融机构直接向进出口商提供资金或免收其押金，如打包放款、出口押汇、票据贴现、包买票据、出口信贷、开证授信额度、保理服务等。

（2）信用融通。信用融通是指银行或金融机构以自己的信用为当事人担保，使其得以融通资金或免交押金，如信托收据、担保提货、银行承兑、银行保函和备用信用证等。信用融通是一种间接的融资方式，但对当事人来说，融资的效果是相同的。

5. 根据融资的货币不同，国际贸易融资可分为本币贸易融资和外币贸易融资

（1）本币贸易融资。本币贸易融资是指使用贷款国的货币提供的融资。一般情况下，这种贷款的对象为本国外贸企业。

（2）外币贸易融资。外币贸易融资是指使用非贷款国的货币提供的融资。此处所言外币，可以是借款国货币，也可以是第三国货币，但必须是可自由兑换货币。

6. 按照融资有无抵押品划分，国际贸易融资可分为无抵押品贷款和抵押贷款

（1）无抵押品贷款。无抵押品贷款又称信用贷款，指银行无须企业提供任何抵押品，而是凭借企业自身信用做担保向其发放的贷款。

（2）抵押贷款。抵押贷款指需要企业提供相应抵押品而发放的贷款。

二、国际贸易融资的功能

国际贸易融资具有以下三方面的功能。

（一）资金或商品信贷

可由进、出口商相互之间提供资金或商品信贷，银行及其他金融机构、政府机构或国际金融机构等向进出口商提供资金信贷，为促进国际贸易提供支持。

 **知识拓展**

> 　　资金和商品信贷功能是国际贸易融资的基础功能，融通或信用担保功能和出口信用保险功能均是在这一基础功能之上派生出来的，并服务于这一基础功能。

（二）融通或信用担保

可由银行或其他金融机构通过为客户提供各种融通、票据保证或信用担保等服务，为贸易中的各种融资业务以及保付代理和包买票据等新型的贸易结算服务业务等提供支持。

（三）出口信用保险

可由政府的专门机构通过对战争、动乱、没收、货币不可兑换等各种国家风险以及有关商业风险提供特别保险，为贸易中的信贷、融通或信用担保业务以及保付代理和包买票据等新型的贸易结算服务业务等提供全面支持。

三、国际贸易融资的特点

国际贸易融资是银行依托对物流、资金流的控制，或对有实力关联方的责任和信誉捆绑，在有效控制授信资金风险的前提下进行的融资业务。作为一种国际贸易融资，除了具有国际信贷偿还性和生息性的两个基本特征外，还具有以下特点。

（一）国际贸易融资主、客体的复杂性

国际贸易融资的主体复杂，即融资当事人的居住地和构成复杂。由于国际贸易融资是跨国贸易项下的融资，这就决定了它的当事人即借贷双方不在同一国内，有境内、境外之分。同时国际贸易的借款人通常情况下是进、出口商，在出口信贷项下，借款人更多的是银行或政府，所以，当事人又有金融机构与非金融机构等。

国际贸易融资的客体复杂，即融资所使用的货币多样化。它可以是借款人所在国货币，也可以是贷款人所在国货币，或是第三国的货币。国际贸易融资中通常选用一些关键性货币，如美元、欧元、日元等。融资货币的选择是一个很复杂的问题，要根据各种货币汇率变化和发展趋势，结合融资条件等因素加以综合考虑作出决策。

（二）国际贸易融资方式的多样性

传统的贸易融资主要是对出口商的短期资金融通，如进出口押汇、票据贴现及打包放款

等。现代贸易融资则更加灵活和多样化,有进口融资、出口融资、中期贸易融资、长期贸易融资、信用融资和资金融资等。

(三) 国际贸易融资的高风险性

国际贸易融资与国内贸易融资相比,其风险较大。对贷款人而言,它不仅要承担通常信贷交易中的商业风险,即借款人经营管理不善,出现亏损,到期无力偿付贷款或延期偿付,也就是偿债能力风险。此外,由于国际贸易融资同贸易结算紧密联系,因此,在结算过程中出现潜在的风险,如交单风险、欺诈风险等这些不可避免地给贸易融资带来诸多负面影响。

(四) 国际贸易融资的被管制性

国际贸易融资是指不同国家的资金持有者之间跨国境的资金融通和转移,是国际资本流动的一个组成部分。国际贸易融资当事人所在的国家政府,从本国政治、经济利益出发,为了平衡本国的国际收支,贯彻执行本国的货币政策,以及审慎管理本国金融机构尤其是银行金融机构,对其从事融资行为施加种种干预和管制。主权国家对国际贸易融资的管制一般是授权本国中央银行,对国际贸易融资的主体、客体和融资信贷条件,实行法律的、行政性的各种限制性措施。

第二节　国际贸易短期融资

一、国际贸易短期融资的概念及类型

(一) 国际贸易短期融资的概念

人们通常把借贷期限不超过 1 年的国际贸易融资称作国际贸易短期融资。根据提供融资主体的不同可将国际贸易短期融资分为商业融资和银行融资两大类。其中,前者是指进、出口商之间相互提供的贸易信贷;后者是指银行或其他金融机构向进、出口商提供的贸易信贷。另外,根据信贷标的物的不同又可将国际贸易短期融资分为商品信贷和货币信贷两大类。这里,前者是指国际贸易中出口商向进口商提供的各种延期付款赊账信贷,后者是指国际贸易中的各种资金信贷。

(二) 国际贸易短期融资的类型

与进出口贸易资金融通有关的对外贸易融资形式繁多,其适用范围较广,可以从不同的角度进行分类。

1. 根据提供融资对象的不同,短期贸易融资可分为商业融资和银行融资两种形式

(1) 商业融资是指出口商和进口商在商品形态上相互提供的信贷,它反映了出口商与进口商之间因赊购、赊销商品而形成的债务关系。对出口商来说,提供商业信贷的过程也是其商品资本转化货币资本的过程。

(2) 银行融资也叫银行信贷,是由银行以货币形态提供给出口商或进口商的信贷,它反映的是银行向出口商或进口商提供贷款所发生的债务关系。银行能把社会上暂时闲置的资

金集中起来,形成巨额的借贷资本。因此,银行信贷的范围不像商业信贷那样受出口商品的方向和数量的限制,它可以随意提供给任何一个出口商或进口商。

2. 根据贸易融资接受方式不同,又可分为对出口商的融资和对进口商的融资两种

(1) 对出口商的融资。对出口商的融资主要包括进口商对出口商的预付款、经纪人对出口商的信贷和银行对出口商的信贷。

(2) 对进口商的融资。对进口商的融资主要有出口商对进口商提供的信贷、银行对进口商提供的信贷等。

3. 根据提供信用工具不同,短期贸易融资又可分为承兑融资和放款融资。

二、国际贸易短期融资的特点

短期国际贸易融资是资本投资过程与贸易的结合。在贸易过程中,无论是出口商还是进口商,无论是经纪人还是贸易的直接参与者,在发生资金短缺时,可向银行直接贷款或向银行进行各种商业票据的承兑贴现业务。从实物的横向流转上看,短期贸易融资实现并帮助了商品在国与国之间更迅速地转移;如果从资金价值增值的纵向过程来看,它又具有资本投资的属性。具体来讲,短期贸易融资有以下特点。

（一）信用关系是短期贸易融资的根本特点

在国际贸易商品采购、仓储、运输的各个环节中,进、出口商遇到资金周转困难都可以通过彼此提供或由银行信用提供融资来解决。在商品的转手过程中,信用成为关键的因素。

（二）国际贸易短期融资投资交易量较小、周期较短,融资到位速度较快

一般来说,与中长期贸易融资相比,短期贸易融资的投资对象和领域是交易量较小、交易频繁的一般制成品、中间产品和原材料等,而不能涉足于大型的成套设备的贸易。从投资周期看,它一般只投资于资金交易量小、周转期在 1 年以内的贸易活动。短期贸易融资通常审批过程较短、手续简单、快捷,通常当天,最长不过几天融资即可批准,资金到位较快。

（三）短期国际贸易融资风险相对较小

在短期贸易融资中,由于融资时间短暂,如果没有突发事件,一般情况下国家风险、外汇风险和利率风险对它不会产生影响。但是防范风险和欺诈风险是它所面临的主要问题。

（四）融资成本较小,利率调整频繁

从银行的收费种类、费率水平来看,短期贸易信贷的成本比中长期贸易信贷要占优势。它以市场利率为基础,并经常调整。

三、商业银行对出口商的短期贸易融资

银行对出口商短期贸易融资是比较普遍和比较常见的融资方式,它主要包括信用证打包放款、出口押汇、银行承兑和票据贴现等。

（一）信用证打包放款

1．打包放款的含义

打包放款（packing loan）是指出口方银行在出口商提供货运单据之前凭其提供的进口方银行开来的信用证正本作抵押向其发放贷款的融资行为。由于这种贷款最初是专门向受益人提供包装货物费用，因此称为打包放款。打包放款在形式上与抵押贷款相似，以国外开来的信用证作为抵押品申请贷款，这种贷款又称"信用证贷款"。

2．打包放款的条件

（1）出口商在本地区登记注册、具有独立法人资格、实行独立核算、有进出口经营权、在银行开有本币账户或外币账户的企业；

（2）出口商应是独立核算、自负盈亏、财务状况良好、领取贷款证、信用等级评定 A 级以上；

（3）申请打包放款的出口商，应是信用证的受益人，并已从有关部门取得信用证项下货物出口所必需的全部批准文件；

（4）信用证是不可撤销的跟单信用证，不能为可撤销信用证、可转让信用证、备用信用证、付款信用证等。并且信用证的结算不能改为电汇或托收等其他的结算方式，开证行应该是具有实力的大银行；

（5）信用证条款应该与所签订的合同基本相符；

（6）出口的货物应该属于出口商所经营的范围；

（7）信用证开出国的政局稳定；

（8）如果信用证指定了议付行，该笔打包放款应该在议付行办理；

（9）若为远期信用证，期限不能超过 90 天。

3．打包放款业务的特点

（1）"单前融资"。打包放款为"单前融资"，其发放贷款的时间段为收到信用证之后，向出口地银行提交信用证规定的单据以前。

（2）专款专用。打包放款是出口地银行为支持出口方执行出口信用证而进行的主要用于对生产或收购商品开支及其他费用的资金融通，一般要求专款专用，即仅用于为执行信用证而进行的购货用途，不能将其用于固定资产的投资、归还贷款等其他资本项目的支出。贷款金额一般是信用证金额的 60%～80%，不得超过 90%，融资的具体金额由打包放款银行根据出口商资信、存款数目、抵押品以及在本行的业务来确定。

（3）打包放款的期限有限定要求。打包放款的期限不超过打包放款银行向开证行寄单收款之日，放款期限不超过信用证有效期后的 15 天，一般为 3 个月，最长不超过半年。当出现信用证修改船期和效期，致使出口商不能按照原有的时间将单据交到银行，出口商应在贷款到期前 10 个工作日向银行申请展期。银行提供打包放款是以抵押正本信用证为前提的，因此，提供贷款的银行承担了议付义务。议付行收到出口商交来的单据后马上寄给开证行，收到开证行支付的货款后即可扣除贷款本息，然后将余额付给出口商。因此，打包放款的期限不超过银行收到开证行支付款项之日。

（4）有追索权。在正常情况下，以信用证项下交单押汇或收汇作为第一来源；在企业不能正常从国外收回货款的情况下，企业必须偿还打包放款的本金及支付利息，或允许银行主动从其账户扣划打包放款的本金及利息。

 **知识拓展**

> 打包放款的特点可归纳为：单前融资；专款专用；期限限定；有追索权。

4．打包放款的业务程序

（1）进出口双方签订合同，确定以信用证作为结算方式；

（2）进口方向进口地银行（开证行）要求开立信用证；

（3）开证行开立信用证并传递给在出口地的银行（通知行或将来的打包放款行、议付银行）；

（4）出口地银行（通知行或将来的打包放款行、议付银行）将信用证通知信用证的出口方（即信用证的受益人、将来打包放款的申请人）；

（5）出口方受益人凭正本信用证向出口地的银行提出申请，要求叙做打包放款；

（6）打包放款银行（出口地银行、将来的议付银行）经审核同意将打包款项给予打包放款申请人（出口方受益人）；

（7）打包放款申请人（出口方受益人）出单并交银行议付或处理，在收到国外货款后归还打包放款银行的打包本金及支付利息。

5．办理打包放款业务银行应注意的问题

由于打包放款的抵押物是信用证，而信用证对于开证行是一种"或有负债"，对受益人是一种"或有资产"，信用证本身仅仅是一个有条件的银行信用保证，如果有条件得到满足，这种信用证保证才能起作用，即信用证项下的打包放款才有可靠的还款来源；若由于种种原因，企业作为受益人没有满足信用证的全部条件和要求，或未能履约，那么就无法使开证行付款承诺得以实现，在这种情况下，信用证形同废纸。因此单纯依靠信用证作为抵押而叙做的打包放款，实际上是一种无抵押的信用贷款，因此银行应加强对打包放款的审查。

 **知识拓展**

> 对打包放款到期本息未还者，银行应立即停止对其授信额度余额的执行并积极采取多种措施进行追讨。

银行对打包放款的审查分为信用额度的审查和信用证的审查两项内容。信用额度审查是指银行在签订打包放款协议之前对出口商确定信用额时的审查，主要是审查出口商的资信状况，给受益人核定一个打包放款信用额度，该额度可循环使用。对信用证的审查是指对某一打包放款业务中信用证条款、开证行资信和出口商品市场的审查。银行对于没有确定信用额度的客户，可凭担保逐笔发放贷款。

（二）出口押汇

出口押汇（loan secured by documentary bills for exporter）又叫买单或买票，它是出口商将代表货权的提单及其他单据抵押给银行，从而得到银行扣除押汇利息及费用后的有追索权的垫款。出口地银行收下汇票和单据后，在汇票到期时提交给进口商，请其付款，进口商付款后，银行收回垫付资金，如果进口商拒绝支付垫款，则出口地银行有权要求出口商归还票款。出口押汇主要包括信用证出口押汇和托收出口押汇，两者区别在于前者押汇行的索汇对象为相对应信用证的开证行，只要开证行资信良好、单证相符，收汇安全性还是有一定保障的；而后者押汇行的索汇对象为进口商，是否收汇完全依赖于该进口商的资信程度，因此收汇风险相对较大。

1. 信用证出口押汇

1）信用证出口押汇的含义。信用证出口押汇（negotiation under documentary credit）是指在出口信用证项下，受益人（卖方）以出口单据作抵押，要求出口地银行在收到国外支付的货款之前，向其融通资金的业务。

2）银行受理申请出口押汇的条件。

（1）出口商须是本行的基本客户，且与本行保持稳定的业务往来。

（2）开证行、付款行或保兑行的所在地及货运目的地不是政局动荡、外汇管制甚严或对外付汇困难的国家和地区。

（3）出口商须提交正本信用证（若该信用证有修改，须同时提交全部修改），且该信用证不属于限制他行议付信用证、附带软条款信用证、90 天以上远期信用证，要求提交非所有权运输单据的信用证。

（4）出口商提交的单据必须做到单据齐全，单证一致，单单一致。

（5）出口商须提出相关信用证及单据项下的押汇申请并与押汇银行签订出口押汇合同。

3）信用证出口押汇的业务流程：

（1）信用证出口押汇申请人（信用证的受益人）收到国外信用证后，根据信用证制单、交出口地银行议付或做单据处理；

（2）信用证出口押汇申请人（信用证的受益人）向出口地银行书面提出押汇申请，要求办理出口押汇；

（3）出口地银行（信用证押汇银行）接受申请人的押汇要求，在双方签订有关押汇协议后，办理出口押汇，即押汇银行在出口商业发票（或汇票）显示的金额扣除费用、利息后入企业账户；

（4）国外银行（开证行、保兑行）到期向出口地银行（信用证押汇银行）支付货款；

（5）出口地银行（信用证押汇银行）收到货款后自动代替出口押汇申请人（信用证的受益人）做出口信用证押汇的还款处理，并将收到的货款与押汇金额在扣除银行费用或其他费用后的剩余部分划入企业账户。

4）信用证出口押汇的金额。

信用证出口项下实际押汇金额，是根据出口商业发票或汇票的金额及出口信用证项下押汇申请人（受益人）的要求确定，就理论上而言，最高为出口商业发票或汇票金额的 100%，

但由于在押汇中,通常采用"前收利息法"(即在押汇款项中先行将利息扣除),及还需扣除相应的银行费用,因此,即使押汇银行名义上给予出口信用证项下押汇申请人(受益人)出口商业发票或汇票金额的 100% 的押汇,实际上能达到信用证项下押汇申请人(受益人)账户的仍然不足 100%。

信用证项下出口押汇的金额,一般采用预扣利息方式,即押汇金额减去押汇利息。即期信用证的押汇利息=(押汇金额×押汇利率×押汇天数)/360 天。远期信用证押汇利息=(押汇金额×押汇利率×押汇天数)×(承兑付款日-押汇起息日)/360 天。

在实务中,因为票据在有些国家需要交纳"印花税",或因为暗扣或暗佣的原因,出口商业发票和汇票金额有时出现了不同的金额,在这种情况下,出口地押汇银行一般取两者之间的较小者作为押汇金额的参考。

5)信用证项下出口押汇的期限。

即期信用证押汇期限根据各个国家和地区的不同而不同;远期信用证承兑后押汇期限为押汇起息日起至承兑付款日。

信用证出口押汇期限的计算方法为:办理押汇日到预计信用证的收汇日的天数加一定的宽限期。例如,出口押汇受益人在 2007 年 11 月 24 日要求办理押汇,装运日是 11 月 21 日,信用证的付款条件是提单后 30 天,预计信用证的收汇日为 12 月 21 日,则押汇天数为:11 月 24 日至 12 月 21 日的天数(27 天)加上 5~7 天,即为 32~34 天,不超过 34 天。

6)信用证项下出口押汇的特点:

(1)"单后融资"。信用证出口押汇为"单后融资",其融资的时间段为收到信用证并向出口地银行提交信用证规定的单据以后,在收到国外银行支付的货款之前发放的融资。

(2)资金用途没有限制。信用证出口押汇的资金用途没有限制,企业可以将资金用于生产、收购、归还银行的打包贷款或其他贷款,甚至固定资产的投资等。

(3)融资期限较短。信用证出口押汇期限较短,一般不超过 360 天。在大型设备出口项下,由于收款期可长达 3~5 年,因此,信用证出口押汇从理论而言,也可长达 3~5 年,但在实务中,采用分批押汇,期限不超过 1 年的办法。

(4)信用证出口押汇银行有限制。在银行办理出口押汇将会受到限制的情况:信用证不在同一家银行通知、付款(或承兑)和议付;信用证为可撤销(或可转让);信用证已用于抵押(包括打包放款);申请押汇期限超过 90 天;信用证为付款信用证;信用证项下的单据有不符点;信用证的有效地点在国外;信用证交单期离有效期很近;远期信用证已寄出单据;开证银行的信誉不佳以及开证银行的国家政局不稳定、外汇管制较严格、资信等级较低、处于战争多发地、开证银行处于经营危机。

(5)出口信用证押汇有追索权。银行为企业办理出口押汇后,对企业有追索权。在正常情况下,出口押汇的第一还款来源为信用证项下收回款;在企业不能正常从国外收回货款的情况下,企业必须偿还出口押汇的本金及支付利息,或允许银行主动从其账户扣划出口押汇的本金及利息。

2. 出口托收押汇

出口托收押汇(collection bill purchased)是指采用托收结算方式的出口商在提交单据

时要求托收银行以出口商的汇票和货运单据作抵押,预先支付部分或全部货款,待收回汇票款项后再将款项归还托收行的一种资金融通方式。其融资比例、收取利息的方法(预收)、利息计算公式等与信用证出口押汇相同,还款来源正常情况下为托收项下的收汇款,在不能正常收回国外货款的情况下,企业必须偿还押汇本金及利息,或允许银行主动从其账户扣划押汇金额及补收有关费用。出口托收押汇一般是原币入收款人账。

1) 出口托收押汇的类型。出口托收押汇包含两种,即付款交单(D/P)押汇和承兑交单(D/A)押汇。

(1) D/P押汇是指在出口托收付款交单方式下,出口商在委托托收行代向进口商收取款项的同时,以提交的汇票及随附单据作为质押品,向托收行申请的应收货款融资产品,托收行保留对出口商的追索权,待出口托收款项收妥后即将其用于归还银行借款。

(2) D/A押汇是指在出口托收承兑交单方式下,出口商委托银行寄出远期汇票和随附单据向进口商托收,在收到进口商已承兑的远期汇票或代收行发来的承兑电后,由托收行提供应收货款融资,并保留对出口商的追索权,待到期托收款项收妥后,即归还银行借款的融资产品。

2) 出口托收押汇的基本做法。

出口商按合同规定装运后制作一整套符合合同规定的单据,开立以进口商为付款人的汇票到托收行交单,要求托收行续做出口托收押汇。如同意托收行则买入跟单汇票,按照汇票金额扣除自付款日即托收行买入跟单汇票日期到预计收到票款日期的利息和手续费,将约定的款项交给出口商,待收到汇票款项后出口商归还所借的款项。

3) 出口托收押汇与出口信用证押汇的区别。

与出口信用证押汇相比,出口托收押汇的收汇风险较大。两者的根本区别在于后者有开证行的付款保证,属于银行信用;而前者没有银行信用参与,付款与否完全取决于国外付款人的信誉,与托收行、代收行等银行无关,纯属商业信用。正是由于出口押汇的风险大、安全收汇的系数小,除了押汇期限要适当延长外,押汇利率一般也稍高于出口信用证押汇。当实际收汇时间超过押汇期限时,托收银行有权向出口商追收差额押汇利息。当托收款项变为呆账、坏账和长时间不能收回时,托收银行有权向出口商索回垫款及由此产生的利息。押汇的额度为50%~80%,而出口信用证押汇额度最高为90%。

4) 办理出口托收押汇需注意的问题。

(1) 对于出口商而言:第一,了解进口商的资信情况。进口商能否按时付款,对出口方十分重要,其资信状况和履约能力不仅直接关系着货款能否按期正常收回,还关系着出口商是否需要在出口托收押汇到期时另外筹措资金的问题,因而,出口商对进口商的履约能力、资信状况需要较为透彻的了解;第二,选择合适的交单方式。在付款交单方式下,进口商不付款就不能取得代表物权的单据,出口商的收汇风险较小,易取得出口地托收行的押汇;而承兑交单方式,代收行凭进口商对汇票的承兑即可释放代表物权的单据,但对到期进口商是否履行付款之责不承担任何责任,出口商收汇风险大,出口商一般不易从银行取得出口地托收行的押汇;第三,选择代收行。在出口托收业务中,代收行信誉如何,直接关系着出口收款人的收汇安全。在实物中,为了减少收汇风险,相对较容易地从银行取得出口托收押汇项下的融资,如有可能,最好选择出口地银行在国外的分支机构作为代收行。

（2）对于出口地银行而言：① 了解出口商的资信及履约能力。由于跟单托收是基于商业信用的一种结算方式，出口商的履约能力也关系到货款能否正常收回，如出口商有违约行为，则托收的货款很可能遭到拒付或迟付，在这种情况下，出口地银行的还款将受到影响，出口托收押汇的风险性进一步加大。② 了解进口商的资信。进口商信誉的好坏，决定着出口托收能否安全收汇，并直接影响出口地银行的还款来源。因此，出口地银行有必要了解进口商的情况。③ 了解出口商的交单方式及货物的行情。在付款交单条件下，应适当放宽；在承兑交单条件下，应适当从紧。当货物处于旺销时，押汇的条件、额度可适当放宽；当货物处于滞销或新产品处于试销状态时，押汇的条件、额度应适当从紧。

 **知识拓展**

> 办理出口押汇，如遇到开证行或国外客户拒付，或非银行原因造成损失的，银行有权向申请人追问出口押汇款项及由此产生的利息和费用等。

（三）票据贴现

1. 票据贴现的含义

票据贴现即贴现（Discounting），是指出口商发货并取得国外进口商、开证行或其他汇票付款人已承兑汇票后，当地银行有追索权地买进已经承兑的远期汇票的融资方式。[①] 对持票人来说，贴现是将未到期的票据卖给银行获得流动性的行为，这样可提前收回垫支于商业信用的资本，而对银行来说，贴现是与商业信用结合的放款业务。

短期贸易融资项下的贴现业务通常为远期信用证项下的已承兑汇票和跟单托收项下已加具保付签字的远期汇票，即在付款人承兑远期商业汇票的同时，由其账户行在汇票上加上保付签字，对已经承兑汇票的到期付款承担担保责任。

票据贴现业务的基本条件是：已承兑的远期汇票，由持票人向银行提出贴现申请，银行根据本行贴现率扣减贴息和手续费后买下票据，票据到期时收回票款，先偿还垫款，余下的是贴息。由于票据贴现能够使出口商立即取得现款，因此它也是国际贸易融资的一种方式。

2. 票据贴现的特点

（1）流动性强。由于有银行信用的保证，这类票据的可靠性和流通性较强，容易被银行接受。贴现后票据所载权益属于银行，银行背书后可随时转让给其他银行或中央银行要求再贴现。

（2）票据贴现的无因性。在国际贸易中，各国均承认票据是不要因的证券，票据一经开立就具有独立的权利和义务关系。远期票据一经承兑，双方当事人之间的权利和义务完全以票据记载的文义为准，票据的受让人无须调查出票和转让的原因，只要票据记载合格，受让人就能够取得票据所载权益。

（3）付款期限的固定性。债务人对票据上已载明的兑现日期不得要求转期，否则票据

---

① 梁远辉，刘丹.国际结算[M].武汉：华中科技大学出版社，2007：134.

所有关系人的作用将因之而丧失。

(4)贴现利息于垫款前扣除。贴现费用包括承兑费、印花税和贴现息三种,均已在垫款前扣除。

3. 票据贴现的业务程序

目前银行办理出口票据贴现的业务程序如下:① 出口商与出口地银行签订贴现协议;② 出口地银行向进口地银行提交单据;③ 进口地银行向出口地银行承兑票据;④ 出口商向出口地银行申请贴现;⑤ 出口地银行按照贴现利率扣除贴现利息后,支付贴现净额给出口商;⑥ 出口地银行向进口商提示单据;⑦ 进口商到期向进口地银行付款;⑧ 票据到期进口地银行向出口地银行支付全额票款。

4. 票据贴现的种类和做法

(1)商业承兑汇票的贴现。即由出口商签发经进口商签名承兑的汇票。由于此类汇票由主债务人即进口商承兑,依靠的仅是商业信用,故银行一般不接受此类申请。

(2)银行承兑汇票的贴现。由于汇票上已经加具了承兑行的保付签字,因此银行信用介入其中,对已承兑汇票的到期付款承担担保责任,因此贴现行一般予以叙做。

(3)承兑交单托收下以出口信用保险保单作为抵押的贴现。在出口托收承兑交单业务中,出口商投保出口信用保险将保单作抵押要求银行贴现时,银行要求出口商作出与出口托收押汇情况相同的履约担保,以免发生呆账、坏账时索赔落空。

(4)信用证项下议付行的贴现。在进口商同意信用证付款的情况下,出口商如需在向通知行交单前或议付时就得到融资,由出票人(出口商)在汇票被承兑前通过背书将汇票转让给贴现行(议付行),贴现行在保留追索权的条件下,向出口商垫付现金。汇票被议付后,持票人(议付行)将其提示承兑后可随时在市场上转让,或到期向付款人收款;如遭拒绝,持票人可向背书人及承兑人直至出票人索回票款。

5. 贴现利息及贴现额的计算

$$贴息 = 票面金额 \times 贴现率日利率 \times 天数$$

利率的换算:

$$日利率 = 年率 \div 360 = 月利率 \div 30$$
$$贴现额 = 票面金额 - 贴息$$

例如:客户交来某银行已承兑180天到期金额为2 500 000美元远期汇票请求贴现(承兑日即为贴现申请日),贴现率为8%,贴现银行应扣贴现息为2 500 000×8%÷360×180=100 000(美元);客户得贴现款为2 500 000-100 000=2 400 000(美元)。

如果承兑与贴现为同一银行,还需收取承兑费,通常承兑费为1%,该费率加计入贴现率形成综合利率一并扣收,此时

$$承兑贴现息 = 票面金额 \times 综合利率(日利率) \times 天数$$

以上例:承兑贴现行应扣贴息为2 500 000×9%÷360×180=112 500(美元)。

客户的承兑贴现款为2 500 000-112 500=2 387 500(美元)。

6.票据贴现注意事项

(1)银行一般只办理跟单信用证项下银行承兑票据的贴现;

(2)对于政治局势不稳定、外汇管理严、对外付汇困难的国家和地区的银行以及资信不好的银行所承兑的汇票不办理贴现;

(3)对于无贸易背景、用于投资目的的远期承兑票据不予贴现;

(4)各国票据法各有异同,须考虑国别差异;

(5)票据贴现时银行资产。商业银行在经营中要考虑资产的流动性,即变现能力。

 **知识拓展**

> 票据应真实有效,对无贸易背景,用于"投资"、"贷款"、"抵押"等目的的票据不得办理贴现业务。

(四)银行承兑

1.银行承兑的含义

银行承兑是银行在汇票上签署"承兑"字样,使持票人能够在公共市场上转让及贴现票据的行为。银行承兑主要是有贸易背景的汇票,承兑汇票的持有人通常是出口商。因此,银行承兑也是一种贸易融资行为。银行承兑汇票时,不必立即垫付本行资金,而只是将自己的信用借出,增强汇票的流通性或可接受性,使持票人在二级市场上取得短期融资的便利。承兑银行在承兑前一般应对进口商的资信进行审查,并采取相应措施,降低自身风险。

银行承兑汇票具有以下特点:

(1)银行承兑汇票的付款期限,最长不超过6个月;

(2)银行承兑汇票的提示付款期限,自汇票到期日起10天;

(3)银行承兑汇票可以背书转让;

(4)银行承兑汇票的持票人需要资金时,可持未到期的商业承兑汇票向银行申请贴现;

(5)适用于同地或异地结算。

2.申请银行承兑的条件

(1)承兑申请人为经工商行政管理部门核准登记并在业务银行开立存款账户的法人及其他组织;

(2)能提供具有法律效力的购销合同及其增值税发票;

(3)有足够的支付能力,良好的结算记录和结算信誉;

(4)与银行信贷关系良好,无贷款逾期记录;

(5)能提供相应的担保,或按要求存入一定比例的保证金。

3.运用银行承兑的作用

(1)运用银行承兑业务进行贸易融资对企业的积极作用。借助银行信用,通过远期付款承诺,可缓解企业短期内的资金压力和现金支付压力;通过加强对银行承兑业务的研究,

进行合理、适当的操作,能够降低企业的融资成本。

(2) 对企业的不利作用。银行承兑汇票是一种远期付款承诺,对企业会形成远期的集中支付压力,这就需要企业对远期现金流进行预测,合理安排企业远期的资金收支;真实交易背景的政策性要求高,增加了企业的内部操作成本。

四、商业银行对进口商的短期融资

商业银行对进口商的短期融资是银行在国际贸易结算过程中为进口商提供的资金和信用融通。短期进口贸易信用融资主要有开证授信额度、进口押汇、信托收据、担保提货及假远期信用证等。在短期进口贸易融资中,银行更多的是贷出信用。

(一) 开证授信额度

1. 开证授信额度的含义

开证授信额度(limit for issuing letter of credit)是开证行为方便进口开证业务,对于在本行开户且资信好、有清偿能力、业务往来频繁的进口商,在申请开立信用证时根据其提供的质押品和担保情况,而核定的开证额度。进口商在每次申请开证时可获得免收或减收一定的开证保证金。

知识拓展

> 开证授信额度的实质是一种变相的贷款,是开证行为进口商在开立信用证方面提供的一种信用支持。

对外开立信用证后,对开证行来说就形成一笔或有负债,只要出口商提交的单据满足信用证的规定和要求,开证行就要承担第一位的付款责任。由于开证行代进口商承担了有条件的付款责任,因此银行在受理进口方开证申请时,均把开立信用证视为一种授信业务。没有开证额度的进口商申请开立信用证时,开证行通常要收取百分之百的保证金。

2. 开证授信额度的分类及特点

为了控制风险和支持进口商的业务发展,银行把开证授信额度分为普通开证额度、背对背信用证额度和一次性开证额度。

(1) 普通开证额度。普通开证额度是指开证行确定了开证申请人的开证额度后,允许进口商循环使用,而且开证行可依据进口商的资信变化和业务需要随时调整开证额度。在进口业务中,进口商往往是在约定的一段时间内(如1年、半年)与银行订立额度指标,每一笔进口贸易具体申请开证的额度在指标范围之内。

(2) 一次性开证额度。一次性开证额度是指开证行根据进口商的特定需求,为进口商的一个或几个贸易合同核定的不得循环使用的一次性开证额度。一般是进口商成交了一笔大额生意,普通开证额度不够使用或普通额度的大量占用会影响其正常经营,银行可根据其资信状况和质押品情况核定一次性开证额度,供此份合同项下开证使用。

进口商申请开证时,银行除审查其开证额度是否足够外,为维护银行信誉和资金安全,

通常还要重点审查货物的性质及变现能力;货物保险;物权单据的控制等情况。银行如发现申请书中的开证条款对银行和客户利益形成了潜在的威胁,银行有权要求客户加入一些保护性条款或拒绝受理开证申请。

3. 授信额度的确定

授信额度的确定是建立在银行对客户的了解和资信基础上的,银行一般是从以下几方面调查、了解客户情况的。

(1)客户在银行的授信记录。银行对于经常光临本行的客户,一般都要对其每笔业务做必要的授信记录,以确定其信用水准,为将来对其提供授信额度作准备。对于已经提供信用额度的客户也应坚持作好授信记录,并以此来确定是否增加或减少对该企业的信用额度。如果一家企业由于内部原因,不能按期偿还银行贷款,或不注重维护与银行的良好信誉关系,其授信额度就会被银行注销。

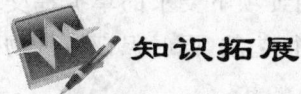 知识拓展

进口开证授信的受理对象通常为在银行开有账户、资信良好、往来业务频繁的客户,而对受理对象的了解就是通过授信记录。

(2)客户的财务状况。财务状况是一家企业能否顺利向前发展,并保证承担对银行履行其债务义务的重要标志之一。财务状况的审查主要是通过财务报表的分析进行的。

(3)客户的管理水平。管理水平的高低是衡量一家企业能否适应激烈的市场竞争,更好地向前发展,进而能够在与银行的交往中确保银行权益的另一标准。

(4)客户在同行中的地位。给予进口开证授信额度的客户是在本地同行业中位居前列且有一定影响的客户。

4. 办理进口开证授信额度的手续

(1)提交相关合规性文件,如公司章程、财务报表等;

(2)提供银行接受的可靠担保、抵押或质押,并办妥有关手续,经银行逐级审批通过后,由客户与银行签妥《进口信用证业务授信协议书》;

(3)办妥有关手续,签订合同后,进口商即可向银行申请使用授信额度开立信用证。

5. 开证授信额度的操作程序

(1)进口商提出申请。需申请开证授信额度的进口商应按银行规定的格式填写授信额度申请书。

(2)银行审查确定授信额度。银行根据进口商的申请书,审查其资信情况、经营情况、内部管理、财务状况以及以往的有关业务记录,确定对该进口商的授信额度总额。

(3)签订授信额度协议书。银行与进口商签订开证授信额度协议书,以确定双方的权利和义务。协议主要内容包括银行开证义务、进口商义务及进口商保证条款。

(4)建立业务档案。协议签订后,进口商可使用开证授信额度;银行应对进口商建立业务档案,根据协议规定的总额度,对进口商的开证金额实行余额控制。

（5）增减授信额度总数。银行根据进口商的资信、经营情况和实际需要调整授信额度。

（二）进口押汇

1. 进口押汇的含义

进口押汇（inward bill receivables）是指信用证开证行在收到出口商或其银行寄来的单据后先行付款，待进口商得到单据，凭单提货并销售后收回货款的融资活动。进口商通过信用保证文件的开立，可以延长付款期限，不必在出口商发货之前支付货款，即使在出口商发货后，也要等到单据到达自己手中才履行付款义务。这样，进口商减少了资金占用的时间。同时，出口商愿意接受这种延长付款期限，是以开证行保证到期付款为条件的。

2. 进口押汇的类型

进口押汇分进口信用押汇和进口代收押汇两种：

（1）进口信用押汇。进口信用证押汇是指信用证受益人将信用证项下要求的单据提交开证行并经审核后，开证申请人将该全套单据质押给银行以取得银行垫款，同时保证以货物的销售收入归还银行垫款的融资方式。

（2）进口代收押汇。进口代收押汇是指进口代收银行在收到出口商通过其银行提交的托收项下的单据，经银行审核通过后，申请人将全套单据质押给银行以取得银行借款，并保证以货物的销售收入归还银行借款的融资方式。

3. 进口押汇的功能和特点

在信用证支付方式下，开证行收到符合信用证的单据后，本应立即向受益人付款或向指定银行偿付，此后由进口商付款赎单提货，完成信用证交易。但有时由于进口商资金困难，无法向开证行付款赎单，开证行即以信用证项下的单据为抵押，并要求进口商提供一定的抵押或担保，由开证银行先行代其付款，一定时期后，进口商再付款赎单。

进口押汇业务特点有以下方面：

（1）专款专用，仅用于履行押汇信用证项下的对外付款；

（2）进口押汇是短期融资，期限一般不超过90天，90天以内的远期信用证，其押汇期限与远期期限相加一般不得超过90天；

（3）进口押汇利率按银行当期流动资金贷款利率计收；

（4）押汇百分比、押汇期限等由银行按实际情况决定；

（5）利息收取采用"后收利息法"；

（6）押汇货币为信用证的货币；

（7）进口押汇须逐笔申请，逐笔使用。

开证行计算押汇利息的公式是：

$$押汇利息＝本金×融资年利率×押汇天数÷360$$

押汇天数的计算比较简单，视进口商筹措资金的时间而定，但一般不超过90天。

4. 进口押汇操作要求

（1）银行与进口商签订进口押汇合约书，对进口商单笔进口押汇的金额不超过该进口

商授信额度的 50％，押汇期限不超过 90 天；

（2）银行只办理信用证项下的进口押汇业务，并考虑进口商品的国际国内行情、信用证条款的合规性等方面因素，进口押汇须逐笔申请、逐笔使用；

（3）进口商归还进口押汇融资本息后即恢复相应的信托收据额度或开证额度。

5．进口押汇业务流程

（1）进口商向开证行提出进口押汇申请；

（2）开证行审核押汇条件；

（3）进口商同银行签妥《进口押汇总质押书》；

（4）进口商提交信托收据；

（5）开证行押汇并对外付款，进口商提货；

（6）押汇到期，进口商依据押汇合同的规定，将押汇本息归还银行，赎回信托收据；

（7）逾期押汇款项，银行保留追索权。

（三）信托收据

1．信托收据的含义

信托收据（trust receipt，简称 T/R）是指进口商在付款之前向银行借取商业单据时开立的、以银行为信托人、以自己为委托人的一种具有保证性质的书面收据，它是表明进口商以银行受托人身份代为提货、报关、存仓、保险、出售，货物所有权及所得销售收益均归银行所有，并保证到期付款的书面保证文件。

进口商出具信托收据的目的是有尚未付款时先向代收行借出单据并提货，这实际上是进口商向银行融资的一种方式，但并不是所有进口商都通过出具信托收据等到融资。代收行负有保管好单据的责任，如果代收行借出了单据，付款人也因此提了货，那么代收行在到期日就必须向委托人（出口商）付款，除非是出口商主动授权代收行通过信托收据放单。因此，代收行为了控制风险，一般只是在付款人信誉较好时才会借出单据。

信托收据主要用于远期付款交单的托收业务中，当货物、单据到达目的地，而付款期限还未到时，进口商为尽早提货而向代收行借出单据而出具的书面凭证。信托收据中一般记载有以下几方面的内容：

第一，在进口商付款赎回信托收据之前，单据和货物的所有权属于代收行。

第二，进口商只能以货主（出口商或代收行）的名义提货，将货物存入仓库。如果出售货物，所得货款应存入代收行，以便汇票到期支付货款。

第三，如果代收行因借出单据而受到损失，进口商应负责赔偿。

第四，代收行可随时取消信托收据，收回单据及货物。

因此，信托收据具有借据和保证书的双重性质。信托收据不仅适用于跟单托收，也可用于信用证结算方式。

信托收据的基本功能在于为进口商提供融资的便利，并为银行债权提供一种保护机制。信托收据是基于进口商不能及时偿还其对出口商的款项，而由银行预先支付出口商的款项。银行为了保护其债权，要求限制进口商对货物处分的权利，并尤其强调处分货物的收益应优先用于偿还银行的款项。正因为如此，银行通常还在信托收据中约定有关货物出售后，货款

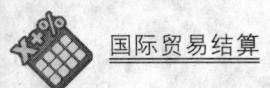

应付至银行指定的账户。

2. 信托收据下的权利和义务

若开证行或代收行接受了进口商的请求,双方之间订立了信托收据合同,则开证行或代收行即成为信托人,其权利是:

(1) 根据进口商的实际情况,可以随时取消信托,收回借出的货物;

(2) 若货物已被销售,可以随时收回货款;

(3) 若进口商破产被清算,开证行或代收行对货物或货款拥有一定的优先受偿权,但不同国家对此有不同规定。

进口商作为委托人,其权利和义务是:

(1) 须将信托收据项下的货物和自有货物分别存仓、投保,其物权属于开证行或代收行,货物一旦出险,保险所得赔偿也归开证行或代收行所有;

(2) 货物销售后,所得货款归开证行或代收行所有。若远期付款交单尚未到期,该款由开证行或代收行保管或另立账户,与进口商的自有资金分别记账,进口商也可提前付款,赎回信托收据,利息按借单的实际天数计算,或由开证行或代收行协商解决;

(3) 不能将信托收据项下的货物抵押给他人。为了防止进口商擅自将货物抵押给别人,开证行或代收行在借出单据时,应在提单上加注"Under Lien to ××× Bank"的字样,以表明开证行或代收行对该货物拥有留置权,并有权随时监管与查看。

3. 信托收据申请的条件

(1) 进口商资信状况良好;

(2) 单据须属于开证行开出的信用证项下才可以办理信托收据;

(3) 信托收据须指明进口商作为银行的受托人代银行保管有关货物。

4. 信托收据的业务流程

(1) 客户如办理进口押汇业务,必须签具信托收据,该收据须指明客户作为银行的信托人代理银行保管有关单据和货物;

(2) 信托收据业务须逐笔申请、逐笔使用,适用于在银行享有授信额度的客户索开的信用证项下来单;

(3) 办理信托收据要核定已占用风险额度,若信托收据额度包含在开证额度内,则不得恢复开证额度。

(四) 提货担保

1. 提货担保的含义

提货担保(delivery against bank guarantee)是指进口商开出信用证后,有时因航程过短,货比单据先到,为了能及时提货免付高额滞仓费,客户可要求银行为其开出提货担保书,交承运人先行提货,待正本提单收到后向承运人换回提货担保书的一种担保业务。客户只需保证日后及时补交正本提单,并负责缴付船公司的各项应收费用及赔偿由此而可能遭受的损失,即可由银行单独或与客户共同向船公司出具书面担保,请其凭以先行放货。

2. 提货担保的特点

（1）提货担保可使进口商及时提货，避免压仓，防止不必要的经济损失；

（2）一旦办理了担保提货手续，无论后到的单据是否有不符点，公司客户均不能提出拒付或拒绝承兑；

（3）提货担保限于银行开立的信用证项下的进口货物，并须逐笔审核。

3. 提货担保的申请条件

（1）企业应具备进出口业务经营权，且资信较好；

（2）在办理提货担保前，开证申请人须以书面形式承诺，无论单据是否存在不符点，均同意对外付款或承兑；

（3）办理提货担保项下的信用证须由办理银行开出。

4. 提货担保的业务流程

（1）开证申请人（进口商）向银行（开证行）提出办理提货担保业务的申请，并填写《提货担保申请书》；

（2）开证申请人向银行提供近期财务报表、提单复印件等材料，必要时提供保证金等担保措施；

（3）办妥上述事宜后，银行向签发提单的承运人或其代理人出具提货担保书；

（4）担保提货后，一旦收到所需单据时，立即凭正本提单到提货所在地将银行担保书换回并退还银行。

5. 提货担保业务应注意的事项

（1）办理提货担保的基本前提是：① 以信用证为结算方式；② 运输方式为海运；③ 信用证要求提交全套海运提单。

（2）应向开证行申请办理提货担保。

（3）需在出具提货担保的核定有授信额度或单笔授信。

（4）开证申请人办理提货担保时需要向银行提交下列材料：① 提货担保申请书；② 与进口商签订的信托收据；③ 提供与本次提货担保申请有关的副本发票、副本提单等。

（5）需向出具提货担保的银行承诺，当单据到达后，无论有无不符点，均不提出拒付货款或拒绝承兑。

（6）正本提单到达后，应及时从船公司处用正本提单换回提货担保，并交还出具该提货担保的银行予以注销。

6. 提货担保对进口商的意义

提货担保可以减少货物滞留码头的仓储费，避免因为市场行情变化或货物品质变化遭受损失。但是提货担保也需要一定的成本，进口商往往需先到码头查看到货情况，在确实需要时才办理提货担保。此外，提货担保一般多用于信用证项下的货物，如果在跟单托收项下进口商需要办理提货担保，则必须提交有关的交易单据，以便银行审查货物的归属和真实价值。通常情况下银行仅对资信良好的贸易商提供跟单托收项下的提货担保。因此，进口商在申请提货担保时需要充分考虑相应的融资条件。

（五）假远期信用证

1. 假远期信用证的含义

如前所述,假远期信用证是指信用证项下远期汇票按即期付款办理的信用证。它是相对于卖方远期信用证而言的。这是出口方银行（议付行）通过开证行向开证申请人（进口商）提供短期融资的一种方式。

采用假远期信用证作为支付方式,对进口商来讲,可获得由银行提供周转资金的便利,但须支付利息;对出口商来讲,可即期获得汇票的票款,但亦承担汇票到期前被追索的风险。

2. 假远期信用证的功能性条款

（1）远期汇票按即期议付,由开证行贴现,贴现及承兑费由进口商承担;

（2）远期汇票按即期议付,利息由买方承担;

（3）授权议付银行议付远期汇票,依票额即期付款;

（4）本信用证项下开立的远期汇票可按即期议付。

3. 假远期信用证融资的程序

（1）进出口双方银行签订由出口方银行以假远期信用证形式向进口商融资的协议。

（2）出口方银行根据协议开立专门账户。

（3）进口商申请开立远期付款、银行承兑信用证。

进口方银行（开证行）开立信用证时应注明：① 本信用证项下汇票付款日为见票后××天(以便开证行承兑);② 本信用证项下远期汇票付款按即期付款办理(出口方银行即期付款给受益人或出口商);③ 本信用证限制在××银行(提供融资的出口方银行)议付。

（4）出口商交单申请议付。

（5）开证行承兑汇票并授权出口方银行由专户内支付货款给出口商。

（6）开证行凭信托收据向进口商放单。

（7）进口商于到期日还款。

知识拓展

假远期信用证存在信用证与合同付款期限不符,信用证是远期付款,但合同是即期付款,对于条款不符的信用证,受益人通常不会接受,收益人接受假远期信用证是为了给进口商从银行融资提供方便。

4. 假远期信用证的意义

（1）对进口商的影响。假远期信用证使进口商得到了出口方银行的融资。不过它应支付从出口方银行支款日（议付日）起至汇票到期日期间的利息给出口方银行,并承担有关费用。

（2）对出口商的影响。可即期获得汇票的票款,但亦承担汇票到期前被追索的风险。

（3）对进口方银行的影响。进口方银行承兑汇票后,必须到期付款,并且对出口方银行

没有追索权。

（4）对出口方银行的影响。① 可以获得利息收入。出口方银行可收取贷款日（议付日）至汇票到期日（开征行偿还日）间的利息。② 可以带来出口结算业务。因为假远期信用证项下的议付银行必须是提供融资的出口银行。③ 实际占用资金少。出口方银行对收益人付款后，可以将进口方银行承兑的远期汇票进行贴现，用所得票款冲抵垫付款项。

第三节　国际贸易中长期融资

一、国际贸易中长期融资的概念

国际贸易中长期融资是指银行提供期限在 1～5 年或 5 年以上的进出口贸易贷款，所以又叫国际贸易中长期信贷。它可以分为一般商业贷款和特殊贸易信贷。前者是指由商业银行向外贸企业提供的本币或外币贷款，旨在帮助企业解决资金短缺问题。而后者是指为了促进资本货物，如大型机电产品、成套设备、高新技术产品的出口，本国银行向其出口商、外贸企业或进口国的银行、政府机构或企业发放的贷款。国际贸易中长期信贷根据其贷款来源的不同可分为出口信贷、国际金融组织贷款和国际商业银行贷款三大类。由于出口信贷在其中占据主要地位，所以人们有时也把国际贸易中长期信贷简称为出口信贷。

二、国际贸易中长期融资的特点

与国际贸易短期融资相比，国际贸易中长期信贷不仅向进出口商提供融资，而且还是各国争夺销售市场的重要手段。国际贸易中长期信贷这一性质在其以下特点中得到充分反映。

（一）国际贸易中长期信贷的利率，一般低于相同条件资金贷放的市场利率，利差由国家补贴

大型机械设备制造业在西方国家的经济中占有重要地位，其产品价值高，交易金额大。在垄断资本已占领了国内销售市场的情况下，加强这些资本货物的出口，对西方国家的生产与就业影响甚大。为了加强本国机械设备的竞争能力，削弱竞争对手，主要发达国家的银行，竞相以低于市场的利率对外国进口商或本国出口商提供中长期贷款，给予信贷支持，以扩大本国资本货物的国外销路。银行提供低利率贷款与市场利率的差额则由国家财政补贴。

（二）国际贸易中长期信贷的发放与信贷保险结合

中长期国际贸易信贷由于偿还期限长、金额大，发放贷款的银行存在着较大的风险，为了减缓出口国家银行发放中长期信贷的后顾之忧，保证其贷款资金的安全，发达国家一般都设有国家信贷保险机构，对银行发放的中长期贷款给予保险或担保。如发生贷款不能收回的情况，信贷保险机构利用国家资金给予赔偿。在发达国家，对外贸易中长期信贷一般都与国家的信贷担保相结合，从而加强本国出口商在国外市场的竞争能力，促进资本货物的出口。

（三）国家成立专门发放出口信贷的机构,制定政策法规,管理与分配国际信贷资金,特别是中长期信贷资金

发达国家提供的对外贸易中长期信贷,直接由商业银行发放,如因金额巨大、商业银行资金不足时,则由国家专设的出口信贷机构予以支持。如英国曾规定商业银行提供的出口信贷资金超过其存款18％时,超过部分则由英国的出口信贷保证局予以支持。美国发放中长期对外贸易信贷的习惯做法常由商业银行与进出口银行共同负担。有的国家对一定类型的对外贸易中长期信贷,直接由出口信贷机构承担发放的责任。由国家专门设置的出口信贷机构,利用国际资金支持对外贸易中长期信贷,可弥补私人商业银行资金的不足,改善本国的出口信贷条件,加强本国出口商夺取国外销售市场的力量。这些出口信贷机构在经营出口信贷保险的同时,还根据国际商品市场与金融市场的变化,经常调整本国的出口信贷政策,以迎接其他竞争对手的挑战。

三、出口信贷

(一) 出口信贷的概念和特点

1. 出口信贷的概念

出口信贷(export credit)是指一国政府为支持和扩大本国资本货物,如大型机电产品、成套设备、高新技术产品出口,提高产品国际竞争力,对出口产品给予利息补贴、提供出口信用保险及信贷担保,鼓励本国的银行或非银行金融机构对本国的出口商或外国的进口商(或其银行)提供利率较低的贷款,以解决本国出口商资金周转的困难,或满足国外进口商对本国出口商支付货款需要的一种国际信贷方式。

 **知识拓展**

> 出口信贷与资本性货物相联系,出口信贷只限于购买贷款国的出口商品。

第二次世界大战后,在机械和成套设备贸易中,出口商所在国的银行或金融机构根据项目的性质、进口商的资信情况以及当时国际金融市场的具体情况,直接向出口商、进口商或进口商所在国银行提供上述各种形式的出口信贷,以扩大本国的设备出口。在各种出口信贷形式中,使用较为广泛的当推买方信贷,其中,出口商所在国银行直接将款项贷给进口商所在国银行的这一买方信贷形式,使用尤为集中。

2. 出口信贷的特点

出口信贷是一种对外贸易中长期信贷,和其他贸易信贷相比具有以下特点:

(1) 投资周期较长,风险较大。短期贸易信贷,一般说来,其投资周期为1年或1年以内,资金周转较快,因而投资风险也较小。而出口信贷一般在1～5年,甚至有的长达30年以上,投资周期长,周转慢,相应投资风险也较大。

(2) 出口信贷所支持的一般是大型设备的出口。短期贸易信贷的投资对象是一般的制

成品、中间产品或原材料,并兼顾出口与进口需要;出口信贷的用途一般受到严格的限制,要求用于购买贷款国生产的大型设备或技术的贸易,交易额度较大,其投资的重点是急"出口"之所需,为本国产品(主要是成套设备)与技术的出口提供直接或间接的服务。

(3) 出口信贷贷款金额大、利率较低。大型机械设备具有产品价值高、交易金额大的特点,因此与之相适应的出口信贷一般都有最低起点限额,而没有最高限额。在垄断资本已占领国内销售市场的情况下,加强这些资本性货物的出口,对一个国家的生产与就业影响甚大。为了加强本国机械设备的竞争能力,削弱竞争对手,出口国的有关银行向本国出口商或国外进口商提供低于国际金融市场利率的中长期贷款,其利差由出口国政府补贴,用于信贷支持,以扩大该国资本货物的国外销路。

(4) 出口信贷常与出口信用保险结合使用。进出口商所在国的政治、经济环境不同,贸易环境复杂多变,在交易中存在着诸如拒付风险、国家风险、外汇风险、利率风险等多种潜在风险,再加上融资金额大、期限长,放贷银行面临的风险会更高,出于营利目的的私人保险公司往往不愿意为这种信贷提供担保,商业银行也就不愿意提供信贷。于是发达国家一般都设有国家信贷保险机构,以弥补私人保险市场的不足,为贷款银行和出口商承担国家风险和商业风险。这种方式实际上是利用国家力量来增强本国出口商品的国际竞争力,促进资本货物的出口。它带有明显的国家资助的性质和强大的政府背景。

(5) 出口信贷是政府干预经济生活的重要手段。为了支持出口,许多国家都积极地制定政策,参与信贷资金,特别是中长期信贷资金的管理与分配。这样,政府不仅是信贷政策的制定者,还是信贷成本的干预人,政府在出口信贷业务中起决定性作用。由国家设置的专门出口信贷机构,利用国家资金支持对外贸易中长期信贷,以弥补商业银行资金的不足,改善本国的出口信贷条件,加强本国出口商夺取国外销售市场的力量。这些出口信贷机构在经营出口信贷保险时,还根据国际商品市场与金融市场的变化,经常调整本国的出口信贷政策,促进本国资本货物的出口。

(二) 出口信贷的主要形式

1. 出口卖方信贷

1) 出口卖方信贷的概念及作用。

出口卖方信贷是指出口商所在国的银行为了支持出口商在出口贸易中以延期付款的方式出口大型设备等而向出口商提供的中长期优惠信贷。

出口卖方信贷的作用为:出口商把货物装船后,凭出口单证向其往来银行取得装船后贷款,从而补偿出口商的周转资金,而银行则代替出口商按期向国外买主收取货款(一次或分数次收清)。

2) 出口卖方信贷的特点。

出口卖方信贷除具备出口信贷的所有特点以外,还有以下特点:

(1) 贷款对象为国内出口商或外贸企业;

(2) 贷款货币以本币为主。如果在生产出口商品的过程中,需进口部分零部件或配套辅件,也可以申请一定比例的外币贷款;

(3) 贷款利率采用国家财政批准的优惠贷款利率,同市场的差额部分由国家财政补贴;

(4) 贷款专款用于出口商品的生产、采购、仓储,以及部分零部件产品的进口;

(5) 同买方信贷相比,贷款人面临的融资风险单一。由于借贷双方同在一个国家,所处政治、经济环境相同,因此,无国家风险,主要面临借款人的信用风险,即借款人经营不善,导致企业财务状况恶化,无力偿还贷款。为规避风险,贷款人通常需要借款人提供合格的第三方信用担保或抵押担保,或以借款人自有财产抵押自保。

3) 出口卖方信贷的操作流程。出口卖方信贷的操作流程如下:

(1) 出口商与进口商签订出口大型或成套资本类商品延期付款的贸易合同。贸易合同签订后,一般要求进口商先预付 15%~20% 的现汇订金,在分批交货验收和保证期满时,进口商再分期支付 10%~15% 的货款,其余 70%~80% 的款项在全部交货后若干年内分期偿还(一般每半年还款一次),并支付延期付款期间的利息。

(2) 出口商投保出口中长期延期付款收汇险,在征得保险公司的同意后将延期付款收汇险的保险单背书转让给贷款银行,如果发生损失,贷款银行将得到保单上 80%~90% 的赔付,其余 10%~20% 的风险将由出口商承担。

(3) 出口商与出口国银行签订出口卖方信贷协议。出口商签订的法律文件有:与进口商的贸易合同;与保险机构的保险合同和与银行签订的卖方信贷协议。出口卖方信贷协议与出口贸易合同必须协调一致,出口贸易合同中规定的订金比例、延期付款的次数、每次延付的金额以及最长延付期,在出口卖方信贷协议中将以订金要求、付款方式、付款期限等条款表示。同时,在协议中,出口商将同意把合同项下的远期收汇权益抵押给贷款银行。

(4) 进口商偿还货款。进口商依据合同,向出口商支付以本票或汇票形式存在的货款,并同时支付延期付款的利息。

(5) 出口商偿还贷款。出口商得到进口商偿付货款后,再用于偿还从银行取得的贷款。

出口信贷使出口商获得了资金融通,因而可以向进口商提供延期付款的优惠条件,这样既解决了进口商支付货款的困难,又在一定程度上扩大了本国产品的出口,增强了本国出口产品在国际市场上的竞争力。但出口商需要支付信贷利息、保险费、承担费、管理费等。这些费用都加到出口产品的货价之中,故延期付款的货价一般高于以现汇支付的货价,有时高出 3%~4%,甚至高出 8%~10%。

**知识拓展**

> 出口商所在地银行向出口商发放卖方信贷,有时还要求与出口商有关的企业对出口商按期偿还贷款进行担保,与银行签订担保合同。

4) 出口卖方信贷的类型。出口卖方信贷的类型主要有以下几种:

(1) 出口卖方信贷项目贷款。出口卖方信贷项目贷款是由银行向出口商发放的,用于支持成套设备、船舶、飞机、通讯卫星及上述产品的零部件和其他大宗机电产品、高新技术产品出口的政策性专项贷款,项目贷款期限一般不超过 3 年。

(2) 中短期额度贷款。出口卖方信贷中短期融资贷款是由银行向出口商发放的,用于

支持单笔出口合同金额小、合同年批次多、合同执行期短、累计出口量大等特点的机电产品和高新技术产品出口的政策性专项贷款,短期额度贷款不超过 3 年。

(3) 对外承包工程贷款。对外承包工程贷款是由银行向国内承包商发放的,用于支持本国企业以带动和扩大国内设备、技术、原材料及零配件出口在境外承建承包工程项目的政策性专项贷款。

(4) 境外加工贸易贷款。境外加工贸易贷款是银行为支持本国企业以现有设备及成熟技术投资,在境外进行加工装配,以带动和扩大国内设备、技术、原材料及零配件出口,向国内企业发放的政策性专项贷款,主要用于境外加工贸易所需设备、技术、设备安装以及购买原材料、零部件和支付生产经营费用等。

(5) 境外投资贷款。境外投资贷款是银行向本国投资人发放的,用于支持本国企业以带动和扩大国内设备、技术、建筑安装、原材料及零配件出口在境外投资建厂的政策性专项贷款。

2. 出口买方信贷

1) 出口买方信贷的概念及其应遵循的原则。

出口买方信贷是一国银行或金融机构向进口商或进口商的银行提供贷款,以便进口商能用这笔贷款通过支付现汇的方式从贷款国进口商品的贸易融资业务。和出口卖方信贷一样,出口买方信贷的目的仍然在于提高本国产品的竞争力,扩大产品出口。随着出口信贷的发展,出口买方信贷,特别是出口国银行将款项贷给进口商银行的买方信贷形式,逐渐成为了各种出口信贷形式中使用较广的方式。

在出口买方信贷中,一般应遵循的原则:

(1) 信贷利率低于市场资金利率;

(2) 进口商利用买方信贷,仅限于从提供买方信贷的国家进口资本货物,不得以贷款进口原材料和消费品,也不得用于第三国;

(3) 提供买方信贷的国家出口的资本货物仅限于该国制造,若该项货物由多国零部件组装,本国零部件应占 50% 以上;

(4) 贷款只提供贸易合同总价的 85%,船舶为 80%,其余 15% 或 20% 要付现汇。贸易合同签订或生效至少要先付 5% 的定金,一般付足 15% 或 20% 的现汇后才能使用贷款;

(5) 信贷起始日指偿还贷款的起始日,正式还款日期在信贷起始日后的 6 个月开始。信贷起始日的确定,视出口信贷标的物的不同而不同;

(6) 本金偿还应按等期还款方式,每隔 6 个月(或不足 6 个月)偿还一次,每次偿还金额均等,第一次偿还本金不得迟于信贷起始日后的 6 个月;

(7) 利息支付的间隔时间不能超过 6 个月,首次利息支付不得迟于信贷起始日后 6 个月,偿还期内利息不得资本化,即不得将利息打入本金。

2) 出口买方信贷的特点。出口买方信贷是出口信贷的另一种形式,它具有以下特点:

(1) 贷款对象为进口国的银行、政府、进口商;

(2) 贷款货币以外币为主;

(3) 贷款利率分固定利率和浮动利率两种。前者执行国际经济合作与发展组织每月公

布的商业参考利率。该利率一经确定,在整个贷款期限内不变;后者由贷款银行或出口信贷机构在 LIBOR 的基础上,加自身的筹资资本两部分组成;

(4) 贷款专款用于支付进口商购买出口国资本货物的货款,而不能用于支付购买原材料、消费品等的费用;

(5) 通常情况下,买方信贷均需要投保出口信用险,以便在发生风险时获得全额的本息赔偿,确保银行信贷资金的安全;

(6) 在买方信贷项下融资的商务合同名义上是即期付款,但实际上却给进口商以延期付款的便利。因为它是利用银行的信贷资金实现了即期支付货款,待债务到期后再偿还货款。

3) 出口买方信贷的操作流程。

出口买方信贷有两种形式:一种是直接贷款给进口商,一种是直接贷款给进口方银行。

(1) 直接贷款给外国进口商的业务程序:① 进出口双方达成协议,签订贸易合同,进口商先缴付相当于货款 15% 的现汇定金。② 进出口双方的贸易合同,经出口商所在地银行审查同意后,由出口方银行与进口商签订贷款协议。③ 出口商所在地银行向进口商提供贷款,一般要求由进口商的有关银行提供还款担保。④ 出口商所在地银行为防范贷款发放所遇的风险,根据国际惯例要求出口商为其贷款投保出口信用风险。出口商与保险公司签订保险协议,支付保费;保险公司与贷款银行签订担保协议,贷款银行作为保险赔付的受益人。⑤ 进口商以其从出口方银行借得的款项,以现汇形式,通过账户划拨,向出口商支付货款。⑥ 进口商按贷款协议的条件,一次或分期向出口方银行偿还贷款。

(2) 贷款给进口地银行的业务程序:① 进出口双方达成协议,签订贸易合同;② 出口商购买出口买方信用保险,受益人为贷款银行;③ 进口方银行与出口方银行签订贷款协议;④ 贸易合同、保险协议和贷款协议生效后,进口商在合同生效日向出口商支付合同总价 15%~20% 的现汇定金,也可以在合同签订后的 60 天内或 90 天内支付定金;⑤ 进口方银行以其获得的贷款,转贷给进口商;⑥ 进口商以其从本国银行获得的转贷的款项,以现汇形式,通过账户划拨,向出口商支付货款;⑦ 进口方银行按贷款协议的条件,一次或分期向出口方银行偿还贷款;⑧ 进口商与进口方银行之间的债务按照双方协定的办法在其国内清偿结算。

 知识拓展

> 贷款给进口方银行的买方信贷比贷给进口商的买方信贷用得多,因为它对进口商、出口商、进口商银行、出口商银行均有益处。

4) 买方信贷的贷款条件。

(1) 买方信贷使用的货币。各国买方信贷所使用的货币不尽相同,大致有四种:第一,出口国货币;第二,出口国货币与美元共用,如英国和加拿大等国常采取这种做法;第三,单独使用美元,美国、意大利和挪威通常采取这种做法;第四,使用美元,但也可以用本国货币转贷款,如瑞典采取这种做法。

（2）申请买方信贷的起点。该起点即利用买方信贷所必须购买资本货物的最低价额，低于此额度不能使用买方信贷的贷款。

（3）买方信贷的利率和计息方法。买方信贷的利率虽一般低于市场利率，但各国贸易条件的不同，也使得买方信贷业务中的利率和计息方法有所区别。第一类型是OECD（经济合作与发展组织，简称经合组织）类型。经合组织的国家为避免相互之间的过度竞争，达成了一个"君子协定"。该协定将接受贷款的国家分成低收入国家、中等收入国家、富有国家三个等次，依还款期不同，对不同国家规定不同的利率，并视市场利率情况每半年调整一次。第二类型是LIBOR（伦敦商业银行同业拆放利率）类型。此利率略高于OECD利率。第三种类型是加拿大类型。由加拿大政府自定，一般介于OECD和LIBOR之间。第四种类型是美国类型，美国发放的买方信贷的资金来源于国家进出口银行和商业银行，前者的利率较低，后者按美国市场利息收取。[①]

（4）贷款的使用期和还款期。买方信贷的使用期有两种解释：一种是指总协议中规定的申请具体贷款项目的办理期限；另一种是指每项具体贷款项目中规定的该项贷款的提取期限。而还款期是指每项具体贷款项目中规定的该项贷款的偿还期限。在还款期内一般是每半年还本付息一次。对还款期的起始日期的规定，依具体交易性质的不同而有所不同。

5）出口卖方信贷与出口买方信贷的比较。出口卖方信贷与出口买方信贷是出口信贷的两种不同形式，都是为了解决出口商由于进口商不能立即付款而造成的资金短缺问题，从而达到鼓励出口的目的。但由于涉及不同的借款人，所以除了在具体程序上的差异外，在融资风险、货币种类等方面也有所不同。

（1）对合同金额的要求不同。申请卖方信贷通常比申请买方信贷所要求的最低合同金额低。例如，中国银行要求申请卖方信贷的最低合同金额为50万美元，申请买方信贷的最低合同金额为100万美元。

（2）贷款币种不同。出口卖方信贷的币种一般以本币为主，出口买方信贷的币种通常以国际上可自由兑换的货币为主。

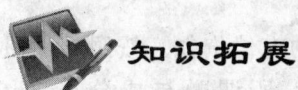 知识拓展

> 在中国进出口银行的出口信贷业务中，出口卖方信贷的币种主要是人民币，而出口买方信贷则以美元为主要币种。

（3）出口信用保险不同。在出口信贷业务中，一般都要求出口商投保出口信用险，但出口卖方信贷和出口买方信贷所能投保赔付的最高限额是不一样的。出口卖方信贷项下的投保赔付最高为90%，余下10%的风险由出口商自己承担。而出口买方信贷项下的投保赔付最高限额为100%，也就是说，只要在出口买方信贷保险范围内的风险，银行可以获得100%的赔偿。

① 王仁祥，胡国军.国际金融学[M].武汉：武汉理工大学出版社，2005：396.

（4）出口商承担的风险不同。在出口买方信贷中，由于是国外进口商或进口方银行借款购买出口商的货物，对于出口商而言，出口是即期收汇，因此出口商既不承担收汇风险，也无须承担利率风险和汇率风险。在出口卖方信贷中，出口商虽然可以通过投保出口信用险来规避风险，但总体而言，其风险相对较大。

（5）出口商的资产负债情况不同。在使用出口卖方信贷时，由于出口商需要直接借款、远期收汇，因此，在出口商的资产负债表上会反映出相应的负债和应收账款，这不利于出口商的形象和以后的筹资。在出口买方信贷下，出口商既不需要自己直接借款，又可以即期收汇，这样就不会出现上述情况。

3. 政府贷款

政府贷款也称外国政府贷款或双边政府贷款，是指一国政府利用自己的财政资金向另一国政府提供的具有经济援助性质的、期限较长、利率较低的优惠性贷款。政府贷款多数是政府之间的具有官方双边经济援助性质的贷款，只有少数是多边援助性贷款，通常以两国政府政治经济关系良好为基础，是国家资本输出的一种重要形式。

双边政府贷款有一定的优惠性，一般分为以下四种情况：

第一种为"软贷款"，也就是政府财政性贷款，一般无息或利率较低，还款期较长，并有较长的宽限期；

第二种为混合性贷款，由政府财政性贷款和一般商业性贷款混合组成，比一般商业性贷款优惠；

第三种由一定比例的赠款和出口信贷混合组成；

第四种为政府"软贷款"和出口信贷混合性贷款，称为"政府混合贷款"。一般"软贷款"占 30%～50%，关于出口信贷的条件，凡是经济合作与发展组织[①]（OECD）的成员，必须采用该组织的所谓 OECD 条件（目前利率为 7.359 6%，偿还期 10 年，宽限期视项目建设期而定），有的还要收取一定的承诺费、手续费和担保费。贷款通常以外币形式支付，涉及使用贷款国的货币购买贷款国的设备时，直接以设备体现，借款者实际上见不到货币。[②]

1）政府贷款的性质。

政府贷款是具有官方双边经济援助性质的含有一定赠与成分的有偿贷款。按照国际惯例，优惠性贷款必须含有 25%、30% 或 35% 以上的赠与成分。所谓赠与成分（grant element，简称 GE）是根据贷款的利率、偿还期限、每年的偿还次数、宽限期和综合贴现率等数据，计算出衡量贷款优惠程度的综合性指标，即按贷款面值的赠与因素所占百分比计算。

国际通用的计算赠与成分百分比的公式为：

$$GE = 100 \times \left(1 - \frac{R/A}{D}\right)\left[1 - \frac{1/(1+D)AG - [1/(1+D)AM]}{D(AM-AG)}\right]$$

式中　GE——赠与成分；

① 经济合作与发展组织，为政府间的国际组织，简称经合组织，1961 年 9 月 30 日成立，目前有包括美国、日本、欧元区国家在内的 30 个国家，总部设在巴黎。
② 宋浩平. 国际信贷[M]. 北京：首都经济贸易大学出版社，2006：209.

　　　　　A——每年偿付次数；

　　　　　M——偿还期；

　　　　　R——年利率；

　　　　　D——每期贴现率，一般按综合年率10％计算；

　　　　　G——宽限期，这里将其定义为从允许开始提款到开始还款期间的间隔年数（这是一种把使用期也包括在内的宽限概念）。

　　按此公式计算，如无息贷款宽限期为10年，偿还期30年，每半年还款一次，其赠与成分是82.65％；年利率3％的贷款，宽限期5年，偿还期20年，每半年还款一次，其赠与成分是46.25％；年利率5％，宽限期5年半，偿还期10年，每半年还款一次，该项贷款的赠与成分为25.26％。上述政府贷款的赠与成分均超过25％，所以都属于具有国际经济援助性质的优惠贷款。

　　2）政府贷款的附加条件：

　　（1）接受政府贷款的项目单位必须以政府的名义接受，即需要经过双方国家的政府照会，并通过法定的批准程序并辅之以一系列的外交函件。

　　（2）贷款的货币和利息。贷款的货币一般为提供贷款国的本国货币，有时也提供美元、日元、欧元等自由流通的国际货币。贷款利息是无息或低息，按照国际惯例，政府贷款属于官方发展援助，其赠与成分必须在25％以上。

　　（3）贷款期限和费用。政府贷款的偿还期一般在20～30年之间，最长的可达50年，其中含有5～10年的宽限期，贷款的平均期限为30年左右。多数国家不再收取政府贷款的费用，但也有一些国家提供的政府贷款要收取一点管理费（不超过1％）及承担费（一般对未提取金额按0.125％～0.25％的年率计收）。

　　（4）限制性采购。借款国必须按贷款国的要求购买项目建设所需的物资和设备。从目前来看，大多数贷款国都要求借款国将贷款的全部或一部分用于购买贷款国生产的物资和设备。即使贷款国未采用限制性采购条款，但也要求借款国必须以国际公开招标的方式，在指定的合格货源国进行采购，或者将部分贷款用于贷款项目的当地费用。

　　（5）限制性项目。贷款主要用于援助能源、水利、交通等基础设施建设，特别是与人民生活密切相关的社会效益方面的项目。

　　（6）使用政府贷款时，连带使用一定比例贷款国的出口信贷。这样既可带动贷款国民间金融资本的输出和商品输出，又可以获得使用出口信贷时进口国应付的5％～15％的现汇收入。

　　3）政府贷款的作用。政府贷款具有利率较低、偿还期长的优惠性质，容易为两国政府所接受而达成协议。其作用主要有：

　　（1）带动贷款国出口信贷和商品的输出。提供政府贷款的国家在发放贷款时，通常将贷款一定比例与出口信贷相结合，从而带动贷款国出口信贷的发展。除了现汇贷款外，一般还规定必须用于购买提供贷款国家的资本货物、技术和劳务，更有力促进了贷款国的商品出口，特别是机电设备等资本货物的输出。

　　（2）可以缓解发展中国家资金不足，特别是外汇短缺的矛盾，促进其经济发展。发展中国家大都面临发展资金短缺的困境，通过利用优惠性的政府贷款，在本国资源开发、基础设

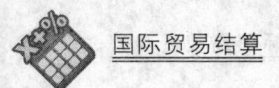
施建设、原材料工业和农牧渔业的发展以及促进环保、文教卫生和科研水平的提高、出口创汇能力的增强等方面均可发挥一定的作用。

（3）增进贷款国和借款国之间的经济合作与友好关系的发展。发展中国家为发展本国经济需要先进技术、现代管理和资金等方面的国际援助，而发达国家则为过剩的资金和生产能力寻找出路，需要从发展中国家获取能源、原材料和矿产品等初级产品，通过政府贷款可以促进发达国家和发展中国家在这方面的合作和友好关系。

4）政府贷款的影响因素。政府贷款既然是利用国家财政资金向外国政府提供的优惠贷款，它必然受多种因素的影响与制约。这些因素是：

（1）政局的稳定与外交关系的改善。提供贷款与借入贷款的国家政局基本上处于稳定或趋于稳定的状态，至少是提供贷款国政府相信借款国政府的局势趋于稳定，这是进行政府贷款的前提。如果提供贷款国的政局不稳定或者处于政变动荡之时，就很难对外提供贷款。提供贷款与借入贷款两国政府相互之间的外交关系与政治气氛良好与否，也是影响提供政府贷款的一个因素。

（2）提供贷款国政府的财政收支状况。国家财政收支良好时，则该国政府所能提供的政府贷款可能多一些；而当该国财政状况恶化时，可能提供的贷款就会少一些。但是，实行赤字预算财政政策的国家，即使预算赤字很大，也仍然对外提供一定的政府贷款。

（3）提供贷款国的国际收支状况。向外国提供优惠性的政府贷款，就会影响其国际收支状况，表现为国际支付的增加；当借款国还款或支付利息时，则表现为国际收入的增加。因此，当一国国际收支状况良好，国际收支呈现顺差并拥有相当的外汇储备时，则可能提供的贷款就会多一些；而当该国国际收支状况恶化时，国际收支出现逆差，黄金或外汇储备流失之时，则可能提供的政府贷款就会减少。[①]

5）政府贷款的机构。根据政府职能的不同可划分为贷款的规划审批机构和具体执行机构两大类，前者负责政府贷款的规划和贷款项目的审批（一般由指定的政府部门管理），后者负责具体贷款协议的签订与执行（多由指定的专业银行代理）。

一些国家的政府贷款是由外交部负责审批（如加拿大、意大利、丹麦等国），另一些国家则是由财政部负责审批（如法国、奥地利等国），还有一些国家的政府贷款须由多个部门共同负责审批，比如日本是由外务省、大藏省、通产省和经济企划厅共同负责，比利时是由外交部、外贸部和发展合作部共同负责，而英国则是由贸工部、海外开发署和出口信贷担保局共同负责等。

一些国家的政府贷款是由专业银行代理执行（如美国的进出口银行、法国的国际贸易银行、英国的皇冠代理银行、比利时的通用银行、意大利的中央中期信贷银行、奥地利的监督银行、德国的出口信贷银行和复兴信贷银行等），另一些国家则是由专门的非银行金融机构负责执行（如加拿大的经济发展公司、澳大利亚的出口信贷保险公司等），还有一些国家则是由专业银行和非银行金融机构分别执行（如日本就是输出入银行和海外经济协力基金组织分别执行）。此外，有些国家还有另外专设的担保机构来为出口信贷提供保险（如法国的外贸保险公司、英国的出口信贷担保局、德国的出口信贷保险公司等）。

---

① 国际信贷编写组.国际信贷[M].成都：西南财经大学出版社,1993：212 - 213.

6）政府贷款的业务程序。一般来说,政府贷款的业务程序主要分为三大步骤:

（1）申请贷款。借款国通过对所需贷款的建设项目进行可行性研究,编制可行性研究报告、建设项目实施计划书以及其他有关贷款申请文件,一般可经本国驻贷款国的大使馆向贷款国政府转达贷款申请。

（2）审查与承诺。贷款国政府对申请贷款文件进行研究与审查,在认为可行的情况下,结合本国情况,研究决定贷款的金额、利率使用条件和偿还期限等事宜,并将作出的决定由外交部门通知贷款国,这一过程即承诺。

（3）协商与签字。两国政府就贷款条件和事项进行协商,达成协议后,签字并宣布生效。如一笔贷款包含几个建设项目,可在贷款总协议签订后逐项签订贷款协议,也可由总协议一次签订。如贷款必须分年度使用,可分年度再签订协议。所有贷款协议由专门机构执行。

4. 混合贷款

混合贷款（mixed loan）是出口国政府为了促进本国资本、货物、技术和劳务的出口,将政府贷款（或赠款）与买方信贷（或卖方信贷）联合起来,发放给进口国的一种贷款。

1）混合贷款大致可以分为以下两种类型。

（1）一般混合贷款。一般混合贷款是指外国政府和银行联合为某一项目贷款,将一定比例的政府贷款和一定比例的买方信贷（或卖方信贷）混合在一起,然后根据赠与成分的比例算出一个混合利率。一般情况下,混合贷款中政府不出面签订协议,而是利用两国银行之间已有的信贷协议的额度和形式,在贷款条件上给予优惠,其利率、费率和贷款期限等融资条件也只有一种。

知识拓展

根据经济合作与发展组织（OECD）的规定,经合组织成员国的混合贷款中政府赠与成分不能低于35%。

（2）平行混合贷款。平行混合贷款是指出口国政府和信贷机构分别为某一项目提供一定比例的政府贷款和一定比例的买方信贷,如40%的政府贷款和60%的买方信贷。双方政府先以议定书的形式,根据项目原则确定贷款的金额和比例,再由双方相关银行分别签订政府的金融协议和买方信贷协议,按协议的规定分别贷款。该方式在形式上有两个贷款协议和两种利率及贷款期限。为了保证资金的同步使用,一般需要在合同条款中另加限制性条款,即该合同只有政府协议和买方信贷协议都生效的条件下才能生效。

混合贷款明显地带有援助性质,通常用于双边合作项目,所以一般先由两国政府根据合作的需要来谈判确定贷款,签订协议书,再由各自授权的银行代理政府签订并执行有关的金融协议。混合贷款是建立在一定项目基础上的,故出口国政府与银行是否提供混合贷款,提供的金额是多少,政府贷款和买方信贷（卖方信贷）各占多大比例等,要根据进口国提出的项目情况来确定。

2）混合贷款的发放形式。不同国家混合贷款的发放形式有所不同,大致有联合发放、

混合发放、分成发放和分离发放四种不同形式。

（1）联合发放。政府之间签订一个关于混合贷款利率和期限等方面优惠条件的协议，对于具体的贷款项目不再另签具体的贷款协议，直接利用两国银行之间原有的买方信贷协议与额度在贷款的利率和期限等条件上给予优惠，如加拿大、瑞典和挪威等国是采取这种形式发放混合贷款。

（2）混合发放。在两国银行之间原有的买方信贷协议与额度内，由政府授权本国银行与进口国银行签订具体的贷款协议，提供混合利率的项目贷款（资金由银行提供、政府补贴利差），如英国和奥地利等国是采取这种形式发放贷款。

（3）分成发放。政府和银行按照一定的比例分成共同为同一项目提供贷款，分别签订具体的贷款协议（两个协议同时生效），并按不同的利率和不同的还款期用款和还款，如意大利、法国和西班牙等国均采取这种形式发放混合贷款。

（4）分离发放。政府和银行按照一定比例分离地为同一项目提供贷款，分别签订具体的贷款协议（两个协议同时生效），但按不同的利率和不同的还款期分别用款和还款，如瑞士常采取这种形式发放混合贷款。

3）混合贷款业务的特点。混合贷款与非混合的出口信贷在业务上有所不同，其主要业务特点如下：

（1）混合贷款项目必须经过双方政府批准，而一般出口信贷的贷款项目则未必需要政府批准；

（2）混合贷款项目须先提出具体的备选项目，经双方政府批准后再签订具体贷款协议，而银行间的买方信贷则是先签贷款总协议，然后再依每一具体项目申请贷款（有时也须再分别签订具体的贷款协议）；

（3）混合贷款多半须经由指定银行办理其贷款项目下的贸易结算，而一般出口信贷可由贷款银行分散办理其贷款项下的贸易结算。

5. 信用安排限额

出口地银行为了扩大本国一般消费品或基础工程建设物资的出口，给予进口商所在地的银行以中期融资的便利，并与进口商所在地银行配合，组织较小金额业务的成交。

信用安排限额的形式有两种：

1）一般信用限额。

一般信用限额（general purpose line of credits）又称购物篮信用（shopping basket credits），是出口国银行向进口国银行用于满足分散的进口商们购买该出口国消费品时提供融资便利的信用限额。在双方银行的总信贷限额下，双方银行采取中期贷款的方式，再逐个安排金额较小的信贷合同，给进口商以资金融通，以向出口商支付，较小信贷合同的偿还年限为 2～5 年。

2）项目信用限额。

项目信用限额（project of lines of credit）是出口国银行向进口国银行用于为分散的进口商们向该出口国购买资本货物或基础工程建设物资时提供融资便利的信用限额。

以上是五种基本的出口信贷类型，除了上述五种出口信贷类型以外，另外还有一些不大

常用的出口信贷方式,比如,进口国银行有时还会通过与出口国银行签订"存款协议"的方式来要求后者提供出口信贷。进口国银行与出口国银行签订存款协议,由后者在前者处开立存款账户,并在一定期限内保持不少于规定限额的存款,以供进口国银行为本国进口商向存款国购买资本类货物时提供信贷支持。1978年,中国银行曾与英国银行之间签订过这样的存款协议,供我国利用该项存款从英国进口设备。

第四节　出口信用保险

一、出口信用保险的概念

出口信用保险是由国家指定的保险机构承保本国出口商(被保险人)向国外进口商提供信用后,由于对方违约而造成的损失。具体是指在向国外买方赊销商品后,因买方信用或相关因素而造成的损失。国家为了推动本国的出口贸易,保障出口商的收汇安全和银行的信贷安全而制定的一项由国家财政提供保险准备金的非营利性的政策性保险业务。

知识拓展

　　出口信用保险是政府支持的保险机构对本国出口商和银行向国外提供的各种出口信用所设立的政策性保险业务。出口信用保险是由财政提供保险准备金的非营利性的政策性保险业务。凡是采用 D/P、D/A、OA 等一切以商业信用付款条件、产品全部或部分在中国制造、信用期不超过 180 天的出口合同,均可投保短期出口信用保险。由出口信用保险公司承担出口企业收汇的商业信用风险和政治风险。

本国出口商以赊销方式向国外出口商品,为避免由于进口国政治、经济或进口商财务状况等因素导致的收汇风险,出口商可向本国经营出口信用保险的机构投保出口信用险。通过支付保险费,将所承担的风险部分地转嫁给出口信用保险机构。

出口信用保险机构是由政府支持或直接经办的。由政府设立的基金以支持该项业务,并给予经办机构政策上的优惠,是出口信用保险的一大特点。因此,以信用为基础,以财政为支持,以商业经营为形式,以鼓励出口为目的,是出口保险的基本特征。

在理解出口信用保险概念时,需注意三点:一是出口信用保险与商品(包括一般商品和特殊商品即资本)输出紧密相关,并以支持商品输出为宗旨;二是出口信用保险不与某一具体事件相关,即不承保某一特定主体事件,它承保的是被保险人向国外买方提供信用后,由于国外买方及其有关各方不遵守约定的契约,而给被保险人造成的损失。因此,也可以把出口信用保险理解为债务人"信用"的保险;三是被保险人给债务人的信用包括商品的赊销、货币的借贷和货币借贷支持下的商品赊销,不能把出口信用保险仅视为对出口信贷的保险。

二、出口信用保险的特点及原则

（一）出口信用保险的特点

1. 不以盈利作为经营的主体目标

一般的商业保险是以盈利为目的的。出口信用保险产生的直接原因是出口贸易发展的需要，其经营目标是保护本国出口商的利益，为出口商扩大出口提供安全保障。在政府的支持下，各出口信用保险机构不惜亏损来支持出口，以实现国家整体经济利益的要求。但是，不以盈利作为经营目标并不意味着出口信用机构不讲究经济效益，恰恰相反，出口信用活动中的高风险要求出口信用保险机构严格控制风险，加强管理，力求以最小的成本换取最大的利益。

2. 风险高且难以控制

出口信用保险承保的不是某一实物，而是出口商的收汇安全。造成出口商不能安全收汇的风险主要指政治风险和商业风险。政治风险一般包括：买方所在国家颁布法令实行外汇管制，禁止或限制汇兑；买方所在国家实行进口管制；买方所在国家或有关的第三国颁布延期支付命令；买方所在国家或有关的第三国发生战争、革命、暴乱等。商业风险一般包括：买方无力偿还债务或买方破产；买方提货后，拖延支付货款；货物出运后买方拒绝收货及付款等。通常情况下，上述政治风险和商业风险是无法预计其发生概率的。由于出口商所在国与买方所在国分属不同国家，彼此在政治、经济、外交、法律以及经营作风、贸易习俗等方面相差甚大，造成买方违约的原因较为复杂，因此，出口信用保险业务出险的概率不但大而且难以控制。

3. 出口信用保险属于政策性保险

出口信用保险是由国家政府支持的保险机构提供的保险，是国家为推动出口、保障出口商收汇安全和银行出口信贷安全而制定的一项由国家财政提供保险准备金的政策性保险业务。出口信用保险的经营目标、所承保风险的性质及承保标的，决定了它是一种政府支持和参与的政策性颇强的险种。政府对出口信用保险的支持和参与主要表现为：

（1）财政上鼎力相助。各国政府为了充分发挥出口信用保险对国家出口的促进作用，通过贷款、设立坏账准备金、贴现票据和再保险等不同的方式，向出口信用保险注入大量的资金。

（2）规范经营和管理。许多国家在出口信用保险业务开办伊始或办理过程中，颁布专门法律或有关国家法规，对办理出口信用保险的宗旨、经营目标和方针政策、财务核算办法、机构、人员的设置及归属均有明确的规定，以使出口信用保险的经营符合本国利益和达到支持出口的目的。

（3）参与重大决策。很多国家政府专门设立由有关政府部门，如外交、工业、贸易、中央银行、财政等官员组成的部际委员会（或咨询委员会或顾问委员会）。部际委员会定期召开会议，批准出口信用保险的承保方针、地区政策和进行重大经营项目的决策。

（4）提供各项优惠政策。为了扶持出口信用保险业务的开展，几乎所有国家政府都为

此项业务提供了优惠政策,如免征有关税赋、赋予资金较大的运用权限等。

4. 出口信用保险对出口货物的国产化成分有特别要求

一般情况下,出口信用保险承保项目所涉及的出口信用保险的国产化成分应在50%以上。在我国,承保一般货物出口的出口信用保险要求出口货物的国产化成分应在70%以上,承保船舶出口的信用保险要求出口货物的国产化成分应在50%以上。

5. 出口信用保险的经营有特殊性

出口信用保险的经营不是以大多数原则为基础,而是主要依赖根据信息所做的判断,或者说其承保决策以信息分析为基础;同时,由于出口信用保险没有竞争性,因此计算成本所用的方法是基于过去经验进行预测的抽象方法;此外,出口信用保险具有部分保险特征,在保险事故发生时,投保人需要负担部分损失。

6. 出口信用保险在一定程度上受限于有关国际规则

WTO的《补贴与反补贴措施协定》附件1——《出口补贴列示清单》列举了12种可归类于出口补贴的典型情况,其中包括第J条所规定的政府(或政府控制的特殊机构)提供的出口信贷担保或保险计划,针对出口产品成本增加或外汇风险计划的保险或担保计划,保险费率不足以弥补担保或保险计划的长期营业成本和亏损的情况。此外,成立于1934年的国际信用和投资保险人协会即伯尔尼协会,也长期致力于研究出口信贷保险技术和制定信贷保险的共同政策,来规范各国出口信贷保险的发展。其实现目标为:让世界范围接受出口信用保险的合理原则,确立和维护国际贸易信用条件的规范,在改善投资环境和发展与维护海外投资保险的合理原则方面进行国际合作,提供信息,帮助专业知识的交换,在出口信用保险的商业和政治风险方面、海外投资保险的政治风险方面以及其他相关领域提供建议。

 知识拓展

> 1998年,中国人民保险公司成为伯尔尼协会正式会员,2001年中国出口信用保险公司取代中国人民保险公司成为协会正式会员。

(二)经营出口信用保险的基本原则

出口信用保险经营既要符合保险的一般原则,又要符合出口信用保险业务的自身特点。出口信用保险经营原则归纳起来有以下几点。

1. 可保利益原则

可保利益原则是指出口商投保出口信用保险时,保险标的必须具有可保利益,保险人在支付赔款时,出口商对保险标的也必须具有可保利益。

经济利益成为可保利益的条件是:

(1)必须符合国家利益。出口信用保险不同于一般的商业保险,它是国家支持的政策性保险,政府财政资金的注入是该险种最大的特点。因此,出口信用保险机构承保的出口商

的经济利益必须符合国家的宏观利益,这种宏观利益包括国家的政治利益、经济利益及外交、军事利益。违背国家宏观利益的出口,哪怕对出口商来说利益丰厚,原则上也不予以承保。

(2) 必须是可以实现的经济利益。出口信用保险机构承保的经济利益必须是在出口商品或对外提供服务中发生的,是出口商由于国外买方或有关各方违约不能实现的经济利益。出口信用保险不承保商业风险承担的出口风险,如出口货物运输保险等,出口信用保险也不承保由于被保险人原因造成的损失。

2. 最大诚信原则

最大诚信原则是指保险人或被保险人在签订和履行保险合同中,彼此之间作出最忠诚、最讲信用的保证。最大诚信原则是一切保险合同成立的基础,保险合同的缔约方如果有一方失言违约,那么它将失去存在的基础。最大诚信对出口信用保险业务尤为重要,因为出口信用保险承保标的是国外进口商的信用风险。只有遵循最大诚信原则,彼此相互及时告知、交换进口商的资信信息,才能准确地评估、控制和预测风险,使各自的经济利益均得到充分的保障。

3. 风险分担原则

风险分担原则是指保险机构对出口商投保的出口信用风险项下的出口实行比例承保或非足额承保,并对已承保的出口进行再保险。出口信用保险虽然不以营利为目的,但也不能因高风险的承保责任而导致巨额亏损,因而采取保险人和被保险人风险分担的方式,把双方的经济利益紧密地联系在一起,使被保险人更重视防范可能的风险损失。一般来讲,保险机构承担的政治风险损失比例为 85%~95%,商业风险损失比例为 70%~90%,具体比例由保险人按进口国别、进口商、信用方式和金额予以确定。

4. 保险费原则

保险费原则是指出口信用保险经营中费率确定所依据的标准。在出口信用保险中,保险费作为对保险人承诺分担风险的经济补偿,是一种有限的补偿,它不足以抵补经营中的赔款支出。出口信用保险的费率分为基础费率和附加费率。决定基础费率的因素有信用期限、国家风险类别、还款形式等方面,决定附加费率的大小取决于出口商品的性质、出口商的经营历史经验、信用限额的大小和进口商的资信状况等。因此,从原则上讲,制定出口信用保险率需要考虑以下因素:

(1) 适当性与公正性。适当性与公正性指保险费率的水平高低要适当,以保证既能抵补因风险的发生所需赔付的金额以及营业上的各项费用,使被保险人所缴保险费与保险人对其风险所负的责任彼此相当,又不会影响出口信用保险对出口的支持作用。

(2) 稳定性与灵活性。出口信用保险费率确定后,在一定时期内不应有所改变,这样才有利于被保险人确定其费用负担和出口成本,从而有利于出口商对外报价。但是,从一个较长时期来讲,出口信用保险费率则需要根据国际政治因素的变动等实际情形作必要的调整,以保证其灵活性和合理性。

(3) 根据不同地区、不同支付方式及保险期长短不同而定。出口的目标市场所在的国家和地区、出口贸易的支付方式、保险期长短等,都会影响出口信用保险面临的风险。因此,出口信用保险费率等级的确定必须考虑出口的目标市场所在的国家或地区的资信状况、支

付方式、保险期长短。

5. 买方信用限额申请原则

买方信用限额申请原则是出口信用保险经营的特有原则,是指出口商应根据保险条款的规定,为其对特定进口商的信用销售向出口信用保险公司申请买方信用限额。

6. 赔款等待期原则

被保险人在发生承保的范围内损失后,向保险人提交了索赔申请和有关证明文件,保险人可在规定的赔款等待期后核赔。实行赔款等待期有以下意义:

(1) 承保标的风险已经发生,但出口商的贷款仍有收回的可能性;

(2) 有助于出口商协助保险人追讨债务人的欠款,以减少损失;

(3) 各国出口信用保险机构对赔款等待期的规定各不相同,一般为 4~6 个月。

如果该风险已确实发生,且无法挽回,则不需要等待期,保险机构将尽快核赔。

**知识拓展**

> 经营出口信用保险要遵循可保利益、最大诚信、风险分担、保险费、买方信用限额及赔款等待期等原则。

三、出口信用保险的种类

依据不同的分类标准,可以把出口信用保险分为不同的类别。

1. 依据承保方式,出口信用保险分为逐笔保险和整批

(1) 逐笔保险。逐笔保险是指就每笔业务分别签订保险契约,分别承保的方式。但对于大额保险及保险期限较长的中、长期信用保险,保险人一般还是要求逐笔投保。

(2) 整批保险。整批承保指一个公司把整个出口予以保险,或者把对某个特定市场的全部出口皆予保险,即承保出口商的全部出口业务。在这种方式下,当事人只需要在一段时间内订立一份通保契约,每次出口时,当事人只需通知某批货物的出口情形即可承保。这种承保方式有利于业务量的稳定发展,费率也可以适当下调,因此,对于出口批数多,每批金额不大,期限不长的出口贸易,采用整批承保方式有重要意义。

2. 依据承保期限,出口信用保险分为短期信用保险和中长期信用保险

(1) 短期出口信用保险。短期出口信用保险指承保期在 1 年以内的出口信用保险,它适用于金额不是太大的消费品、零配件等一般商品出口贸易。

(2) 中长期信用保险。中长期出口信用保险指承保期在 1 年以上的出口信用保险,它适用于金额在百万美元以上的成套设备、船舶等大宗商品的出口贸易。保单有效期从装运日开始,也可以从合同生效日开始。

3. 根据保险内容,出口信用保险分为以下几种

(1) 信用证出口信用保险。在信用证结算方式下,出口商因政治风险或商业风险导致

信用证无法按要求开到或货物无法出口,或货款全部或部分无法收回等损失提供的保险。根据有关规定,信用证出口信用保险的承保金额一般是政治风险以出口金额的 90% 为限,商业风险以出口金额的 60% 为限,余额由被保险人自行负责。

(2) 寄售出口信用保险。为出口商的寄售出口,因开拓新市场而遭受滞销(卖不出或被迫降价贱卖)的风险提供保险。寄售出口信用保险投保金额方面,各国分别按照各自的政治经济政策和保险立法及本国出口商的实际需要而制定,大多为出口金额的 80%~90%,余额由被保险人自行负责。

(3) 出口汇票保险。出口汇票保险是以付款交单(D/P)或承兑交单(D/A)为付款条件的出口合同及进口商的资信调查资料为基础的。在托收方式下,出口商担心因商业风险或政治风险导致无法将货物出口或送达目的地,或无法收取货款而遭受损失时,便可向出口信用保险机构投保有关保险。在这种保险方式下,出口商在货物装运出口之前取得保险后,可以委托外汇银行代为托收,也可以直接将各项单据及汇票售于外汇银行,获得货款押汇和资金融通便利。根据有关规定,出口汇票保险承保的金额大多为出口金额的 80%~90%,余额按惯例由被保险人自行负担。

**知识拓展**

> 这种保险以(D/P)或(D/A)单据及汇票为外销的主要基础,因此叫做出口汇票保险。

(4) 出口贷款保险。出口贷款保险是银行以(D/P)或(D/A)为付款条件,或以寄售方式出口货物的本国出口商提供贷款时,因担心遭遇借款人无法出口,或部分或全部货款无法收回,以致无力偿还部分或全部贷款的损失而向出口信用保险机构投保的保险。由于这项保险是以出口商为准备出口成品而向银行申请贷款为基础的,所以又称为输出贷款保险。按照有关规定,出口贷款保险的保险金额一般为贷款金额的 80%。

(5) 中长期延期付款出口保险。中长期延期付款出口保险是指出口商依照出口合同或技术转让合同出口货物或提供技术时,因担心遭受政治或商业风险所致的收汇损失等而向出口信用保险机构投保的保险,其承保的风险具体包括外国实施外汇管制或禁止,进口国发生政变、革命、暴乱、战争,出口合同或技术转让合同的对方破产或滞期履行其债务超过 6 个月等。

(6) 出口买方信贷担保。出口买方信贷担保是出口信用保险机构为本国银行向国外进口商或国外进口商的银行提供的出口买方信贷,由于进口国的政治风险或商业风险使贷款银行到期部分或全部收不回贷款本息等信贷风险提供的担保。

出口买方信贷与一般保险不同,它一般是无条件的并且为 100% 的赔款。

(7) 出口卖方信贷担保。出口卖方信贷担保是本国银行向本国出口商提供卖方信贷,因政治或商业风险使贷款银行到期部分或全部收不回贷款本息等信贷风险提供的担保。

(8) 海外投资保险。海外投资保险是一国政府鼓励向不发达国家贷款或以股票或其他

有价证券的方式投资,因而获得红利或利益的一种信用保险。通过鼓励扩大海外投资,既可以使被投资国经济加快发展,也有助于本国出口贸易的发展。承包范围包括：没收或征用、战争、限制款项汇出。

（9）保证商行保险。保证商行保险是指出口商以赊账方式将货物销售给国外客户而其交易由保证商行予以保证,且保证商行于出口商将货物装运出口后先将货款垫付给出口商的情况下,保证商行因顾虑政治或商业信用风险事故的发生致使无法收回垫款时,向出口信用保险机构投保的风险。

（10）海外广告保险。海外广告保险指政府鼓励出口商提供货物样品到国外陈列、展览,以争取国外市场时,出口商因顾虑遭受不能收回广告费用的损失而向政府投保的一种出口信用保险。

（11）国外加工险。国外加工险指在将本国货物出口到国外加工和再行出售的情况下,出口商因顾虑货物本身或货物加工后遭当地政府没收、禁止再运出口,或因战争、内乱等造成损失而投保的一种出口信用保险。

（12）国外存货保险与国外仓储保险。国外存货保险指为便于销售,出口商先将货物运到国外储存时因担心存货遭受当地政府没收、禁止再运出口,或因战争、内乱等造成损失而投保的一种出口信用保险。

国外仓储保险是为了配合国外存货保险而设立的,因为国外存货保险只承保存货因政治风险所引起的损失,对存货因商业信用风险遭受的损失则无法提供保障,为了给出口商提供更充分的保障,便设立了以存货因商业信用风险遭受的损失为承保范围的国外仓储保险。

四、出口信用保险的作用

出口信用保险对一个国家扩大出口有积极的推动作用,主要体现在以下几个方面。

（一）对本国出口商的好处

1. 有利于出口商安全收汇

出口信用保险由于得到国家在资金上的支持,出口信用保险机构可通过建立充足的风险准备金方式,来承保一般商业保险所难以承担的出口信用风险,在出口商因进口方发生商业风险或政治风险而蒙受损失时,为其提供资金补偿,在很大程度上减轻了出口商的收汇风险。在承保前后,出口信用保险机构还会利用与国内外合作伙伴建立的信息网络,帮助投保企业评定进口方资信等级,调查进口国国情状况,跟踪项目执行进度,识别可能面临的风险,提供专业化风险管理服务。这不仅有助于减少出口商应收账款的拖欠率和坏死率,也为出口企业节约因自身进行风险管理而需付出的运营成本,有利于改善企业财务状况。

2. 推动出口商拓展市场

出口信用保险可根据国家外贸和安全战略导向,利用自身优势,推动出口市场多元化战略的实施。一方面,出口信用保险机构可通过适度调控限额和费率两大支点,引导本国企业开拓新的地区市场;另一方面,也可在风险能够控制的前提下,对某些有积极意义的项目进行处理,采取更加灵活的承保条件,如适度降低担保要求、放松付款条件等,推动企业开拓和占领风险较高、但发展潜力巨大的新兴市场,实现出口市场多元化。

3. 有利于出口商提高融资能力

出口商可以利用出口信用保险提高自身的融资信用等级，争取到出口信贷、保付代理或包买票据等融资便利。

（二）对银行的好处

由于投保了出口信用险的融资项目，可以大大减轻银行的还贷风险，因而银行可以要求申请出口信贷的借款人或者是申请保付代理、包买票据的出口商先予投保出口信用险，然后再为此提供出口信贷或者是其他的融资及结算服务，这显然又有利于银行借助于出口信用保险的支持而大力开展出口信贷、保付代理、包买票据等业务。

（三）对国家的好处

1. 推动国家信用体系建立

一个完整的国家信用体系有助于维护市场秩序、降低交易成本、提高资源配置效率、进一步增强市场自我调控能力，而国家信用体系建立的基础之一是企业、个人等信用数据的收集与整理，而出口信用保险则可为此发挥直接作用。一方面，由于出口信用保险机构在承保前均会对投保企业及与保险标的相关的企业做资信方面的调查备案，并随时更新有关资料的日积月累，必然会形成一个较为完整的兼具时效性的企业资信数据库，为国家信用体系提供最准确和最有效的数据；另一方面，出口信用保险机构作为一个国家在出口信用方面的对外窗口，具有与国外同行或著名资信评估机构沟通信息、交流经验的优势，能够为本国信用体系的建立献计献策。

2. 增强国家抵御海外经济危机的能力

（1）出口信用保险的主要职责就是为本国企业在海外蒙受的损失提供经济补偿，因而无疑会有助于切断国外经济危机通过贸易等方式向国内传播的渠道，有利于避免因众多出口企业的资金链断裂而导致国内金融体系出现危机。

（2）出口信用保险机构会从控制风险总量角度出发，对世界各国进行风险综合评级，在此基础上设立国家限额，并根据该国形势变化和还款情况进行动态调整，循环使用，一旦限额用尽，便会暂停承保向该国的出口项目，这样既可为出口企业提供国情风险分析，指导其正确识别风险，也可避免对单个国家的债权过于集中，从而分散国别风险。

此外，出口信用保险机构还有多种分保和再保渠道，可将承保的高风险分散转移到国际再保险市场，有效减轻国家承担的风险。

本章小结

国际贸易信贷融资业务是为开展或支持国际贸易而进行的各种资金借贷活动、信用担保或资金融通活动及出口信用保险活动等，包括外汇银行围绕着国际结算的各个环节为进口商和出口商提供资金便利。国际贸易短期信贷融资是指借贷期限不超过1年的国际贸易信贷融资，可分为商业融资和银行融资两大类。前者是指进出口商之间相互提供的贸易融资，后者是指银行或其他金融机构向进出口商提供的贸易融资。国际贸易中长期信贷融资

是指借贷期限在 1 年以上的国际贸易信贷融资,一般都为货币信贷,如出口信贷,又如政府贷款、国际金融组织贷款、国际商业银行贷款等。

拓展阅读

　　1. 唐若昕著:《出口信用保险实务》,中国商务出版社 2004 年版。

　　此书涵盖了出口信用保险的方方面面,仔细阅读此书,对了解出口信用保险起到了重要作用。

　　2. http://www.wtojob.com/

　　此网站为"国际贸易实务世贸人才网"。内容包括国际贸易实务、国际结算、WTO 知识、海关知识等,是国际贸易专业同学的一个很好的学习网站。

思考与练习

1. 什么是国际贸易信贷? 它有何功能?

2. 什么是国际贸易短期信贷? 简述其基本分类。

3. 打包放款有何特点? 银行在办理时,应注意哪些问题?

4. 什么是信用证出口押汇? 它有何特点?

5. 什么是国际贸易中长期信贷? 它有哪些基本类型?

6. 什么是出口信贷? 它有哪些基本类型?

7. 什么是卖方信贷? 简述出口卖方信贷的流程。

8. 什么是买方信贷? 简述其贷款条件及业务流程。

9. 简述卖方信贷和买方信贷各自的优缺点。

10. 什么是外国政府贷款? 它有何作用?

11. 简述外国政府贷款的条件。

12. 什么是混合贷款? 它有哪些基本类型?

13. 什么是信用安排限额? 它有哪些基本类型?

14. 什么是出口信用保险? 出口信用保险有何特点?

15. 出口信用保险有何作用?

案例分析

　　某年 4、5 月间,某外贸进出口公司(卖方),在偶然的机会中与香港某贸易发展有限公司(买方)分别签订了五份出口销售合同。合同总金额为 65 万多美元,付款方式全都是见票付款托收方式(D/P at sight on collect basis)。当年 6 月初,前四批货物分两批陆续从上海港装船发出,运到目的港。卖方也陆续分两次将四套总价值为 45 万美元的托收单据通过中国银行某分行寄往香港买方的账户银行办理托收。由于这四批货发货时间紧凑,所以到第四

国际贸易结算

批货物发出后,第一批货款亦将到期,但客户坚持验完全部货后再付款,因而一拖再拖,以致逾期1个月之久。

正当卖方千方百计要追回这四笔货款时,同年7月中旬买方又提出要执行第五个总金额为20万美元的合同。卖方为了追回前四笔货款,又能保住客户,正常收汇,故提出结汇方式改为即期信用证付款方式(payment by letter of credit at sight),同时又提出对前四笔托收的催收。而买方则提出:因资金不足,执行完第五个合同后一次付清。为此,买卖双方僵持不下。后经洽商,买方接受了如下条件:卖方同意向买方执行第五份销售合同,在向买方提供20多万美元的货物的同时,买方根据修改后的合同开立一份不可撤销跟单信用证,该信用证是即期议付信用证。为了保证单证相符,该信用证主要条款均由卖方拟定。并将该信用证条款作成:

We hereby agree with the drawees, endorsers and bona-fide holders of all drafts drawn under and in compliance with the terms of this credits that such drafts will be duly honored upon presentation to the drawees. And the payment will be the amount of USD 200,000.00 plus additional payment for the amount of USD 450,000.00 under beneficiary's S/C No: 95ST×××on the collection basis which was ensured by the applicant and agreed by the applicant and the beneficiary.

"我们谨此向汇票出票人、背书人及任何善意持票人承诺:当该信用证项下单证相符时,我们将对受票人的汇票提示予以支付。支付时,我们将在托收方式下另付450 000.00美元,作为对受益人第95ST×××号售货确认书项下托收货款的支付。这是开证人保证的,也是开证人和受益人同意的。"

基于同样的道理,买方应卖方的要求,同意再开立一份不可撤销备用信用证。若在信用证结算时,还未将前四笔托收款项付清时,卖方可凭信用证项下结汇水单、违约证明及应收金额的汇票执行该不可撤销信用证。

但事实上,买方根本不愿履约付款,而是迫不及待地按卖方要求开立了一份不可撤销的跟单信用证,并频频来传真催促发货,却只字不提前四笔托收款项的事,也不提开立备用信用证的事。

卖方则立即发传真明确通知买方,根据买卖双方某年7月13日合同规定,买方需开立两个信用证:一是不可撤销跟单信用证,二是不可撤销备用信用证。因此,买方只有开立了不可撤销备用信用证后,卖方才能执行不可撤销跟单信用证,否则将不会发货。

由于客户在签订了这五个合同后,立即又将合同卖给另一客户,而且还是政府招标工程的原材料。若买方不能按时、按质、按量发货,买方将要承担高额罚款。因此买方要货心情急迫。但他仍然坚持:保证在支付第五批货款时,将所欠四笔货款付清。卖方仍然坚持初衷:必须开立不可撤销备用信用证方可发货。

买方在万般无奈之下,终于通过原开立跟单信用证的银行,开立了一份不可撤销备用信用证。该备用信用证的有效期迟于跟单信用证有效期后1个月。卖方在收到备用信用证并审核无误时立即在上海发了第五批价值20多万美元的货物,并在发货三天时,按跟单信用证的要求缮制了一套单据交中行议付,并附上了一套托收项下的45万美元的汇票,并要求议付行进行电索。

　　果然不出卖方所料,10天后,开证银行支付了该笔议付金额,但买方未能将前四笔货款按第五个合同的规定一并付来。卖方立即发传真给客户,嘱其立即支付前四笔货款。而买方来电称:资金仍然困难,容1个月后即付,并表示承担利息。显而易见,1个月后,该不可撤销备用信用证将会失效,如同一张废纸。届时,买方又能将前四笔45万美元的货款无限期地拖延下去。

　　卖方立即按照备用信用证的要求,缮制了一套45万美元的即期汇票,附上跟单信用证项下的结汇水单(应是65万多美元,实则是20多万美元)及一份违约证明书,一并交原议付行向国外追索。10天后,开证行将45万美元付出。这笔业务终于在利用备用信用证的条件下,安全收回拖欠几个月的四笔托收款项,实现了利用备用信用证与托收、跟单信用证的配合,最终追回逾期货款的目的。

　　分析:该案中,前四笔业务中,卖方根本没有想到利用备用信用证来保障自己的权益。所以,当买方以种种名义对付款一拖再拖时,竟束手无策,既不敢贸然要求退单,又无法迫使买方尽快付款。随着事态的发展,买方在要货过程中,暴露了这批货物是政府招标项目中的货物,买方是无论如何也不敢不要这笔第五批货物的,而且时间上也来不及找其他出口人洽谈同质、同量、同价的货物。这就给了卖方追回货款的有利时机。

　　对于卖方提出以不可撤销的即期跟单信用证方式为结算方式,买方起初并不以为然。在谈判中,由于要货心切,就很痛快地同意了。他们甚至很"理解"卖方的苦衷:若不开证,卖方不能到银行打包贷款,就无法发货。因此,买方不但同意这种结算方法,而且为了少找麻烦,连信用证中的单证条款也按卖方的要求在合同中简明扼要地规定下来。当卖方提出同时结算前四笔货款时,买方当即承诺:第五批货一发,就将全部货款65万多美元一次付清。但卖方已对买方的承诺失去信心。这时,在结算人员的配合下,卖方提出:在合同中再加上一个条款,除了买方开立一个不可撤销的跟单信用证外,另外再开立一个不可撤销的备用信用证,以确保前四批货款的回收。同时,在跟单信用证中还必须增加一条:在支付跟单信用证项下的货款时,同时以托收方式支付前四批货的款项。可能买方误认为:反正45万美元仍是证外托收,到时不付,卖方又能奈他如何!遂同意了这个条款。

　　但是买方万万没有想到,卖方收到跟单信用证后,拒不发货,坚持收到不可撤销的备用信用证才可发货,这时买方才意识到问题严重了。无可奈何之下,开立了不可撤销备用信用证。

　　尽管买方在执行跟单信用证的付款中,只支付了跟单信用证20多万美元,但卖方立即执行备用信用证,向开证行提示了一套汇票、跟单信用证项下20多万美元的银行结汇水单和违约申明书,就通过双方银行从买方手中追回45万美元的货款。

专业词汇索引

主要参考文献

1. 程祖伟,韩玉军.国际贸易结算与融资 [M].北京：中国人民大学出版社,2007.
2. 苏宗祥,徐捷.国际结算[M].北京：中国金融出版社,2008.
3. 严思忆.国际结算[M].北京：中国商务出版社,2008.
4. 陈岩,刘玲.UCP600 与信用证精要[M].北京：对外经济贸易大学出版社,2007.
5. 邓敏.国际贸易实务与融资[M].成都：西南财经大学出版社,2005.
6. 方士华,张志谦,程丽萍.实用国际贸易结算[M].上海：立信会计出版社,2000.
7. 冯世崇.国际贸易实务[M].广州：华南理工大学出版社,2004.
8. 顾民.国际贸易诈骗与防范[M].北京：中国对外经济贸易出版社,2002.
9. 顾民.进出口贸易操作实务[M].北京：中国商务出版社,2003.
10. 姚新超.国际结算与贸易融资[M].北京：北京大学出版社,2010.
11. 高程德.国际票据管理[M].北京：北京大学出版社,2003.
12. 高洁.国际贸易结算案例评析[M].北京：对外经济贸易大学出版社,2006.
13. 贺瑛.国际结算[M].上海：复旦大学出版社,2006.
14. 胡涵均.国际经贸实务[M].上海：复旦大学出版社,2004.
15. 黄斌.国际保理——金融创新与法律实务[M].北京：法律出版社,2007.
16. 蒋琴儿,秦定.国际结算：理论·实务·案例[M].北京：清华大学出版社,2007.
17. 李富有.国际金融学[M].西安：西安交通大学出版社,2005.
18. 李一平,梁柏谦,等.跟单信用证项下出口审单实务[M].北京：中国商务出版社,2004.
19. 李金泽.UCP600 适用与信用证法律风险防控[M].北京：法律出版社,2007.
20. 黎孝先.国际贸易实务[M].北京：对外经济贸易大学出版社,2000.
21. 林珏.国际贸易案例集[M].上海：上海财经大学出版社,2001.
22. 刘舒平.国际金融[M].北京：对外贸易出版社,2005.
23. 梁远辉,刘丹.国际结算[M].武汉：华中科技大学出版社,2007.
24. 梁琦.国际结算[M].北京：高等教育出版社,2011.
25. 蒋先玲.国际贸易结算实务与案例[M].北京：对外经济贸易大学出版社,2005.
26. 罗亮.进出口贸易操作实务[M].北京：中国商务出版社,2004.
27. 马丽.新编国际贸易结算[M].北京：上海科学技术文献出版社,2007.
28. 庞红.国际贸易结算[M].北京：中国人民大学出版社,2007.
29. 启智.国际结算[M].北京：北京理工大学出版社,2006.
30. 钱中平,明洁,等.国际贸易实务[M].北京：科学出版社,2004.

31. 舒红,徐丰,吴百福.国际贸易结算实务[M].北京：中国商务出版社,2004.

32. 乔飞鸽.国际结算[M].北京：对外经济贸易大学出版社,2005.

33. 宋浩平.国际信贷[M].北京：首都经济贸易大学出版社,2006.

34. 师玉兴.国际金融[M].北京：对外经济贸易大学出版社,2002.

35. 童宏祥.外贸单证实务[M].上海：华东理工大学出版社,2003.

36. 王仁祥,胡国军.国际金融学[M].武汉：武汉理工大学出版社,2005.

37. 王学龙.国际结算[M].北京：清华大学出版社、北京交通大学出版社,2007.

38. 徐进亮.国际结算惯例与案例[M].北京：对外经济贸易大学出版社,2007.

39. 徐莉芳,王晓博.国际结算与信贷[M].上海：立信会计出版社,2005.

40. 萧玉珍.国际结算与外贸单证[M].北京：国防科技大学出版社,2006.

41. 熊良福,夏国政.国际贸易实务新编[M].武汉：武汉大学出版社,2004.

42. 余心之,徐美容.新编外贸单证实务[M].北京：对外经济贸易大学出版社,2005.

43. 岳华,杨来科.国际结算双语教程[M].上海：立信会计出版社,2007.

44. 应诚敏,刁德霖.国际结算[M].北京：高等教育出版社,2005.

45. 姚新超.国际结算实务与操作[M].北京：对外经济贸易大学出版社,2006.

46. 严思亿.国际贸易实务[M].北京：对外经济贸易大学出版社,2004.

47. 叶蜀君.国际金融[M].北京：清华大学出版社,2005.

48. 于强.UCP600与信用证操作实务大全[M].北京：经济日报出版社,2007.

49. 中国国际商会,等.信用证500实务全书[M].北京：中国统计出版社,1995.

50. 中国国际商会.ICC跟单信用证统一惯例600[M].北京：中国民主出版社,2006.

51. 项义军.国际结算[M].北京：清华大学出版社,2007.

52. 庄乐梅.国际结算实务精要[M].北京：中国纺织出版社,2004.

53. 张东祥.国际结算[M].北京：首都经济贸易大学出版社,2005.

54. 张莲英,雷秋惠,等.国际金融学教程[M].北京：经济管理出版社,2003.

55. 章安平.国际金融理论与实务[M].杭州：浙江大学出版社,2004.

56. 曾世雄,等.票据法论[M].北京：中国人民大学出版社,2002.

57. 姜学军.国际结算[M].大连：东北财经大学出版社,2002.

58. 孙莹.国际结算[M].厦门：厦门大学出版社,2010.

59. 徐立平.国际结算[M].杭州：浙江大学出版社,2010.

60. 应诚敏,刁德霖,等.国际结算[M].上海：立信会计出版社,2000.

61. 陈广先.国际结算[M].杭州：浙江大学出版社,2009.

62. 白云.国际贸易单证实务[M].北京：清华大学出版社,2010.

63. 冷柏军.国际贸易实务[M].北京：中国人民大学出版社,2008.

64. 徐薇.国际贸易单证实务与操作[M].北京：人民邮电出版社,2011.

65. 李昭华.国际贸易实务[M].北京：北京大学出版社,2010.

66. 陈岩.国际贸易单证教程[M].北京：高等教育出版社,2008.

67. 李学宏.国际贸易单证实务[M].北京：电子工业出版社,2010.

68. 冯光明.国际贸易实务[M].广州：暨南大学出版社,2009.

69. 吴百福.进出口贸易实务教程[M].上海：上海人民出版社,2007.

70. 瞿启平.国际贸易单证实务[M].上海：上海财经大学出版社,2010.

71. 蒋琳.国际贸易单证实务[M].重庆：重庆大学出版社,2011.

72. 秦定.国际结算（英文版）[M].北京：清华大学出版社,2010.

73. 林孝成.国际结算实务[M].北京：高等教育出版社,2008.

74. 庞红.国际结算[M].北京：中国人民大学出版社,2009.

75. 高洁.国际结算[M].北京：中国人民大学出版社,2008.

76. 朱箴元.国际结算[M].北京：中国金融出版社,2008.

77. 潘天芹.新编国际结算教程[M].杭州：浙江大学出版社,2010.

78. 肖美香.国际结算[M].北京：对外经济贸易出版社,2010.

教学课件索取单

敬爱的老师：

感谢您使用我们出版社的教材。为了方便教学，教材配有相关教学课件。如果您需要，请您填写下面表格中的相关信息，并以电子邮件的形式发到我社，我们在核对您的信息后，即免费向您提供教学课件。

我们的联系方式：

地址：上海市中山西路 2230 号 1 号楼 1505 室　　　　邮编：200235

　　　立信会计出版社　　　　　　　　　　　　　　　电话：(021) 64411191

电子邮件：gogo2006gogo@126.com

教材名称					作者姓名	
教师姓名		性别		身份证号		
学　校		院系			教研室	
学校地址					邮　编	
职　务		职称			办公电话	
E-mail		手机			宅　电	
通信地址					邮　编	
教材用量		册	委托订购单位			

您对本教材的意见和建议是：